上田正昭

「とも生み」の思想

人権の世紀をめざして

明石書店

まえがき

戦争は最悪・最大の人権侵害である。多くの人命を奪うばかりでなく、自然を破壊し、文化財の消滅はもとより動植物のいのちをも絶つ。

二十世紀の前半は第一次世界大戦・第二次世界大戦があって、世界中が戦争の渦に巻きこまれた。十八世紀にも十九世紀にも世界の各地で戦争はあったが、世界中が戦禍をうけることはなかった。二十世紀の後半は、民族や宗教の対立が激化し、依然として戦争はつづいている。二十世紀は人権受難の世紀であったといっても過言ではない。

一九四八年十二月十日、国連は第三回総会で「世界人権宣言」を決議したが、前文と三十条からなる宣言には、いま一度考えるべき問題が数多く内包されている。世間ではしばしば「人間は生まれながらにして平等である」といわれたりすることがある。しかしそれは間違っている。たとえば豊かな家庭に生まれる人もあれば、貧しい家庭に生まれる人もある。人類社会の現実は、生まれながらにして不平等であるといわざるをえない。

「世界人権宣言」の第一条が明記するように、「すべての人間は、生まれながらにして自由であり、かつ尊厳及び権利について平等」なのである。「尊厳」のなかでもっとも重視すべきは「命《いのち》の尊厳」である。

ところが日本の場合をみてもわかるように、毎年自殺する人が三万人を越え、毎日のように夫が妻を妻が夫を殺し、親が子を子が親を殺すという悲劇があいついでいる。現在ほど「いのちの尊厳」が軽んじられた時代はなかったのではないか。自由はもとより、尊厳と権利についての平等をあらためて確認する必要がある。

「世界人権宣言」は第二次世界大戦の反省などにもとづいたすぐれた宣言であったが、宣言を守る義務も罰則もない。そこで国連は一九四八年のジェノサイド条約（集団殺害罪の防止及び処罰にかんする条約）、一九五一年の難民条約、一九六五年の人種差別撤廃条約、一九六六年の社会権規約・自由権規約、さらに一九七八年の女性差別撤廃条約、一九八九年の「児童の権利条約」など二十の普遍的な人権条約を定めてきた。

しかし条約への各国の批准加盟だけでは不充分《ふじゅうぶん》である。人権についての理解を深め、行動し実践する人びとを養成しなければならない。国連は一九九四年十二月の第四十九回総会において、「人権教育のための国連十年」を採択し、人権教育をつぎのように規定した。

「あらゆる発達段階の人々」・「あらゆる社会層の人々」が、「他の人々の尊厳について学び、またその尊厳をあらゆる社会で確立するための方法と手段について学ぶための、生涯にわたる過程が人権教育である」と。

人権といえばとかく個人の人権のみが主張されやすいが、国連が「他の人々の尊厳について学ぶ」必要性を強調しているのは重要である。そして国連は「普遍的な人権文化」を重視した。国連は「人権文化」

の内容については言及していないが、一九九九年の七月五日に私の『著作集』（全八巻・角川書店）の第六巻を「人権文化の創造」と命名したので、私なりの考えで「人権文化」の定義をした。もとより不充分だが、「生命の尊厳を自覚し、自然と共に人間の幸せを築く、人間の行動とその成果」が「人権文化」だと考えている。

「多文化共生」をはじめとして「共生」はとかく「とも生き」とうけとめられているが、私は異民族・異文化と仲良く「ともに生きる」ことは当然のことであって、現状の維持になりがちだと思っている。『古事記』が「共生」を「とも生み」と訓《よ》んでいるように、人類の間だけではない、人類相互が新しい歴史と文化をともに生みだし、自然とともに人間の幸せを構築してゆくことが大切である。

本書は『京都新聞』に連載したコラム『天眼』を集成した、おりおりの随想だが、その基調は二十一世紀が人権文化の輝く世紀であるようにとの念願に根ざす。読者の方々のご理解のもと、共々に人権文化の輝く二十一世紀をめざしたい。

「とも生み」の思想——人権の世紀をめざして◉目次

第2章　日本の史脈と関西 ……………… 81

第3章　京都の歴史と文化 ……………… 165

第4章　出雲と地域の文化　

第5章　東アジアのなかの日本　

第1章

人権文化

自然との共生

気候変動枠組み条約第三回締約国会議が、すなわち一九九七年十二月の地球温暖化防止京都会議であり、そのおりに採択されたのが地球温暖化防止のための京都議定書であった。日本はその議長国として会議を運営し、意見の異なる国々の調整につとめた。

ところが二〇〇〇年十一月のハーグ会議（オランダ）決裂後、米国が京都議定書への反対を表明して、二〇〇二年の発効が危ぶまれる状況となった。この七月十六日からドイツのボンで、百八十六の国・地域が参加しての第六回締約国会議（COP6）が開催されているが、いわゆる先進国の論調のなかには、地球の危機よりも自国の利害を優先させるものがあった。人間のエゴイズムと国家主義の限界をあらためて露呈した。

異文化の相互理解・多文化共栄の共生論を多くの人びとが主張する。しかし人間のみの共生論は誤りである。動植物を含めての自然との共生を忘れて、人間の共生が構築できるはずはない。自然を破壊し、地球を汚染して、人間のみが共存・共栄できると思うのは錯覚である。

昭和十年（一九三五）に寺田寅彦が書いた「日本人の自然観」には、西欧の科学は自然を人間の力で克服しようとする努力のなかで発達したが、日本の科学は自然に順応する経験的な知識を貯蓄することで形成されたと述べられているが、今こそ自然に順応し自然と共生する科学のありようを再発見する必要がある。

去る七月八日、ガレリアかめおかで「いま、問う宗教の過去、現在、そして未来」というテーマで、国際日本文化研究センターの山折哲雄さんと対談する機会があった。そのおりにアジアの宗教のありようが話題になった。

アジアで誕生した宗教の多くは、多神教であり、汎神教（万有生命信仰）である。自然のなかにカミをみいだし、自然の威力を畏敬して、自然と調和してくらしをいとなむ信仰をはぐくんだ。本居宣長が、日本のカミについて、「鳥獣木草のたぐひ海山など、その余何《よ》にまれ、尋常《よのつね》ならずすぐれたる徳のありて、可畏《かしこ》き物をカミと云《いう》なり」（『古事記伝』）と述べ、仏教の高僧たちが、山川草木悉皆有仏性と説いたのも偶然ではない。

こうした信仰はアニミズムとよばれ、訳して精霊崇拝などという。そしてそれらはレベルの低い、「未開」の信仰とみなされやすい。そこには低俗な呪術から高度の宗教へと、人間の信仰は発達したという、きわめて単純な「発展段階」説がわざわいしている。多神教や汎神教は一神教よりも遅れた宗教という見方や考え方も、あしき「進化」論による先入観である。

山折さんはかつてアニミズムという言葉よりも生命信仰がふさわしいといわれたことがある。自然との共生のなかの万有生命信仰が、現代の人間のおごりを問いただす。

（二〇〇一・七・二二）

ともに生みの思想

二〇〇九年の八月六日、広島原爆の日に、広島市立矢野小学校六年矢埜《やの》哲也君と同五日市南小学校六年遠山有希さんが朗読した「平和の誓い」をおりあるごとにあらためて想起する。その文はつぎの言葉から始まる。

「人はたくさんの困難を乗り越えてこの世に生まれてきます。お母さんが赤ちゃんを生もうとがんばり、赤ちゃんも生まれようとがんばる。新しい命が生まれ、未来につながっていきます。それは『命の奇跡』です。しかし、命は一度失われると戻ってきません。戦争は、原子爆弾は、尊い命を一瞬のうちに奪い、命のつながりをたち切ってしまうのです」

人間の命ばかりではない。すべての生きものの命を一瞬に奪う戦争や原爆は、最悪の人権侵害であり最大の環境破壊である。命がますます軽くなってきていることは、自殺者が毎年三万人以上となり、母が子を殺し、子が母を殺すという殺伐の世相のなかにも反映されている。

広島・長崎の原爆の日に、いま一度、命の重さと尊さを真摯《しんし》にかみしめたい。命の尊厳を自覚し、人間が自然と共に幸せを構築してゆくその行動とみのりが、一九九四年の十二月、国連第四十九回総会が採択使用した「人権文化」にほかならない。

平成十三年（二〇〇一）の一月十二日、はからずも宮中歌会の召人に選ばれて、〝山川も草木も人も共生の命輝け新しき世に〃の歌を詠進したが、〃新しき世に〃と詠んだのは、平成十三年が二〇〇一年であり、新しい二十一世紀のはじめの年であったからだ。

「共生」は人と人とが共に生きることだけではない。人間が自然と共に生きる、いわゆる〃ともいき〃ばかりでもない。人と人、人と自然が共に生み出す〃とも生み〃をめざすべきではないか。多文化共生とは、それぞれの民族が、それぞれに異なる文化を相互に理解することのみにはとどまらない。共にあらたな文化を生みだす方向をみいだすべきではないか。

先日もアメリカのジャーナリストが、インタビューのために拙宅にこられ、生きものの多様性と日本文化のありようについて鋭く質問されたが、日本の有名な『古事記』の「国生み」神話に、イザナキ、イザナミの両神が「共に生める」嶋十四、「共に生める」嶋神三十五神と明記する例を示して、日本思想の源流には、〃ともいき〃ばかりでなく、〃ともうみ〃の思想が存在したことを強調した。

地球の温暖化対策を定めた「気候変動枠組み条約」と共に採択された「生物多様性条約」は、まさに「双子の条約」である。生物多様性の保全と持続可能な利用などを目的とする条約の第十回締約国会議（COP10）が、本年の十月名古屋市で開催される。〃ともうみ〃の思想のみのりを期待する。

（二〇一〇・八・七）

民族文化の再発見

地球のグローバル化、人類社会のボーダーレス化のなかで、国家のありようがあらためて問われている。一九八〇年に日本の政府は、日本国には「少数民族は存在しない」と国連に報告し、一九八六年には当時の首相が日本国家は「単一民族国家」と発言して、内外から批判されたことがある。

単一民族国家が純粋であり、そこに国家の優秀性をみいだすような見方や考え方は、あしきナショナリズムの幻想であった。学界ではすでに早く、一九〇〇年代から日本民族が複合民族であることが史実にもとづいて指摘され、近時の人類学などの研究成果によっても、その実相がより科学的に論証されてきた。

昨年の四月、内閣官房長官の私的諮問機関である「ウタリ対策のあり方に関する有識者懇談会」が、アイヌ民族についての「新しい施策」を中心とする報告書を提出したおり、『京都新聞』連載の「天眼」にアイヌ新法制定をめぐる私見を執筆したが（平成八年四月七日）、この報告書が、その歴史的考察を前提として、アイヌの人びとが「我国固有の領土である北海道に先住していたことは否定できない」と明記したことを特筆した。

一九九一年に日本の政府が国連での人権報告書のなかで、アイヌ民族を「独自の宗教及び言語を有し、また文化の独自性を保持している」少数民族としてのみ認めていた段階と比較すると、有識者懇談会（司馬遼太郎さんもそのメンバーであった）の報告書は、はるかに前進した内容になっていたからである。

去る三月二十七日、北海道収用委員会を相手とする土地強制収用などの裁決取り消しを求めた行政訴訟の判決が札幌地裁であった。北海道開発局が沙流川《さるがわ》総合開発事業の一環として、北海道平取町の二風谷《にぶたに》ダムの建設に着手したのは一九八二年で、八七年から本格的な着工がはじめられた。

そのためアイヌ民族の伝統的な舟下ろしの儀式「チプサンケ」が行われていた河川敷も水没した。ダム本体がすでに完成し、貯水されていることなどもあって、原告の請求は棄却されたが、この判決で注目されるのは、アイヌ民族は「わが国の統治が及ぶ前から北海道に住み、独自の文化を保っており、先住民族に該当する」と明確に認定したことである。

そして二風谷地区が同民族にとっての聖地であり、ダム計画が実施されると、文科的歴史的価値を後世に残すことは困難になると判断した。「国としては過去においてアイヌ民族独自の文化を衰退させてきた歴史的経緯に対する反省の意を込めて最大限の配慮をなされなければならない」と述べている。

アイヌの人びとを日本列島の辺境の民族とみなすのは、あまりにも和人中心にすぎる。かつてアイヌの「舟唄」を北海道のアイヌの方に歌っていただいた日を想起する。アイヌは大型の板綴り船でアムール川流域まで往来して独自の交易活動を展開していた民族であった。アイヌ新法のみのりある制定を期待する。

（一九九七・四・六）

回想・千人針

戦後五十年の秋、私の脳裏に鮮明に浮かび上がってくる戦中風景のひとこまがあった。それは多くの人びとが通る駅頭や街の中で、幾人もの女性の方々が、出征兵士のために、一針ずつ千人針を同性の人びとに縫ってもらっている姿であった。

千人針は、虎が千里を走って千里を返るという故事にもとづいて、日清戦争のころからはじまったもののようだが、この名称は、白あるいは黄の晒布《さらし》に、千人の女性が一針ずつ縫って結び目をこしらえたことからつけられた。

戦場におもむく、夫や恋人、父や息子たちが、敵の弾丸などに殺傷されぬよう、無事の帰還を願っての千人針であった。死戦（四銭）を越える、苦戦（九銭）をまぬがれるようにと、千人針には五銭・十銭の穴あき硬貨が縫いこめられていた。また寅年の女性にはその年の数だけ縫いこんでもらうという習俗もあった。

その千人針と千人針にまつわる淋しくかつきびしい悲話を、日本の各地やアジアの国々で採訪してまとめられた、森南海子さんの著書『千人針』を読んだのは、今から十年前のことである。

母が出征する息子の無事を祈った熱い想い、妻が戦場にかりだされてゆく夫の身を案じた悲しい願い、父や恋人たちの平安を念じた千人針。その多くの実話のなかには、戦時のなかの女人の姿が見事に集約されていて、身のひきしまる感動をおぼえた。

ひとくちに千人針とはいっても、それぞれの地域で、あるいは作者の考え方によって、その種類がさまざまであることを知ったのも、この著書によってであった。千人針をめぐる戦争中の人間模様が、それらの実話を背景に、強烈にわが胸にひびいた。

出征兵士の多くは、千人針を腹巻に用いたが、真綿を入れたもの、なかには女性の黒髪を入れたものもあった。真綿を千人針に入れる風習は各地にあって、保温や弾よけがその目的とされた。

一針・一針を結ぶ、その玉結びの千人針は、まさに魔よけの呪布であった。『肥前国風土記』の松浦郡褶振《ひれふり》の峯の条には、朝鮮半島南部の加耶《かや》に出征する大伴狭手彦《おおとものさでひこ》を見送って、弟日《おとひ》姫子《ひめこ》（佐用《さよ》姫《ひめ》）が褶（装身の呪布）を振って惜別したエピソードが載っている。

この松浦《まつら》佐用《さよ》姫《ひめ》の伝承を、山上憶良も詠んでいる（『万葉集』）。その〝つまごひ（夫恋）〟のひれ（領巾）の歌をあらためて想起したのも、森南海子さんの『千人針』によってであった。

去る八月二十二日、『千人針』の再出版と新著『母と私の老い支度』の出版を記念する集いが大阪であった。「『千人針』は縫ってはならぬ一針・一針であったのです」の著者の重い言葉をうけての、三沢和子さん（劇団「コーロ」）の一人芝居も熱演であった。戦後五十年、風化させてはならぬ千人針の一針・一針である。

（一九九五・九・一〇）

福の神と世直し

今日は十日えびす。年々歳々。あらたまの年を迎えて、七福神の信仰がよみがえってくる。竹林の七賢人とはおもむきを異にする日本独自の七福神の信仰は、室町時代の上方《かみがた》の商工業者を中心として具体化した。応仁・文明の大乱のあと、京のまちに七人の侍ならぬ七人の盗賊が、七福神の扮装で出没し、町家の人びとは福の神の到来とありがたがったというエピソードさえ形づくられている。

海から来訪する神が、人の世に幸いをもたらす信仰は古代社会にもあるが、平安時代後期の京都では、宝倉と福徳神の存在をたしかめることができる。こうした財宝神のイメージが前提となって、恵美《えび》（比）須《す》＝戎・大黒・弁才（財）・毘沙門・布袋・福禄壽・壽老人の七福神が登場してくる。このなかで恵美須の神のみが日本神話の神に由来する。大黒天・弁財天・毘沙門天は仏教の天部の神、布袋は実在の中国の禅僧、福禄壽と壽老人は道教の神仙であった。七福神の世界はきわめてインターナショナルであって、のちには宝船に乗っての福の神となる。十五世紀前半、伏見の風流の作り物に恵美須・大黒・毘沙門・布袋などが現れ、応仁・文明の大乱後に再興された祇園会にはえびす山があった。

政治の混迷・経済の不況・犯罪続出、現代の矛盾がつぎつぎといまの時代に露呈している。福の神到来への人びとの願望はますますたかまる。だが無為の神だのみだけでは、新世紀の幸せを内実化することはできない。みずからをかえりみ、家庭と地域のありようを再発見し、あらたな家づくりとまちづくりをめざす努力が肝要である。

一九九七年の十一月十八日にポーランドのワレサ前大統領と、一九九八年の十月十日に韓国の金大中《キムデジュン》大統領と、それぞれ懇談する機会があった。おふたりの立場と見解は異なってはいたが、未来志向の理念、自信と英知、勇気と決断は共通していた。ワレサ氏がＥＵ（ヨーロッパ連合）を例に、国境をこえた人類の連帯を力説され、金大中氏が東アジア史のなかで「文化鎖国主義」の弊害を指摘されたのが印象的であった。命がけの民主化闘争、その不屈の実践を背景とする「人権と平和の尊厳」の言葉は重くかつ深い。

二十世紀は人権受難の世紀であった。冷戦構造の崩壊後も、貧富の格差・民族の紛争・宗教の対立・環境の破壊がつづいている。神を殺し、人を殺してきた。終末の世相である。福の神の信仰と世直しとの関係は密接であった。世直しのつとめを放棄して福の神が到来するはずもない。七福神の多様性は、異文化の相互理解に役立つ。和魂と漢才をおりまぜての七福神信仰には、日本文化の特色が反映されている。人間の尊厳を共に自覚し、人間の幸せを共に構築してゆく人権文化の創造も、伝統文化の創造と決して無関係ではない。卯年の正月の所感のひとつである。

（一九九九・一・一〇）

鎮魂のまこと

昭和二十年（一九四五）八月七日午後三時三十分。大本営は「一、昨八月六日広島市は敵B29少数機の攻撃により相当の被害を生じたり、二、敵は右攻撃に新型爆弾を使用せるものの如きも詳細目下調査中なり」と発表した。当時十八歳の私は、学徒動員で群馬県大間々《おおまま》の軍需工場で働いていた。敗戦の気配が濃厚であって、いわゆる「新型爆弾」の不安がわだかまった。広島・長崎への原爆投下の悲惨な状況を知ったのは、終戦の詔勅がだされた後のことである。

五十四回目の「原爆の日」がめぐってきた。つい最近、広島市内の小学校で被爆直後の混乱のなか、教師や親が児童の安否を尋ねて、ススで真黒になった壁にチョークで記した伝言の一部がみつかったという。戦争の悲劇を今に伝える生きた教材である。昭和二十六年の十月に出版された長田新博士編の『原爆の子――広島の少年少女のうったえ』がその伝言に重なる。

鎮魂とは何か。犠牲者のミタマを「安らかに眠って下さい」と鎮めることのみにとどまるものではない。本来の鎮魂は、そのミタマをわがいのちにうけついで、生命力を振起することにあった。日本古来の鎮魂の伝統を守り活かしてきた天理市布留《ふる》に鎮座する石上神宮《いそのかみ》が、『日本書紀』に「振神宮《ふり》」と書かれ、『万葉集』に「振山」・「振川」など、布留に振をあてているのも偶然ではなかった。天平二年（七三〇）の『大倭国正税帳』でも、石上神宮の神戸を「振神戸」と記している。石上神宮はミタマフリの古社であった。毎年十一月、おごそかに執行されている石上の鎮魂祭には、ミタマフリの鎮魂の伝統が息づいている。戦争犠牲者のミタマへの平安の祈りは、過去との断絶ではない。その怨念をミタマフリして、明日の平和に活かしつづけることにあるのではないか。「再びあやまちを繰り返しませんから」と簡単に言いきることはできない。五十四年の歳月の間に、人類はいくたびものあやまちを繰り返してきた。去る七月二十七日から三十日まで、国立京都国際会館で開催された第四回国連軍縮京都会議の開会挨拶のなかで、エフジェニー・ゴルコフスキー国連軍縮局次長が国家の安全保障ばかりでなく、「人間の安全保障にかんする討議を避けて通ることはできません」と述べられたのに共感した。

冷戦構造の崩壊と核軍縮の流れに逆行する核実験・核兵器の開発と製造がつづいている。「核の傘」の現実と「非核三原則」の名分を止揚するためにも、日本列島・朝鮮半島・中国東北部・極東ロシアを含む北東アジア非核地帯化の提言は注目にあたいする。

被爆体験を活かして戦争民話の採集と創作にとりくんできた山本真理子さんの『広島の姉妹』『広島の母』『広島の友』などにもみられる戦争民話を風化させてはならない。ミタマフリの鎮魂をめざしたい。

（一九九九・八・八）

人間のこころの学

青少年の凶悪犯罪の増加あるいは学級崩壊など、あらためて「こころの教育」の必要性が問われている。バブル経済が破綻《はたん》し、あらたな企業の倫理と企業の哲学の確立が強く要請されている。教育や経済ばかりではない。政治や社会のモラルの退廃、戦後の日本のシステムじたいの行きづまりとその矛盾が、まさに世紀末の様相をいろどる。

こうした動向のなかで、「心を知ること」を重視し、「人の人たる道」を力説しかつ実践した石田梅岩の学問と思想そして行動が注目をあつめつつある。梅岩の学問とその道統《どうとう》は、後に石門心学とよばれたが、二十世紀最後の年である平成十二年は、石田梅岩が京都の車屋町御池上る東側で、その教えをはじめて開講した享保十四年（一七二九）から数えて満二百七十年になる。

石田梅岩の開講二百七十年を記念するシンポジウムが、去る十月十五日、国立京都国際会館メインホールで、約千三百名の方々の参加のもとに開催されたのは、きわめて時宜にかなったこころみであった。名著『徳川時代の宗教』で有名であり、海外における心学研究の第一人者であるロバート・N・ベラー・カリフォルニア大学名誉教授（ハーバード大学名誉教授）の記念講演、稲盛和夫京セラ名誉会長、小谷隆一イセトー会長と私をまじえてのシンポジウムがそれである。

その討議に私もまた多くを学ぶことができたが、もっとも感銘をうけたのは、ベラー名誉教授の「心学と21世紀の日本」と題された講演であった。石田梅岩の学問の特色を指摘して、梅岩は抑圧的で閉鎖的な徳川幕府の下で生きながら、開国主義の精神に囲まれていたことを強調された。そして現在の日本は開国の真っ只中にありながら、鎖国主義の雰囲気がままみられることを憂慮されていたのが印象的であった。

梅岩の思想は神道・儒教・仏教など、東アジアの精神性の偉大な伝統から引きだされた宗教的道徳的思考にもとづき、商人蔑視《べっし》の風潮に対して「商人の道」を擁護した梅岩は、商人の基本的天職は、利益を最大限に増やすことではなく、社会に奉仕することを旨《むね》とした所以《ゆえん》を力説された。

真摯《しんし》なベラー先生は、かつての名著『徳川時代の宗教』について自己批判をされた。経済が充分《じゅうぶん》に発達すればすべてがうまくゆくという考えの弱点をかえりみ、「終わりのない富の蓄積が必ずしもよい社会につながるのでなく、その反対に社会を徐々に弱らせることを私は見落としていた」と反省された。

さらに日本とアメリカを比較し、アメリカ型の個人主義が日本の問題の有益な解決策となるかどうかは疑問であり、未来への展望のインスピレーションは、心学のなかにも秘められており、心学にはまだ発言権があると説かれた。

日本の近代化のなかで、十八世紀の後半を中心に隆盛をきわめた心学がなぜ衰退したのか、そのことを含めての新しい人間のこころの学の構築が期待される。

（二〇〇〇・一一・一二）

地域学と分権時代

平成十二年（二〇〇〇）の四月から「地方分権一括法」が施行された。明治の廃藩置県以来、およそ百三十年の長きにわたって続いてきた日本型の中央集権体制が、二十世紀最後の年の春から、分権の時代へと動きはじめたことは注目にあたいする。

だが、地域を主体とする分権の具体化は、国が保有するあまたの権限を、部分的に各地域の自治体に委譲するというような名目的・技術的問題にとどまらない。国と各地域の自治体とのかかわりが、依然として上・下の関係であり、主・従の関係であるとするなら、それは中央集権の下における、地方の「うけおい」の分権にすぎない。

地域の自治に立脚して、国と各自治体とが対等に補完しあう、地域の主権に根ざした地域分権の時代をめざさないかぎりは、まことの分権社会は到来しないのではないか。

「地方の時代」が叫ばれるようになってから、かなりの歳月が経過したけれども、「中央」を前提とする「地方」という認識では、「地域の時代」を構築することはできぬ。私がこれまでに書いてきた論著のなかで、「地方」という言葉をなるべく使わないようにこころがけてきたのには、それなりの理由がある。「地方」という言葉は「在地」の意味よりも、いわゆる「中央」あっての「地方」として、しばしば使われてきたからである。

地域学が提唱されはじめたのは、一九八〇年代からであった。横浜学・掛川学などがあいついで誕生した。そして平成二年の十二月には、横浜市で地域学交流集会が開かれた。その段階では参加メンバーも少なく、現在のような全国的ひろがりはなかった。

ところがその後、日本のあちこちで地域名を冠する地域学が組織され、生涯学習の分野や大学の講座にも、積極的にとりいれられるようになった。昭和六十三年（一九八八）に結成された播磨学研究会を母体に、平成五年に設立された播磨学研究所の企画で、去る十一月の十一日と十二日、姫路文学館を会場とする全国地域学大会・姫路フォーラムが開催された。東北学・山形学・横浜学・掛川学・丹波学・出雲学・長崎学・ひょうご学・播磨学などの代表が、それぞれの研究活動を報告し、その成果と課題をめぐって有意義な討論が展開された。

内橋克人さんの記念講演は地域学にいま何が問われているかを明確にした問題提起であったが、これまでの郷土史や郷土研究の反省にたつ地域学は、地域の過去と現在を科学的にみきわめるばかりでなく、地域の自治に寄与し、地域の明日を提言する、比較と綜合の二つの視座を内包した学問をめざしたい。「地域学と地域史」の基調講演をつとめ、その討論に加わって、姫路フォーラム宣言が明記した「分権時代を切り開く活動の一環」としての、新世紀の地域学への期待がさらにたかまった。

（二〇〇〇・一二・一七）

宗教者の対話の季節は終わっていない

一九九三年の十一月四日・五日、日本における世界連邦平和都市宣言の第一号である綾部市の大本・長生殿を主会場に、内外の各宗教代表が参集して「世界宗教者の祈りとフォーラム」が開かれた。

そして早くも九年ばかりの歳月が過ぎ去った。二〇〇二年の十一月四日、京都リサーチパークで神道、仏教、キリスト教、ヒンズー教、イスラム教、ユダヤ教などの各宗派・教団を代表する方々が約三百五十名参加して第二回のフォーラムが有意義に実施された。

第一回のおりには助言者と宣言文起草委員長、そして第二回のさいには、フォーラムのコーディネーターと宣言文起草委員長をつとめたが、この九年間いかに世界の宗教者の友好と連帯が進んできたかを身近に実感した。

第一回は、同じ場所に世界の各宗教の代表が相集い、それぞれの宗派・教団の祈り方によって平和を祈願する、祈りの空間を同じうすることが最大の課題であった。教義の対話は不可能であった。安易に互いがおのおの教義を語りあえば、協力よりも対立を促進するおそれがあった。

ところが第二回はそうではなかった。バチカン教育省局長ヨゼフ・ビタウ大司教の講演そのものが、各宗教の中身を相互に理解することを前提とする「宗教者の和解と連帯」を強調したものであった。

「生命の尊厳――共生の世界実現をめざして」をテーマとするフォーラムでは、各宗教の代表七名が問題を提起されたが、なんの打ち合わせもなしに、各自が信奉する教義・教典に則って報告がなされた。その九年の間にいかに各宗教のリーダーによる対話が、宗派・教団の壁を乗り越えて深まってきたかを、有力に物語るひとこまとなった。

二十世紀の暗い影のひとつに、宗教をめぐる対立と紛争がある。とりわけ昨年の九月十一日の同時多発テロ以後は、宗教の対話は無力であり、もはや対話の季節は終わったなどという論説が有力化しつつある。だがそうではない。注目すべき発題が多かったが、たとえばユダヤ教のロン・クロニッシュ・イスラエル宗際協議会所長の発言は感動的であった。イスラエル宗際センターが設立されたのは湾岸戦争前夜の一九九一年一月十六日である。エルサレムの中心地の地下室にガスマスクを手にした二十三人の宗教者の集まりからはじまった。そしてさらにユダヤ教、キリスト教、イスラム教の七十三の加入団体があり、ユダヤ人、アラブ人の数千人がネットワークと幅広いプログラムに参加している。

「宗教は平和のために尽くすべきで、暴力やテロ、戦争や占領のためのものではない」。戦禍と抑圧、いくたの障害を克服しての宗教間の対話と協力の積み重ねが参加者の胸に響いた。実際に宗教者の祈りと対話が成果を生んでいる実例も数多く紹介された。

「生命の尊厳」についての村上和雄筑波大学名誉教授の講演も貴重であった。遺伝子暗号を例に「サムシング・グレート（大自然の偉大な力）」への畏敬《いけい》をユーモラスに語られたのが印象的であった。宗教相互の対話にとどまらず、宗教者と科学者の対話が必要との提言の実践も今後の課題である。

（二〇〇二・一一・一〇）

水と命と人権

平成十五年（二〇〇三）三月十六日から京都・滋賀・大阪を結ぶ琵琶湖・淀川流域を会場としてはじまった、第三回世界水フォーラムは三月二十三日に閉幕した。一九九七年にその第一回がモロッコで、二〇〇〇年に第二回がオランダで開かれ、今回がアジアで最初の開催であった。

水問題に対する認識の輪をどのように広げ、水問題をどのように解決してゆくか。その討議はきわめて有意義であった。今後の実践のなかで、どう具体化してゆくかがあらたな課題となる。それぞれの国家や民族のとりくみはもとより不可欠だが、環境問題や人権問題の解決は、一国・一民族だけで解決することはできない。国家や民族さらにイデオロギーをこえての、人類すべての人びとの理解と努力が必要である。「水を語ることは、命や民主主義、人権を守ることにつながる。私たちは命のためにここへきた」、「開発は国家のためでなく民衆のためのものだ」など、分科会での発言には学ぶべきものが多い。京都の学生諸君が中心のＮＧＯ「ユース・ウオーター・ジャパン」が、世界二十四カ国の学生らでつくるＮＧＯ「ヤング・ウオーター・アクション・チーム」と共同で、「ヤング・ピープルズ宣言」をしたが、そのなかでは、安全な水の利用を基本的人権として位置づけ、水道の民営化や大型開発の見直しなどが求められていた。水の問題はまさしく命の問題であり、人権の問題である。

二十世紀は第一次世界対戦・第二次世界大戦とよぶその名称が象徴するように、世界全体が戦争の渦にまきこまれた戦争の世紀であった。そして自然の破壊・環境の汚染がいちじるしく進行し、民族の紛争・宗教の対立が激化して、つぎからつぎへと難民があいついだ人権受難の世紀であった。

二十世紀の反省に立って、世界の平和をいかに構築するか、環境の保全をどう実現してゆくか、人権文化をどのように創造してゆくべきか。それらがあらためて問われているのに、二十世紀の矛盾はそのまま二十一世紀に持ちこまれ、より深刻化しつつあるのが現実である。

戦争は最悪の人権侵害であり、文化財のみならず自然そのものを破壊し地球の汚染を促進する。戦争もそして環境の問題も人権問題と無関係ではない。ところがややもすると自然保護に熱心な人びとが、人権問題に無関心であったり、人権問題に懸命な人びとが、環境問題にあまり関心を示さない場合をしばしばみうける。

人権問題の根底は人間の命の尊厳にある。環境問題の核は自然の命の保全にある。動植物の保護もいのちの問題を離れては空論となろう。人間は人間のみで生きているわけではない。自然あっての人間である。水の問題は命の問題であり、人権問題であることを再確認すべきではないか。

（二〇〇三・三・三〇）

生命の尊重

凶悪な殺人事件があいついでいる。本年（二〇〇三）の六月二十日から七月一日にかけてのわずかな期間だけでも、人間の尊い生命を奪う犯罪がつぎからつぎへと勃発《ぼっぱつ》した。

六月二十日、嫁が義母を暴行殺害（茨城県）、男女グループが会社員をコンクリート詰め殺害（大分県）、一家四人惨殺遺体みつかる（福岡県）。二十二日、知人の社長を自宅に招いて斧《おの》で殺害（鹿児島県）。二十四日、スナックの常連客が女店主を放火殺人（熊本県）。二十五日、バンド仲間がメンバーを刺殺（大阪府）、息子が母親を撲殺（山形県）。二十六日、息子が両親を絞殺（福岡県）。二十八日、母親が息子二人を刺殺（千葉県）、七月一日、妻の知人の女性を刺殺（東京都）、そして同日十二歳の中学一年生が四歳の幼児を誘拐殺害した長崎の事件等々。マスコミが報道した凶悪犯罪の一部をかえりみただけでも、日本列島は今や殺人列島と批判する人がいるほど、命の剝奪《はくだつ》が続出している。

とくに中学一年生の誘拐殺人などを契機に、教育関係者の間では、あらためて「生命を尊び、暴力を許さない」教育の必要性が再確認されている。児童や生徒にかかわる事件が起こると、とかく学校の責任のみが問われやすいけれども、家庭や地域のありようもまた検討する必要がある。

一九九四年の十二月、国連第四十九会総会は「人権教育のための国連十年（一九九五年〜二〇〇四年）」を決議し、その行動計画を発表した。そしてそのなかで「人権文化の普遍性」を強調した。それ以後なんらの定義もないままに「人権文化」という言葉が流行しているが、そのおりから私は私なりに、「人権文化」をつぎのように考えてきた。「生命の尊厳を自覚し、自然と共に幸せを築く人間の行動とその成果」が、「人権文化」ではないかと。

生命は人間のみが保有しているのではない。自然にも命はある。生命の尊重というと人間の命だけとなり、「共生」というと人間相互の理解のみとうけとめられやすいが、自然を含めての生命の尊厳を忘れるわけにはいかない。先に「人権問題の根底は人間の命の尊厳にある、環境問題の核は自然の命の尊厳にある」と記したのも、新世紀を迎えるにあたって〝山川も草木も人も共生のいのち輝け新しき世に〟と詠んだのも、自然と人間の「共生」を前提とする。

「生命の尊重が大切」というお題目だけではあまり効果がない。二〇〇一年三月に答申された大阪府の「人権施策推進基本方針」が、人権教育は家庭・学校・職場・地域などに根ざして推進する必要があり、幼少から「人権基礎教育」に取り組むことが肝要であると指摘しているように、学校はもとよりのこと、家庭・職場・地域でも、生命尊重の基礎教育を具体化してゆくべきではないか。

（二〇〇三・七・三〇）

文明と宗教

イスラエルとパレスチナの紛争は、世界の多くの良識の願いと努力にもかかわらずますます深刻化している。これを簡単に宗教の対立と図式化することはできない。9・11同時多発テロ事件以後、「文明の衝突」論や「宗教の対立」論がにぎやかにとりざたされているけれども、イスラム教対キリスト教の文明の衝突論のみでわりきるのはあまりにも単純である。

イスラム教徒の内部にも、そしてキリスト教徒の間にも対立がある。アジアの文明のなかにも、欧米の文明のなかにも多くの矛盾が存在する。

イスラエルの人びとがすべて好戦的であるわけではない。私の知人のなかには、きびしい状況のなかで宗教の連帯と友好に心血をそそいでいるユダヤ教徒もいる。国連やユネスコなどが提唱する異文化の相互理解は、多文化情報社会の進展とあいまって前進しているし、心ある世界の宗教者の平和への祈りと行動によって、宗教の壁もしだいに低くなりつつある。

ところが、地球のグローバル化・ボーダーレス化が進行するのに対応して、あらたなナショナリズムが具体化してきた。被抑圧者の側ばかりではない。抑圧する側でもナショナリズムの動きが顕著になってきた。

9・11同時多発テロが契機となって強大ナショナリズム・弱小ナショナリズムというようにナショナリ

ズムそのものの多様化・細分化が現実化している。そしてそれが文明の衝突や宗教の対立と複雑にからまりあう。イラク戦争において、戦いあう両者の政治のリーダーが、あいともに「神の加護」を唱えていたのが象徴的であった。

戦争は最悪の人権侵害である。人間のいのちばかりではない。山川草木ほか生きとし生けるもののいのちを奪い、文化財はもとよりのこと、自然そのものを破壊する。人間のいのちや万物のいのちは至高者（神・仏）から与えられたものとする宗教が、戦争にくみするわけにはいかないはずである。それなのに政治とナショナリズムが宗教を悪用し、宗教にもとづいて戦争を正当化する。

平和を実現するためには、平和を妨げる戦争の研究が不可欠となる。しかし戦争の原因の究明ばかりでなく、平和な時代のありようもまた検討する必要があろう。

延暦十三年（七九四）、都は長岡京から平安京に遷《うつ》って、「平安楽土、万年の春」を願っての平安時代がはじまる。いわゆる平安時代にも承平・天慶の乱などがあったが、おおむね「平安の時代」であった。とりわけ弘仁元年（大同五年・八一〇）の藤原薬子《くすこ》の変後から保元の乱（一一五六）までの間、死刑が執行されなかったのは注目にあたいする。

神も仏もの習合が展開し、政治やナショナリズムが宗教を悪用しなかったのが教訓的である。

（二〇〇三・一〇・一二）

戦争の悪と友好の輪

昨年（二〇〇三）の五月一日、太平洋上の空母エイブラハム・リンカーンに米軍機で降り立ったG・W・ブッシュ大統領は、「イラク戦争の主要な戦闘作戦は終了した」と、戦闘の終結を宣言した。しかしその後もイラクにおける武装勢力との衝突はつづいて、米兵の死者の数は終結宣言前の四倍以上にのぼるという。イラクの民衆の被害もあいついで甚大である。

米週刊誌ニューヨーカーの記事（電子版）は、バグダッドの中心部から西約三十キロにあるアブグレイブ刑務所でのイラク人虐待問題の調査報告書の内容を報道した。報告書によれば「サディスト的で露骨、不当な犯罪的虐待」が昨年十月から十二月まで集中的に行われたという。

アブグレイブ刑務所といえば旧フセイン政権時代の拷問や処刑で有名な刑務所であった。アムネスティはこれまでにもしばしば多くの事例をあげて、虐待の是正を要望してきた。「なんのための解放」であったのか、イラク戦争の大義名分のひとつとされていた「大量破壊兵器の未発見」とあわせて、その本質が改めて問われている。

昨年の五月一日は米大統領によるイラク大規模戦争終結宣言の日であったが、本年の五月一日は、ヨーロッパ連合（EU）が十五カ国から二十五カ国に拡大したEU拡大の記念式典の日であった。議長国アイルランドの首都ダブリンの大統領公邸で開かれた拡大記念式典には、加盟国すべての首脳が参加した。E

Uの歌でもあるベートーベンの交響曲第九番「歓喜の歌」そしてEU旗とならぶ二十五カ国の国旗が、欧州の新時代の夜明けを象徴する。

最悪の人権侵害といってよい戦争のみにくさと善隣の友好の輪のひろがりが、いまの世界のありようを対照的に照射する。もっともヨーロッパ連合にも多くの課題を残すが、国境をこえた民衆相互の交流の動きが注目される。

ヨーロッパ連合は一日にしてなりたったのではない。一九五一年に創設された欧州石炭鉄鋼共同体、五七年の欧州経済共同体と欧州原子力共同体、その三共同体を総称したヨーロッパ共同体（EC）を前提として、九三年にEUが誕生した。

アジアでは一九六七年の八月八日、バンコクで設立された東南アジア諸国連合は、すでに一〇カ国同盟として活躍している。本年二月十五日の「天眼」でも述べたように、昨年の十二月、東京で開催された日本とASEANの特別首脳会議では、「東アジア共同体」構想が提起された。EUとは歴史的社会的背景は異なっているが、EU具体化のプロセスは参考になる。

アメリカ主導か国連中心か、そればかりが論議されがちだが、その中間に位置する地域連合の動向を軽視すべきではない。ASEANと共に「東アジア共同体」の構築をめざすべきではないか。アジアのなかの日本を見失ってよいはずはない。

（二〇〇四・五・九）

回想立川文庫

「大人の小説の面白さをはじめて教えてくれたのは立川文庫である。これは教科書の下にかくして併読した」と、「わたしの古典」のなかで立川文庫をまずあげているのは松本清張氏である。丹羽文雄氏も「僕らの世代のたいていの人のように、読み物らしい読み物は、例の立川文庫がはじめだった」とかえりみ、大宅壮一氏も自分の読書遍歴は「私たち同年輩のものの大部分がそうであるように、やはり立川文庫から始まっている」と書きとどめている。

椎名麟三氏も「わが心の自叙伝」で「私も、当時の少年と同じく、立川文庫の愛読者であった。むしろ熱中者といった方がいいかも知れない」と記し、湯川秀樹先生も『旅人　ある物理学者の回想』のなかで、「中年以上の人なら、たいていの人が思い出を持っているであろう立川文庫」に言及されている。こうした立川文庫に対する数多くの人びとの思い出は枚挙にいとまもないくらいである。

いまではすっかりなじみがなくなったが、姫路出身の立川熊次郎氏が明治三十七年（一九〇四）に大阪で創業した立川文明堂が、明治四十四年から出版をはじめた小型の講談本シリーズが「立川文庫」であった。第一編の『諸国漫遊一休禅師』からはじまり、大正十五年（一九二六）の『最後の大活動　霧隠才蔵』まで、二百一編の刊行となった。

講談の速記本はそれまでにもあったが、縦十二・五センチ・横九センチ、一冊が二十五銭（のちに三十銭）

の小型本化が、手軽に入手できてしかも面白いという評判をよんだ。とりわけ大正二年一月の第四十編『真田三勇士忍術名人　猿飛佐助』をはじめとする忍術ものが牧野省三監督によって映画化され、立川文庫はますます人びとの間に浸透していった。「真田十勇士」の名がひろまったのは、立川文庫によってである。

平成十六年（二〇〇四）の六月二十七日まで姫路市立の姫路文学館で開催されている「立川熊次郎と『立川文庫』展」で改めて考えさせられたのは、いまの「読書ばなれ」の要因についてであった。貸本としても流行し、廉価で手軽に入手しやすいという文庫本のありようだけではない。壮年の猿飛佐助ではなく、少年の猿飛佐助を創作して、多くの少年に夢と希望を与えたその面白さが、立川文庫のあいつぐヒットを生んでいったのではないか。

「名探偵コナン」・「鉄腕アトム」・「ハリー・ポッター」など、そこには共通する要素が秘められているようである。

私が興味深く思ったのは、立川文庫の加藤玉秀こと玉田玉秀斎（二代目）をはじめとする執筆者集団の存在であった。そしてその多くが共同執筆であったという。中学生同士が殺し合う場面を描いた小説の世界などとはほど遠い読み物が、共同執筆のなかで誕生したプロセスもみのがせない。「読書ばなれ」の最大の責任は読み手だけにあるのではなく、書き手の側にもあるのではないか。大正の文庫王に学ぶことがらはけっして少なくない。

（二〇〇四・六・二〇）

もったいないの再評価

一九九七年の十二月、京都で開かれた気候変動枠組み条約第三回締約国会議（温暖化防止京都会議、COP3）で採択された「京都議定書」は、二〇〇五年二月十六日ようやく発効した。先進国に温室効果ガスの削減を義務づけた「議定書」から世界で最大の排出国である米国が二〇〇一年に離脱し、一時はロシアの批准も危ぶまれたが、昨年（二〇〇四）十一月世界三位の排出国といわれるロシアも批准して、「批准国の排出合計量が先進国全体の排出量の五十五パーセント以上」の発効条件を満たすにいたった。二月二日現在百四十カ国が批准しているが、排出量の多い中国やインドなど発展途上とされている国は削減義務をもたず、米国をはじめとする最大級の排出国との協力を今後どのように構築してゆくか、多くの課題を残す。

削減策として、市場原理にもとづく排出量の取引や森林による二酸化炭素吸収などが認められているが、議長国であった日本政府がその目標達成（一九九〇年比で6パーセント削減）の計画を実現し、国際的にも主導的役割を果たすことが内外から期待されている。「京都」を冠した「議定書」によって、京都は首都千余年の自由と観光の都市にとどまらず、自然に順応し自然と調和してきた日本の文明に根ざす環境京都として注目されつつある。京都市では昨年十二月十六日、全国初の「地球温暖化対策条例」を可決したが、議定書の発効を弾みとして、京都府の2・16を「環境の日」に、の提言をはじめ、府市民による地道な運動がもりあがってきている。

　昨年のノーベル平和賞の受賞者であり、ケニアの環境副大臣であるワンガリ・マータイさんは、京都議定書発効記念シンポジウムで「全世界の市民一人ひとりが、小さなステップでも行動を起こすことが、議定書の意味を生みだす」と訴えた。そしてマータイさんはインタビューのなかで、「日本には資源を効果的に利用していく文化があると思います」と語り、「もったいない」という日本語は、「すばらしい価値観」であり、「世界にも広めたい」と述べている。

「もったいない」という言葉は、『宇治拾遺物語』『源平盛衰記』などにもみえており、戦争中や戦後の食糧不足の時代に、親が子供に「つくった人の身になって大事に食べなさい」と言ったことからできた日本語ではない。使えるものが捨てられたり、働けるものがその能力を発揮しないことを「もったいない」とする用例は『太平記』などにもある。

　物質が豊富で使い捨ての現在では「もったいない」という言葉はあまり使われなくなったが、「けちくさい」と「もったいない」とではその意味に大きなひらきがある。「もったいない」のこころが「再利用」を生みだす。「京都議定書」は二〇一三年以降その効力を失うが、ヨーロッパ連合（ＥＵ）はすでにポスト「京都議定書」の戦略を発表している。日本も遅れてはなるまい。

（二〇〇五・三・五）

おかげさま

一九九七年の十二月、温暖化防止京都会議で採択された「京都議定書」が、大国の反対などもあってなかなか批准されず、ようやく発効したのは、二〇〇五年の二月十六日であった。その発効記念のシンポジウムに来日した、二〇〇四年のノーベル平和賞の受賞者であるケニアのワンガリ・マータイさんは、「もったいない」という日本語とであって、その言葉には、「すばらしい価値観」がこめられており、「世界にも広めたい」と力説された。

戦争中や戦後の一九四〇年代後半から五〇年代にかけての物資のない時代の流行語のひとつが「もったいない」であった。ものが豊かになったいまでは、「もったいない」は死語になりつつあるが、この言葉はたとえば『宇治拾遺物語』や『源平盛衰記』はたまた『太平記』などにもみえている、古くから使われてきたやまと言葉であった。

やまと言葉にはすばらしい言葉がいくつもある。そのひとつが「おかげさま」だ。いまもこの言葉はさかんに使われていて、「おかげさんです」などともいう。他人の行為や親切などに対する感謝の言葉として、日常の会話でしばしば用いられているが、人から受けた恩恵にとどまらず、神仏の加護や先祖の御恩などもおかげ（御蔭・御陰）と称されてきた。

伊勢神宮への群衆の参詣を御蔭まいりとよんだり、病などが治ったのを喜んで、社寺にお礼まいりするのをやはり御蔭まいりというのは、神仏の加護への感謝にもとづく。古代の律令社会では、五位以上あるいは親王・諸王の子・孫は二十一歳になると、自動的に位階を授けられて、任官の道が開ける蔭《おん》・蔭位《おんい》の制があった。

朝鮮や中国などとは異なって科挙《かきょ》（高等官資格試験）が採用されなかったひとつの理由に、位階をめぐる世襲があったが、この場合の蔭は先祖のおかげを意味する。

『延喜式《えんぎしき》』は延長五年（九二七）に撰進《せんしん》されて、康保四年（九六七）から実施された律令の施行細則だが、その巻第八には祝詞が収められている。『延喜式《えんぎしき》』の祝詞をよんで感動するのは、古い祝詞には願いごとが一切ないことである。ひたすらに神への感謝のみが述べられている。

十五階のマンションから九歳の児童を投げて殺したり、老齢の実父をその子が殺したり、幼い子を実母が殺したりするという、人道をはずれた想像もできないような悲惨で陰鬱《いんうつ》な事件があいついでいる。

平成十六年（二〇〇四）の三月二十八日、大阪の国際会議場メインホールで、約二千名が参集しての大阪の「こころの再生」シンポジウムがあった。「ほめる、叱《しか》る、笑う」、「ええもんはええ」の愛言葉など、さまざまな提言があった。が、いまや空《から》まわりして、さりげなくつかっている「おかげさん」・「おかげさま」の言葉の意味をいま一度かみしめたいと語った。

いのちの尊厳の教育が肝要である。「人」の字がななめの字画で支えあっているように、人間はひとりで生きているわけではない。天地自然の恩はもとより、他者への感謝を忘れてよいはずはない。

（二〇〇六・四・二九）

慰霊の意義

年々歳々、八月六日の広島原爆の日・八月九日の長崎原爆の日、そして八月十五日の「終戦記念日」、八月になると戦争の悲劇が語られ、戦没者の慰霊と鎮魂が行われる。とりわけ戦後六十年（二〇〇五）は、いくさのむごさ・ひどさが身に浸《し》む日々であった。ポツダム宣言受諾の「玉音放送」、あの日あの時の深刻で複雑な体験をした人びとの思い出は消えない。

その敗《ま》けいくさ決定の日を「記念日」とするのも奇妙な話だが、反戦平和への誓いとうけとめるなら、それなりの意味はある。そして戦没者の慰霊が全国の各地で営まれる。

「安らかに眠って下さい　過ちは繰返しませせぬから」と祈念しながら、たびたび過ちを繰り返してきた、その慰霊の無力と限界を指摘する識者の批判がある。たしかに「安らかに眠って下さい　過ちは繰返しませせぬから」という慰霊のありようは、あらためて問い直す必要がある。

慰霊という行為が誤っているのではない。悲惨ないくさの犠牲となった人びとの魂を慰めることは人間としての当然の行為である。死者の慰霊のみにとどまって、生きている人間の行為が問われないところに、その「鎮魂」のとりちがえがある。

かつて論証したことがあるとおり、「鎮魂」とひとくちにいうけれども、鎮魂にはもともと二つのタイプがあった（『日本古典芸能』1、平凡社、一九六九年）。鎮魂あるいは招魂の古い訓《よ》みに、ミタマフリとミタマシヅメのふた通りあるのをみてもわかる。ミタマフリは衰えたタマシイを振起する鎮魂であり、ミタマシヅメは文字どおり離遊のタマシイを鎮《しず》める鎮魂であった。

非業の死をとげた人の怨霊《おんりょう》を、御霊《ごりょう》としてまつる御霊会《ごりょうえ》が、平安時代からさかんに行われたが、支配者層の鎮魂はミタマシヅメであって怨霊のたたりを閉じこめることにその主眼があった。しかし民衆の鎮魂はミタマフリであり、たたりするほどの威力ある怨霊は、この世に幸いをもたらす御霊としてあがめられた。

「安らかに眠ってください」と願うのは、ミタマシヅメである。その真情とは異なって、死者のタマシイを引きついで活《い》かすのではなく、ややもすれば死者と断絶することになりかねない。そこでは「過ちは繰返しませぬから」という安易な誓いが繰り返されるばかりである。冷酷で悲惨ないくさのいけにえとなった戦没者の魂を継承して、生きている人間の行動を問いただす努力を怠るわけにはいかない。「安らかに眠らないでください、再び過ちを繰り返すかもしれませんから」と、ミタマフリの鎮魂をめざすべきではないか。

原爆投下の責任をみきわめ、「持たない」「作らない」「持ち込ませない」の非核三原則を法制化して、核兵器拡散の危機的状況を阻止することが、まことの慰霊につながる。

（二〇〇五・八・二〇）

原爆の日

六十三年目の広島・長崎の原爆の日を迎えて、恒例となった追悼式典がおごそかに挙行された。核兵器の廃絶を核保有国に強く訴える必要性を痛感すると共《とも》に、原爆犠牲者へのまことの鎮魂が、いまのようにマンネリ化した追悼の行事のみでよいのかという疑念がわだかまる。

「安らかに眠って下さい　過ちは繰返しませぬから」と誓いながら、たびたび過ちを繰り返してきた現実をかえりみる時、その誓いの言葉がいかにも空《むな》しい。古代の人びとが「鎮魂」を「ミタマフリ」とうけとめていたことは、前述したようにその古訓が鎮魂を「ミタマフリ」とよみ、衰微した「タマシヒを振《ふ》りおこす」義と解釈したありようにもうかがわれる。非業の死をとげたミタマを「安らかに眠って下さい」とまつりあげて断絶するのではなく、非業のミタマをしっかりとひきついで、「再び過ちを繰り返すかもしれませんから」と、みずからのタマシイを振起する誓いこそまことの鎮魂につながるのではないか。

原爆を投下したアメリカの為政者がどんなに原爆の犠牲者を慰霊しても、それは原爆投下の非人間的な罪を糊塗《こと》するしわざでしかない。謝罪はできても、非業のミタマを慰霊することはできない。

ここで想起するのは、慶長二年（一五九七）の朝鮮侵略（丁酉再乱）のおりの鼻斬《ぎ》りの残虐行為を前提に、豊臣秀吉が同年の九月、方広寺大仏前で供養して、鼻塚を造営したことである。

そしてまた朝鮮侵略に加担して残虐行為にくみした薩摩の島津義弘・忠恒父子が、慶長四年の六月、高野山奥の院に「高麗陣敵味方戦死者供養碑」と三重の石塔を建立したことである。

いまも鼻塚（耳塚）の前に立つ明治三十一年（一八九八）三月二十日の「耳塚修営供養碑」は、秀吉の「慈仁」を讃美《さんび》し、「これ、今日の赤十字の旨を三百年の前に於《おい》て行うと謂《い》うとも豈《あに》それ可なざらん哉《や》」と、秀吉の供養と鼻塚の造営を賞讃《しょうさん》する。それは明治の赤十字の精神と合致する三百年前の美挙であったというのである。

島津義弘・忠恒の「敵味方戦死者供養碑」は、「勇武島津の仁慈」と喧伝《けんでん》され、やがては「赤十字思想の具体的に争闘攻伐の甚《はなは》だしき人生の場面に展《ひろ》げられた最初のもの（『高野山金石図譜』）と美化されていった。

いったいどこが秀吉や島津義弘父子の「仁慈」か、なにをもって「赤十字の旨を三百年の前に於て」行ったとするのか、どこが赤十字思想を具体化した「最初のもの」なのか。その欺瞞《ぎまん》は「供養」の名のもとに美談化されるのである。いまこそ恩讐《おんしゅう》や怨念《おんねん》を越えたまことの万霊慰霊が必要ではないか。

（二〇〇八・八・三〇）

いくさの語り部

平成十七年（二〇〇五）は戦後六十年。その八月十五日の敗《ま》けいくさ決定の日は、例年にもまして重要な意味をもつ節目の時であった。しかし九月十一日の衆議院議員選挙をめぐる「くの一」とか「刺客」とかの報道がマスコミをにぎわして、終戦記念日を過ぎると、戦後六十年はすでに過ぎ去ったかのように錯覚されている。

しかし戦後六十年はまだつづいており、今年の八月十五日で終わったわけではない。いまわしい戦争を体験した人びともだんだん少なくなり高齢化して、いくさの悲惨な記憶はますます風化してゆく。

一九四五年の三月二十六日、西太平洋を制圧した米軍上陸部隊は沖縄の慶良間《けらま》列島に上陸、さらに四月一日沖縄本島中部西海岸に上陸、激烈な地上戦を繰りひろげた。同年の七月二日、米軍が沖縄作戦の終了を宣言するその日までつづいた沖縄戦は、多くの住民をまきこんで、二十万あまりの犠牲者をだす惨劇となった。

沖縄の人びとにとっては到底忘れることなどできない沖縄戦だが、沖縄戦のことを沖縄の高校生の四十九パーセントが知らないと答えたという報道に接して愕然《がくぜん》とした。こうした状況はドイツでもかわりがない。ドイツの公共放送などが実施したアンケートでは、ユダヤ人の大量虐殺「ホロコースト」を知らない若者が増加し、二十四歳以下では四十九パーセントが知らないと回答している。

昭和十五年（一九四〇）は紀元二千六百年式典の年であり、同年の九月には日独伊三国同盟が調印されている。私は中学一年生であったが、近衛文麿を中心とする新体制運動の結果、政党政治が終わって大政翼賛会が結成されたのも、この年の十月十二日である。昭和十五年の流行語は「バスに乗り遅れるな」であったが、民衆の多くは為政者に迎合し、戦争の道をまっしぐらに歩んだことは多言するまでもない。なぜか当時の「新体制」という言葉と、いまはやりの「改革」という言葉が重なり合う。

沖縄宜野湾市の佐喜間《さきま》美術館には、沖縄本島中部の読谷村《よみたん》の戦時と戦後を描いた「沖縄戦　読谷３部作」とよばれる畳八枚大の水墨画がある。この絵は故丸木位里《いり》・故俊《とし》夫妻が描いた大作で、原爆投下直後の広島にたどり着いた体験をもとに核兵器の惨状を伝えた「原爆の図」と共に、戦争がいかに最大の悪であったかをまざまざと今日に伝える。

戦争体験者のいくさの語りの後継者をそだてることも大切だが、戦争民話や美術や工芸によるいくさの語りの役割もまた大きい。地下壕《ごう》や軍の施設をはじめ戦争にかかわる遺跡が国や自治体の文化財に指定・登録される例が増加しつつある。

長野県松代の大本営予定地地下壕・千葉県館山市の軍事施設・沖縄本島玉城村《たまぐすく》糸数壕（アブラチラガマ）など、修学旅行や校外学習で訪れる学校が増えてきたという。いくさの語りの多様な展開が期待される。

（二〇〇五・一〇・一）

ふたりの高齢者

すぎ去った過去を変えることはできないが、人生の明日は、こころの持ちようで変えることができる。そのことをふたりの高齢者の生き方のありように、あらためて痛感した。

そのひとりは、長崎県の七十五歳の父親で、保険金一億円以上を目あてに、事故を装って自分の三男の殺害を依頼して逮捕された、保険金殺人事件容疑の高齢者であり、他のひとりは、長野県の八十歳の高齢者で、自転車で日本一周をこころみ、全国各地の人びとに勇気のでるメッセージを届けつづけた、老いてなお青春の夢を追いつづけた方である。

保険金殺人事件容疑で、父親ら関係三人が逮捕されたとの報道があった七月二十六日の午後七時三十分、たまたまNHKのクローズアップ現代の「八十歳の青春・日本一周への夢」をみた。偶然ではあったが、あまりにも異なる高齢者の生き方に、人間いかに生くべきかを考えさせられた。

長野県の高齢者と沖縄の先島《さきしま》で出会った青年が、その言葉に励まされ、挫折から立ち直ったとしみじみと語っていたのが印象的であった。その方は生まれ故郷を目前に、交通事故のためになくなったが、そのメッセージは東北をはじめ各地の人びとの心にこだました。

八十歳の高齢者のシャツの胸には、「鎮魂」と書かれていた。たましいを鎮める鎮魂ではない。先に述べたとおり鎮魂の原姿は、衰微したたましいを振起するミタマフリにあった。「八十歳の青春」の「鎮魂」

は鎮魂の原姿にふさわしい。

戦後六十二年目の原爆の日、広島市の平和記念公園で、湯川秀樹先生の〝まがつびよ　ふたたびここにくるなかれ　平和をいのる　人のみぞここは〟の歌が百人の合唱で高らかに歌われたという。湯川博士生誕百周年にいろどりをそえる大合唱であった。

湯川秀樹・スミご夫妻の最後のテレビ出演は昭和五十六年（一九八一）一月二十五日放映の「すばらしき仲間」であった。湯川先生の強いおすすめもあって、その相手をつとめたのは私であった。鼎談《ていだん》のなかでも強く核の廃絶を主張された。

「安らかに眠って下さい　過ちは繰返しませぬから」と誓いながらも、いくたびも過ちを繰り返してきた。これでは原爆犠牲者のミタマが安らかに眠れるはずもない。「安らかに眠って下さい」とミタマを鎮めることのみを願うのはミタマの継承ではなく、ミタマとの断絶になりかねない。原爆の日のおりだけの平和への祈念は、いかにも空《むな》しい。「平和記念式典」のおりの「今後とも憲法の規定を順守」するという誓いの言葉を内実化し、日常化しなければ空文句《からもんく》になる。

戦争は最大の人権侵害であり、人間のみならず、動植物のいのちをも奪い、文化遺産はもとよりのこと、自然をも破壊する。「命の尊重が大切」というお題目だけでは、生命の尊厳は活《い》かされない。ミタマフリの鎮魂が肝要ではないか。

（二〇〇七・八・一一）

蔵書のなかから

読書の秋にちなんで、日本近代文学館から蔵書のなかで意義深い書物を選んで紹介してほしいとの依頼があった。学生時代から買い集めてきた書は、文庫本の類《たぐい》までを入れると、実数はともかく、万を越えていることはたしかである。二十数年前に、二階建ての書庫と書斎（同天居）を造ったが、いまでは書架に入れきれず、床に積む始末となっている。

私の蔵書のなかにも、貴重な文書や記録が若干ある。そのひとつは弘仁六年（八一五）に最終的にまとめられた、五畿内千百八十二氏の系譜集成の『新撰姓氏録《しんせんじょうじろく》』の写本《しゃほん》である。原本はもとよりなく、現在までにわかっている十数本の寫本は、佐伯有清氏によって延文五年系本・建武二年系本・混成本に分けられている。現存で最も古い書寫とみなされる現伝寫本の時期は、十七世紀中葉であるから、佐伯氏が上田正昭本として学界に紹介された私の蔵本は、十八世紀の寫本で、それなりの価値がある。京大生のころ、わが家の蔵のなかからみつけた寫本であった。

『古事記』といえば、『日本書紀』とならぶ日本古典の白眉《はくび》だが、その現伝寫古の寫本は、応安四年（一三七一）・同五年書寫の真福寺本『古事記』（三巻）であり、ついで永徳元年（一三八一）の道果本『古事記』（上巻）である。いまの多くの研究者は、古寫本の校合はあまりしないが、基本的な古文献については、そのテキスト・クリティークをなおざりにするわけにはいかない。

たとえば上巻にイザナキの大神は「淡海《おうみ》の多賀に坐《ま》すなり」（真福寺本）と記すのを、道果本は「淡路の多賀に坐すなり」と書く。『先代旧事本紀《せんだいくじほんき》』も同じように淡路とする。たった一字の違いだが、軽視するわけにはいかぬ。『古事記』を論ずる時には、私蔵の影印本でおりおりにたしかめている。

昭和十五年（一九四〇）の二月、津田左右吉《そうきち》博士の『古事記及び日本書紀の新研究』ほか五冊（いずれも岩波書店）が発売禁止となり、昭和十七年の五月、東京刑事地方裁判所は出版法違反によって津田博士は禁錮《きんこ》三カ月・岩波茂雄氏は禁錮二カ月（ともに執行猶予二年）の有罪判決を下した。不敬罪と書いているものもあるが、それはあやまりで、出版法違反容疑の起訴であった。

日本の学問弾圧史上忘れることのできぬ津田左右吉事件がそれである。昭和十五年は私の中学二年生のおりであって、担任の先生のお宅を訪れたおりに、この『古事記及び日本書紀の新研究』を書棚にみつけて、慌てておられる先生から無理にお借りして読んだ。わけもわからぬままであったが、学問とはこういうものかと幼稚ながらに実感した。その初版本を書庫に保存しているが、この書は昭和十九年の秋、早稲田大学の近くの古本屋さんで、ひそかに白米二升で購入した書物である。

購入した書のひとつひとつに、それぞれの思い出がよみがえってくる。

（二〇〇七・一一・二四）

こころの発明

「京都の生んだ心学の祖といわれる石田梅岩（一六八五〜一七四四年）は、『人の人たる道』を重んじ、心学では『こころの発明』が肝要であると説きました」。

この文は京都府教育委員会の『京の子ども　明日へのとびら』のなかで述べた「人道の輝く世紀を目指して」の一節である。また平成二十年（二〇〇八）四月十五日に出版した『日本人のこころ』（学生社）の「あとがき」で、「人間が他の動物と異なる最大の特色のひとつは、過ぎ去った人生は変えることはできないが、心の持ちようで、明日の人生は変えることができる点にあると思っている。『こころの発明』をめざしたい」と書いたその「こころの発明」という言葉も、石門心学の用語に由来する。

石田梅岩が四十五歳のおりに、京都の車屋町御池上ルで、「席銭入り申さず候」の掲示を門前に掲げ、夜になると行燈《あんどん》を掛けて、「御望《おのぞみ》の方は遠慮なく御通り、御聞き成さるべく候、女中の方はおくへ御通り成さるべく候」と、女性にもよびかけて開講したのは、享保十四年（一七二九）であった。

最近こころの教育、あるいはこころの再生がさかんに叫ばれるわりには、「真に心を知ること」を力説した心学があまり評価されていないのは心外だが、「こころの発明」を力説したのは、梅岩の高弟手島堵《と》庵《あん》（一七一八—一七八六）であった。発明といえば「もの」の発明ばかりがいわれる世の中である。ものの発明はもとより必要だが、人間にとって肝心なのは「こころの発明」であるといってよい。手島堵庵はであると説いた。

「人の人たるこころ」すなわち「本心の発明」が人間の生活にとって不可欠であり、必要なこころがまえ

「本心」をみきわめてこころを豊かにし、「人の人たるこころ」を発明することが大切になる。梅岩が性《せい》と心の「二者」から思惟を深めたのに対して、堵庵は性と心を渾然《こんぜん》融合した「本心」を提唱し、教学の簡明化につとめて、実践力をはぐくんでいった。

梅岩在世のおりから女性の門人はかなり存在した。そしてたとえば慈音尼兼葭《けんか》のように男の弟子よりもすぐれ、遠く関東の布教に従事して後の江戸心学の素地を開拓したような女人もあった。しかし女性のための特別の講席は開かれることはなかった。堵庵が女性のための講席を設け、女性のための心学をこころがけた点もみのがせない。

石門心学を封建教学と簡単に断定するわけにはいかない。「売利を得るは商人の道なり」と断言し、「我が教ゆるところは商人に道あることを教ゆるなり」と商人に自信と誇りを与えたその教説は、カリフォルニア大学のロバート・N・ベラー名誉教授がいみじくも指摘されたように、目的と手段をとりちがえた近代化のゆがみを改めて問いただす。「こころの発明」はいまの世の和魂洋才の内容を充実する。

（二〇〇八・四・二六）

言葉を正確に

昭和六十三年（一九八八）の三月、亀岡市は関西ではじめての「生涯学習都市宣言」を内外に公表した。谷口義久元市長の英断にこたえて、亀岡市の「生涯学習都市構想」をまとめたが、平成元年を亀岡の生涯学習元年とさだめ、爾来《じらい》亀岡市は着実にその実現をめざしてきた。

一五三〇年にフランスの王室が市民のために開講したコレージュ・ド・フランスにならって、コレージュ・ド・カメオカを開設し、市民大学・丹波学トークとならんで、いまや亀岡生涯学習のシンボル講座になっている。

コレージュ・ド・カメオカには、第一回の講義のノーベル化学賞の福井謙一先生をはじめとして、毎回錚々《そうそう》たる方々に出講していただいてきた。本年（二〇〇九）は亀岡生涯学習の二十一年である。伊勢の式年遷宮が二十年を原則として行われてきたように、平成二十一年を亀岡生涯学習の再元年と位置づけ、その最初のコレージュ・ド・カメオカにはノーベル文学賞の大江健三郎さんにお願いした。

「言葉を正確にする」をテーマとして、日本ではきちんと文章を引用する習慣がなくなってきたことを憂い、南米生まれのすぐれた音楽家であるダニエル・バーレンボイム（イスラエル国籍）が、イスラエルから表彰をうけたおりに、イスラエルの建国宣言を引用して、パレスチナ攻撃を批判したエピソードなどを紹介された。

そして夏目漱石の『こころ』にいう「時代精神」をふりかえりながら、自分の原点が第二次世界大戦中の一九四〇年から敗戦までの軍国主義の時代と、それとは全く対照的な一九四五年から一九五〇年までの民主主義を標榜《ひょうぼう》した時代にあることを指摘して、旧教育基本法の「われらは、個人の尊厳を重んじ、真理と平和を希求する人間の育成」と「普遍的にしてしかも個性ゆたかな文化の創造をめざす」意味の大切さを強調された。

大江さんの講演を拝聴しながらあらためて「言葉を正確に」使う大事さを実感した。かつて「聖域なき構造改革」がさかんに主張された。その当時にも論じたが、いうところの「聖域」の実態とは道路公団であり、道路公団の改革が「聖域なき構造改革」であった。道路公団などは俗域であって、これを「聖域」とよぶのは、言葉の乱用というほかはない。多くのマスコミが、そして宗教家すらがこの言葉を礼讃《れいさん》した。聖域を否定して宗教がなりたつはずもない。聖域をないがしろにしてきたから、現代の混迷はますます激化してきた。

いま「百年に一度の経済危機」という言葉が流行している。一九二七年のすさまじい金融恐慌から数えても、敗戦前後の食べものも衣類も住まいも、そしてお金もなかったあの悲惨な経済の深刻さから数えても、けっして百年にはならない。それなのに「百年に一度」に人びとは納得する。言葉を正確につかいたい。

（二〇〇九・六・二七）

震災復興と関西、京都

マグニチュード（M）九・〇の大地震と大津波、加えて福島第一原発の事故による放射能汚染、それらが複合しての未曾有《みぞう》の東日本大震災であった。

三陸沖地震としては、昭和八年（一九三三）と明治二十九年（一八九六）の地震が知られているが、今回の大津波は明治津波と貞観十一年（八六九）五月二十六日に発生した大津波との双方のメカニズムをもつ可能性があるという。明治津波は波長が短く上下動が大きく海岸部を襲ったのに対して、貞観津波は波長が長いため、長時間にわたって津波が押し寄せ、沿岸から三キロほど内陸部まで広く浸水したと、東大地震研究所が発表した。この二つの津波のメカニズムをあわせもって、猛スピードで波及したのが、東日本大震災の大津波であった。

六国史《りっこくし》の最後の『日本三代実録』は、貞観の地震と津波を「人民叫呼、伏して起きる能《あた》わず」、「家仆《たお》れて圧死す」、「海口哮吼《かいこうこうこう》」し、「驚濤涌潮」と表現し、「船に乗るに遑《いとま》あらず、山に登ること及び難し」と記して、溺死者があいついだと述べる。菅原道真が編集した『類聚国史《るいじゅう》』災異・地震の項には、貞観年間（八五九―八七七）の地震の記事がきわめて多く、貞観地震が長く続いたことを物語る。

東海・東南海・南海の連動地震の予測もある。その痛恨の不幸を教訓として、西日本は団結して東日本大震災の被災者を救援すべきであろう。

多くの識者が「関西よ起《た》ちあがれ」というが、その関西はイコール近畿である。古代以来畿内と近国という表現はあったが、近畿という用語が使われるのは、明治三十六年（一九〇三）からであった。

関西が史料に具体化してくるのは、『吾妻鏡』の治承四年（一一八〇）十月の条からで、その建仁三年（一二〇三）八月の条に「関西三十八カ国」とみえるとおり、本来の関西は九州などを除く西日本を指す。古くから日本の歴史と文化は東と西に分けて論じられてきたが、その西日本の中核に上方がある。上方という言葉は鎌倉時代から使われており、狂言「腹立てず」の古本の科白《せりふ》に「上方」と記載する。いまでは京阪地域をいうが、上方の由来は皇居のあるところで、本来は京都を意味した。

時あたかも本年（二〇一一）の十月二十九日から十一月六日まで、第二十六回の国民文化祭が京都府域で開かれる。自治体による文化の祭典が国民文化祭である。わがふるさと亀岡市では十月二十九日に山鉾十一基を中心とする亀岡祭を旧亀山城下で展開し、翌三十日にはガレリアかめおかを会場に、亀岡祭山鉾の囃子・佐伯灯篭《とうろう》・出雲風流《ふりゅう》花踊りなどの民俗芸能を実施する。

伝統と創造の京都の文化力で、東日本大震災の復興に寄与したい。

（二〇一一・四・三〇）

人権ゆかりの地をたずねて

観光という用語の由来は、中国の『易経』（五経のひとつ）の「観国之光」にある。観光の本義はレクリエーションではない。それぞれの国が保有する輝きを観ることであり、国の外の人にその輝きを観せることである。

京都の観光は洛中・洛外に、たとえば高名な社寺や有名な庭園など、さまざまに行われている。しかし、『世界人権宣言』がその第一条に「すべての人間は生まれながらにして自由であり、かつ、尊厳及び権利について平等である」と明記する人権の視点に立った観光は少ない。

侵害され迫害されながらも、京都文化の基層にあって、たえず新しい文化を創造し、京都の伝統の構築に大きく寄与してきた被差別民衆をはじめとする人権文化の輝きが、とかく軽視されがちである。

今年（二〇一二）は大正十一年（一九二二）の三月三日に、京都の岡崎公会堂において「人の世に熱あれ、人間に光《ひかり》あれ」と全国水平社が創立の宣言を高らかに謳《うた》い上げてから数えて九十年になる。そのおりの「綱領」の一文には、「吾等《われら》は人間性の原理に覚醒し人類最高の完成に向《むか》って突進す」とあざやかに記されている。

世界には人権にかんする宣言がいろいろとあるけれども、差別されている団体みずからが宣言した例はまれである。全国水平社の宣言は、日本における人権宣言といっても過言ではない。

にもかかわらず、そのような史実を知らない人びとが今もなおかなりいる。たとえば京都の庭園めぐりは、京都観光の目玉のひとつだが、室町時代の多くの名園は山水河原者《せんずいかわらもの》とよばれた庭づくりの名人によって作庭された。

鹿苑院《ろくおんいん》（相国寺の塔頭《たっちゅう》）の代々の僧録司が書いた日記（『鹿苑目録』）の延徳元年（一四八九）六月五日の記述を想起する。慈照寺（銀閣寺）の庭は善阿弥を中心に築かれたといわれているが、その孫の又四郎が「それがし一心に屠家《とか》（皮革のわざの家）に生まれしを悲しみとす、ゆえに、物の命は誓うてこれを断たず、財宝は心して貪《むさぼ》らず」と語った。差別のなかを力強く生きたすばらしい名言である。

京都には人権ゆかりの地が多い。平安遷都千百年のおりには、三大事業（第二琵琶湖疏水・水道および道路の拡幅・市電の通行）と三大問題（第四回内国勧業博覧会・京都―舞鶴間鉄道の実現・平安神宮の創建）をそれぞれの目標に英知を結集したが、人権の視覚は欠落していた。

平安建都千二百年の節目に、世界人権問題研究センターの設立を強く要望したが、そのセンターの実施している各種事業のなかのひとつが「講座・人権ゆかりの地をたずねて」である。受講者から小論文・面接をへて、人権ガイドを養成してきたのも、京都には人権にかかわる先人と史跡などが数多く存在するからである。人権文化の輝く京都をめざしたい。

（二〇一二・四・一）

3・11を絆の日に

二〇一一年(平成二十三)三月十一日午後二時四六分、マグニチュード(M)九・〇の大地震が勃発《ぼっぱつ》、大津波と福島第一原発の事故による放射能汚染。未曾有の東日本大震災であった。歳月は過ぎ去ってゆくが、3・11を風化させてはならない。

死者一万五八八三人、行方不明者二六五四人(九月十一日現在、警察庁発表)、仮設住宅居住者約一〇万人、避難民約一三万人といわれる悲惨な状況。汚染水の遮断は不完全であり、汚染物貯蔵施設の建設も頓挫《とんざ》している。原子力の脅威のすさまじさをあらためて痛感せざるをえない。

3・11の日、すぐさまテレビをみて、真っ先に思い起こしたのは、一九四五年(昭和二十)三月九、一〇両日の米軍爆撃機B29約百二十機による東京大空襲の今でも身震いする災禍であった。

当時、私は学徒動員で東京石川島造船所で働いていたが、造船所は集中爆撃され、多くの学友がその犠牲となった。幸いに生き残った私たちは、学友の焼死体を探し回った。約二十二万戸が焼失、死者は約一二万人、罹災《りさい》者は百余万人に及んだ。その惨状が大震災の映像と重なった。

そして京都大学三回生の折に読んだ、一九三五年(昭和十)十二月、五十七歳の若さで亡くなる東京帝国大学教授で物理学者寺田寅彦の「日本人の自然観」(同年十月発表)という論文がよみがえってきた。

「母なる土地」の「天恵」の「享楽のみに夢中になって」、台風・地震・火山の爆発・津波など、「厳父《げんぷ》」

としての刑罰を、日本人は忘れているとの警告が脳裡《のうり》に浮かんできた。

自然と対決し、自然を克服する努力によって構築されてきた欧米の科学と、自然といかに調和し適応するか、「分析的な科学とは類型を異にする学問」が日本では発達したと説かれた指摘を痛切に実感した。

３・11直後の雑誌に、有名な地震学者が三陸沖の大津波は「想定外」であったと書かれていたのに驚いた。一九三三年（昭和八）や一八九六年（明治二十九）ばかりではない。たとえば八六九年（貞観十一）五月二十六日の大津波は、３・11の大津波と匹敵する。清和・陽成・光孝の三朝の『日本三代実録』や菅原道真がまとめたという『類聚国史《るいじゅう》』がその実際を詳述している。過去に学んで現代に活《い》かすという学問の姿勢の欠落を物語る。

３・11以後の流行語のトップは「絆」となったが、前年の流行語のひとつは「無縁」であった。現在の日本の矛盾を象徴するかのようである。しかし３・11を契機に人と人との絆の大切さが、再認識されたのはプラスであった。

だが、義援金を送ったり、物資などを届けたことで「絆」は完了したと錯覚するわけにはいかない。本年は「世界人権宣言」六十五周年だが、「いのちの尊厳と権利の平等」にもとづく絆が肝要である。３・11をいのちの尊厳の「絆の日」にしたい。

（二〇一三・一〇・二三）

ワレサ前大統領との対話

地球温暖化防止京都会議のさなかに、一九九七年の十一月十八日、大阪で開催されたノーベル平和賞のレフ・ワレサ前ポーランド大統領の講演冒頭の言葉を想起する。それは「環境に国境はない」という名言であった。

一九八〇年からの「連帯」のリーダーとして登場し、一党独裁と対決して、一九八九年の九月、「連帯」をバックに連立政権を樹立したワレサ氏の信念と情熱はいまもなお衰えてはいない。一九九一年のソ連崩壊後、ヨーロッパの一体化が急速に展開している現実に、民衆の支持が「連帯」の成功をもたらした背景を重ねて、ヨーロッパでは「国境が消えつつある」ことを力説する。そして東欧変革の経験を前提にしながら、東アジアの連帯への期待を表明された。

討論は河上倫逸京都大学教授をコーディネーターとして進められたが、有意義なシンポジウムとなった。そのテーマが「社会主義下での市場経済と東アジアの連帯は可能か」であったこともあって、パネリストとなって問題提起をしてほしいとの要請を、再三にわたって固辞した。場ちがいであると直感したからである。

しかし日頃懇意にしている方々の熱心なすすめもあって、ついに承諾して登壇した。アジアでも経済を中心にする連帯の方向は、しだいに進みつつある。それはＡＰＥＣ（アジア太平洋経済協力会議）やＡＳＥ

ＡＮ（東南アジア諸国連合）の動き、あるいはＥＡＥＣ（東アジア経済会議）の具体化などにも反映されている。だがはたしてＥＵ（ヨーロッパ連合）のように、東アジアの連帯は実現するか。民族も文化も、さらに言語も多様であって、国家の障壁は依然として高い。

たしかに政治・文化・価値観などを含めて、東アジアには共通の基盤が稀薄《きはく》である。けれども、その異質性ばかりに目を奪われるわけにはいかない。たとえば漢字・儒教・道教・仏教さらには律令制や芸能など、共通する側面も歴史の史脈に内在していた。お互いの異質さを確認し尊重しあいながらも、共通性を再発見する努力もなおざりにできぬ。

そして民族相互のまじわり（民族際化）や国境を越えた民衆と民衆の交流（民際化）は、東アジアでも確実に前進している。たとえば十一年前から毎年松江市で実施されてきた環日本海国際交流会議に参加するたびに実感する。学術・スポーツ・芸術・宗教の各分野における多くの実例も知っている。

東アジアの連帯にとって二〇〇二年のサッカーW杯は重要な節目となる。アジアではじめてのW杯であるばかりでなく、最初の両国共催（日・韓）となる。日韓・朝の共催には先例があった。善隣友好の江戸時代の朝鮮通信使がそれである。カトリックの信徒でもあるワレサ氏は日本の宗教について質問されたが、共生の信仰という私の説明に同感のようであった。自信にあふれるワレサ前大統領との対話にはげまされた。

（一九九七・一二・七）

ペルー人質事件

一九九七年の二月九日、亀岡市安町のカトリック教会で、かめおか宗教懇話会（宝積玄承会長）による、ペルー人質事件の平和的解決を祈念する合同ミサが執行された。神道・仏教・宗教法人大本をはじめとする亀岡在住の宗教関係者が、カトリック教会に多数参集して、祈りをともにしたことじたいが、口丹波《くちたんば》の宗教史における画期的なできごとであった。

宗教懇話会の常任顧問として、私もまたその合同ミサに参列したが、そのおりに痛感したのは、宗教と社会、国家と民族のありようをめぐる問題であった。昨年（一九九六）の十二月十七日、武装グループによって、ペルーの日本大使公邸が占拠され、当時なお七十二名の人質が大使公邸内にとじこめられているきびしい状況のなかで、シプリアーニ大司教に代表される宗教者の活躍がひときわ注目される。

宗教が生きている。大使公邸のなかでもミサが行われ、キリスト教関係者がその平和的解決に積極的にとりくんでいる。生きた信仰のあかしが、その実践のなかにキラリと輝く。おのれのみを利する利自行の宗教があまりにも多い世相だけに、利他行の実践が人びとの胸をうつ。くらしのなかに生きる宗教の祈りと行動が、宗教のあるべき姿を照射するのである。

われわれはとかく国家や民族を、領土とのつながりのみで理解しがちである。一九九〇年に日系人のフジモリさんが、ペルーの大統領に選出された時、多くの日本人はその就任を歓迎した。しかし日本はあくまでも日本であり、ペルーはあくまでもペルーであって、はるかに遠いペルーを身近に実感していたわけではない。だがグローバル化しボーダレス化しつつある世界の動向は、国の領土を越えて、国家や民族のありようを問い直すべき段階に入っている。

熊本県出身の親をもち日本名藤森謙也の名をもつフジモリ大統領は、まぎれもないペルー国籍のペルー人である。しかし反政府の武装グループはそのようにはうけとめてはいない。したがって天皇誕生日を祝賀する日本大使公邸のパーティーの日に事件をひきおこし、二十四名の日本人人質を交渉の有力な手段に利用している。世界の各地に日系の移民が存在し、各分野で活躍している。これらの人びとを「非日本人」などと安易に考えている、単一国家観・単一民族観の弱点を露呈したのが、このたびのペルー人質事件でもあったと思われてならない。

日本の国際化が叫ばれてかなり久しいが、日本人の多くは、日本人と日系人とのつながりについて真剣にみずからをかえりみる機会は少なかった。在外邦人の選挙権が問題となり、さらに在日外国人の選挙権が論議をよんでいるのも、グローバル化、ボーダレス化の時代にあっては当然のなりゆきである。国籍条項の撤廃をめぐる動きも、国家と民族のありようをあらためて問いただす。ペルー人質事件は政府軍百四十人が突入して、日本人二十四名を含むその他の人質は救出されたが、この事件の背景をさらにみきわめたい。

（一九九七・三・二）

国連の人権教育十年

一九九四年の十一月二十二日、文部省（当時）の認可をえて、同年の十二月一日に正式にオープンした財団法人世界人権問題研究センターは、①国際的人権保障体制の研究、②同和問題の研究、③在日外国人の人権問題の研究、④女性の人権問題の研究の四部門を中心に、専任・客員・嘱託をあわせた八十三名の研究員によってそれらの研究活動を着実に進めてきた（後述参照）。

この研究センターは平安建都千二百年を記念する事業のひとつとして具体化したが、その設立十周年を迎えて、昨年の十二月十八日、国立京都国際会館で記念式典と国際シンポジウムを有意義に開催した。カンサード・トリンダーデ米州人権裁判所裁判官、P・V・キスンビンフィリピン人権委員会委員長、白《ペク》忠鉉《チュンチョン》ソウル大学名誉教授とコーディネーターの安藤仁介所長の討論では、普遍的な人権文化をそれぞれの地域でどのように実現してゆくか、示唆にとむ見解が数多く示された。

国際的な人権問題の研究組織としてアジアでは稀《まれ》な当研究センターの存在は、季刊誌『ＧＬＯＶＥ』、毎年発行している「研究紀要」のほか十周年の記念出版「散所・声聞師・舞々の研究」（思文閣出版）をはじめとする出版物、「人権大学講座」、「講座・人権ゆかりの地をたずねて」などを通じて内外で高く評価されるようになったが、奇《く》しくも世界人権問題研究センターがスタートした同年同月に、国連は第四十九回総会で二〇〇四年までを「人権教育のための国連十年」とすることを決議し、その「行動計画」を決定した。そして人権教育を「あらゆる発達段階の人びと、あらゆる社会階層の人びとが、他の人びとの尊厳について学び、またその尊厳をあらゆる社会で確立するための方法と手段について学ぶための生涯にわたる総合的な過程である」と定義した。その十年は当研究センターの歩みと重なる。

日本政府もこの国連十年に参加し、京都府・京都市をはじめとする多くの自治体も、それぞれの「行動計画」を策定して、その目的達成のためにとりくんできた。そして人権教育の重要性にかんする認識がたかまり、組織的総合的に実践されるようになった。

しかし二〇〇一年十二月の時点では、国連加盟国百九十一カ国のうちこの「国連十年」に連動した国は八十六カ国にとどまり、国内では六県、市町村のおよそ五分の四が具体的な活動を展開していないのが現状であった。「国連十年」が二〇〇四年末で終了するのをうけて、二〇〇四年十二月の第五十九回国連総会は、その成果を検討して、「人権教育のための世界プログラム」をさだめ、その第一段階（二〇〇五年―二〇〇七年）に初等・中等教育制度に重点をおいた「行動計画」を公にした。

「いのちの尊厳を自覚」し、「他の人びとの尊厳について学ぶ」人権教育には、幼い時からの基礎教育が必要であることを十年ばかり前から主張してきたが、その「世界プログラム」のみのりを期待する。

（二〇〇五・一・二三）

世界人権宣言五十五周年

一九四八年の十二月十日、国連第三回総会は、「人類社会のすべての構成員の固有の尊厳と譲ることのできない権利」を承認することは、「世界における自由、正義及び平和の基礎」として、前文と三十条の「世界人権宣言」を採択した。

二〇〇三年はその記念すべき年から数えて五十五周年になる。この間、国連は「世界人権宣言」を具体化するために、「国際人権規約」をはじめとする二十の人権関係諸条約を制定してきた。そして一九九四年十二月の国連第四十九回総会は、一九九五年から二〇〇四年までを「人権教育のための国連十年」とする決議を採択し、その行動計画を発表した。

わが国においても基本的人権の尊重を明記する「日本国憲法」のもと、人権問題の解決をめざす施策の推進や関係諸団体による取り組みが進められてきた。

しかし、二十一世紀を平和と人権の世紀に、環境と福祉の世紀にという願望とは裏腹に、新世紀に入った現在においても戦争があいついで勃発《ぼっぱつ》し、地域紛争や人種差別、自然の破壊や地球の汚染など、平和と人権・環境と福祉を脅かす事態が続出している。

第二次世界大戦の残酷な悲劇の反省にもとづいて、世界の良識を反映した「世界人権宣言」の意義を、あらためてふりかえる必要がある。

人権関係や自然保護関係の人びとの間では、ほとんど問題にされていないが、一九九八年の十二月八日、バチカンで教皇ヨハネ・パウロ二世が「世界人権宣言」採択五十周年を回顧したメッセージを想起する。ヨハネ・パウロ二世は、「人権の尊重こそ平和実現のかぎ」として、つぎのように述べる。「世界人権宣言は文字通り人権を宣言したのであって、人権を人間に与えたわけではありません。人権は生まれながらにして、人間の人格と尊厳に備わっているのです。その人権を奪うことは、人間固有の性質を踏みにじることになるので、相手がだれであっても決して許されません」とその冒頭から力説する。このメッセージはかなりの長文だが、私が感動したのは、「世界人権宣言」の重要性をたんに指摘するにとどまらず、「社会の活動に参加する権利」、「自己実現の権利」のほか、まず「いのち」が聖なるものであり、だれもが「いのちの権利」を侵すことができない、ことを力説されている点であった。「いのち」の尊厳を自覚しない人権問題や環境問題は空転する。人間の「環境に対する責任」を問い、「良心にかかわる人権文化」を促進するためには、マスメディアを含む「社会全体の協力」が必要であることを切々と訴える。

「新しい千年期」に向かってのヨハネ・パウロ二世の決断と希望を秘めたメッセージが、わが胸にこだました。来る十一月には五十五周年記念のフェスティバルが予定されているが、みのりある成果を期待したい。

（二〇〇三・八・三一）

世界人権宣言六十五周年

第二次世界大戦の戦禍の反省にもとづいて、一九四八年（昭和二十三）の十二月十日、国連第三回総会で決議されたのが「世界人権宣言」である。すばらしい前文と三十条で構成されているこの宣言は、現在もなおあざやかだ。

世間ではしばしば「人間は生まれながらにして平等である」といわれたりするが、現実の世界には貧しい家庭や、被差別民衆の家族として生まれる人びとがかなり存在する。

「世界人権宣言」の第一条が述べるとおり、「すべての人間は生まれながらにして自由であり、かつ尊厳及び権利について平等」なのである。この「世界人権宣言」決議の年から数えて、本年が記念すべき六十五周年になる。

しかし宣言はあくまでも宣言であって、なんらの拘束力はない。そこで国連は一九六六年（昭和四十一）十二月の第二十一回総会で「国際人権規約」（A・B）をはじめとするさまざまな人権にかんする条約を定めてきた。

そしてそれらを内実化するために、一九九四年（平成六）の十二月、第四十九回総会において「人権教育のための国連十年」を採択し、その「行動計画」を発表した。そのなかではじめて「普遍的な人権文化」が強調され、ひとりひとりの個人ばかりではない。「他の人びとの尊厳に学ぶ」必要性が力説された。

人権文化は普遍的であると同時に、家族・共同体・学校・職場・地域にそくして具体化しなければならない。国連は「人権文化」のなかみについて定義はしていないが、私は私なりに、つぎのように理解してきた。

「生命の尊厳を自覚し、自然と共に人間の幸せを築く、人間の行動とその成果」であると。

二〇一一年（平成二十三）三月十一日の東日本大震災で「絆」が流行語になったが、前年の流行語のひとつが「無縁」であったのとが対照的で、今の日本の表と裏を象徴するかのようである。

義援金や物資の支援のみで「絆」が回復するわけではない。被災者はもちろんのこと、犠牲者を含めてのいのちの「絆」を見失ってはならない。

安全保障といえば、とかく国防のみが論じられやすい。国防はもとより防災の安全保障、さらに肝心なのはいのちの安全保障である。いじめによる自殺、親が子を・子が親を殺す他殺などをはじめとして、いのちの安全保障があまりにもおろそかにされている。

一九九四年（平成六）、平安遷都千二百年の記念事業のひとつとして設立された内閣府公認の公益財団法人・世界人権問題研究センターは、専任・客員・嘱託の研究員九十八人が研究と啓発につとめ、人権大学や人権ゆかりの地の講座、京都市内はもちろん府域の高校への出前講座や地域シンポジウムなどを実施してきた。世界人権宣言六十五周年がいのちの安全保障に根ざす人権文化の輝く年になることを願ってやまない。

（二〇一三・一・一九）

いのちの尊厳

毎日のように親が子を殺し、子が親を殺す、そして他人を軽々しく殺したり、あるいはさまざまな理由によって自殺したりするニュースが報道されている。

いのちの尊厳がこれほど軽んじられた時代はかつてなかったのではないか。私は私なりに、人権の尊重はいのちの尊厳を自覚することからはじまると考えている。おのれのいのちばかりではない。他の人びとのいのちの尊厳についても学ぶ必要がある。

一九九四年（平成六）十二月の国連第四十九回総会は、「人権教育のための国連十年」を決議し、その「行動計画」を決定した。そして人権教育を、「知識と技術の伝達および態度の形成を通じ、普遍的な人権文化を構築するために行う研修、普及および広報努力」と位置づけた。

この「人権教育のための国連十年」の提唱のなかで、世界の多くの人びとによって、「人権文化」の用語がさかんに使われるようになった。国連が「個人の尊厳」ばかりでなく、「他の人びとの尊厳」についても学習すべきだと指摘したのは注目すべき点であったが、「人権文化」については、その普遍性を強調するにとどまって、その内容を定義してはいない。

そこで私は「人権文化とは何か」と問われたら、必ず「生命の尊厳を自覚し、自然と共に人間の幸いを築く、人間の行動とその成果」と答えることにしている。

人間は自然のなかで生きている。いや、人間は自然のなかで生かされているといった方がより適切である。自然の力を無視して、人間の自由権や社会権ばかりを叫ぶわけにはいかない。アジアでは人権を人道とよんできた。古代でも中世でも、人びとは自然のなかに神々は宿るとして、自然の力をおそれ、あがめ、身をつつしんできた。

しかし近代や現代になると、人間こそが万物の霊長だとうぬぼれ、思いあがって、いのちの尊厳を軽んじてきた。そして戦争の道をたどってきた。戦争こそ最悪の人権侵害であり、最大の人権文化の破壊である。

毎年八月六日の原爆の日には、私は「どうか安らかに眠らないで下さい。再び、過ちをくり返すかもしれませんから」と祈念している。前にも紹介したように広島市の小学六年生が朗読する「平和への誓い」の文に注目してきた。すばらしかったのは二〇〇九年（平成二十一）の「誓い」の文である。

「人はたくさんの困難を乗り越えて、この世の中に生まれてきます。お母さんが赤ちゃんを生もうとがんばり、赤ちゃんも生まれようとがんばる。新しいいのちが生まれ、未来につながっていきます。それはいのちの奇跡です」

そのいのちの奇跡が原子爆弾によって一瞬のうちに奪われる。いま日本にとって大切なのは「いのちの安全保障」である。いつかきた道を歩んではならない。

（二〇一三・一二・二二）

京都の歴史と人権問題

二〇一四年（平成二十六）の十一月十日、京都商工会議所講堂で、世界人権問題研究センター創立二十周年の式典と記念講演・シンポジウムが、きわめて有意義に行われた。私（理事長）の「人権文化の輝く世紀をめざして」の講演のあと、明石康元国連事務次長を中心に、中西寛京都大学院教授・安藤仁介所長によるシンポジウム「国際社会における日本のあり方」が熱心に討議された。

一九九四年（平成六）の十一月二十二日、当時の文部省の認可によって、全国的な研究財団としてスタートした。平安遷都千百年のさいには、第二琵琶湖疏水事業・水道事業および道路の拡幅・市電の運行の三大事業と、平安神宮の造營・第四回内国博覧会の京都開催・京都—舞鶴間の鉄道誘致の三大問題にとりくんだが、人権問題にかんする認識は欠落していた。

平安建都千二百年の記念事業には、グローバルな人権問題の研究施設の設立が必要であることと、建都千二百年協会の千玄室理事長（後に会長）ほか幹部の方々に力説し、京都府・京都市・京都商工業会議所の理解と支援のもとに、検討部会を設置、さらに設立研究会が組織された。検討部会の開始が一九八七年（昭和六十二）の六月であったから、七年あまりの論議を重ねてきたことになる。

当初は第一部国際的人権保障体制の研究、第二部同和問題の研究、第三部定住外国人の人権問題の研究、第四部女性の人権問題の四部門だったが、ついで第五部人権教育の理論と方法の研究が設けられ、専任・

客員・嘱託の研究員九十八名が共同・個人研究・国連大学との共同研究などにとりくんでいる。

なぜ京都に人権問題の研究センターができたか。それは京都の歴史と人権問題が深いかかわりをもっているからである。「奴婢停止」の格《きゃく》（修正法）がでたのは平安京であったし、弘仁元年（八一〇）から保元元年（一一五六）まで死刑が執行されなかった世界にまれな都であった。京都には有名な庭がある。それらの多くは山水河原者《せんずい》とよばれた被差別の人たちが作庭した。

『鹿苑日録《ろくおんにちろく》』の一四八九年（延徳元）六月五日の条には、前にも紹介したように慈照寺（銀閣寺）の名苑を作った善阿弥の孫であった又四郎の言葉が載っている。「屠家《とか》に生れしを悲しみとす、故に物の命は誓ふてこれを奪はず、又財宝は心してこれを貪《むさぼ》らず」と。感動する名言である。大正十一年（一九二二）三月三日、日本の人権宣言といってよい全国水平社宣言は、京都の岡崎で発表された。

いまはその若干を紹介したにすぎないが、センターは研究活動ばかりでなく、人権大学講座・人権ガイドの養成や福知山市をはじめとする出張講演、高校への出前講座など、人権啓発にもつとめてきた。センターの充実と発展を願ってやまない。

（二〇一四・一二・二一）

いやしけ吉事《よごと》

年々歳々。新しい年を迎えるたびに、多くの人びとは、『万葉集』の掉尾《とうび》を飾る大伴家持の〝新しき年のはじめの初春の今日降る雪のいやしけ吉事《よごと》〟の歌を想いおこされるにちがいない。

この歌は天平宝字二年（七五八）の六月に因幡守《いなばのかみ》に任じられて現地におもむいた大伴家持が、翌年の正月一日、因幡の国庁の賀宴で詠んだ歌である。時に家持は四十二歳であった。家持の享年は六十八歳だが、この歌を最後としてその後の家持の歌は全く残されていない。したがって「歌を作らぬ歌人」になったといわれたりもする。

歌が残っていないからといって、完全に家持が作歌をやめたかどうかは速断できないが、天平勝宝九年（八月に天平宝字に改元、七五七）七月の橘奈良麻呂の変以降作歌活動がとみに衰えつつあったことはたしかであった。

大伴家持が〝いやしけ吉事〟と願ったその内容はもとよりさだかではないが、参議となって朝政に参画したのが六十三歳、六十六歳で中納言に昇進したとはいえ、その没後は悲惨であった。延暦四年（七八五）八月二十八日になくなったが、同年の九月二十三日に勃発した藤原種継暗殺事件の関係容疑者のひとりとして除名されて、一切の家財が没収され、息子の永主《ながぬし》は隠岐へ流罪となった。

私見ではその家財のなかに家持のまとめた歌集（『万葉集』）があったのではないかと考えているが、世の「無常」は家持の死後にもおよんでいた。

二十世紀は第一次世界大戦・第二次世界大戦という戦争の名称が象徴するように世界全体が戦争の渦にまきこまれ、核兵器をはじめとする大量殺戮が強行された戦争の世紀であった。自然の破壊と地球の汚染が激化し、民族の対立や宗教の紛争を政治が悪用して、難民が続出した人権受難の世紀であった。

二十世紀前半の世界の政治・経済・文化をリードしたのはヨーロッパであり、後半を主導したのはアメリカであった。アジアのわれわれは、アジア独自の輝きがあまりにも評価されなかった時代であったことを自覚したい。

平和と人権、環境と福祉は二十一世紀の重要なキーワードだが、加うるに新世紀がアジアの輝く世紀であることを期待したい。自然を克服し、人間中心の合理主義の道を歩んできた欧米に対して、自然に順応し、自然と共生する道をたどってきたアジアとを比較すれば、欧米の見失ってきたものが、アジアにはなお数多く内包されて生きていることに気付く。新世紀の課題に対応するアジアの知恵と伝統を再発見すべきではないか。

地球の平安と人権文化の豊かなみのり。そしてかつての「脱亜論」や「興亜論」ではないアジアのなかの日本の〝いやしけ吉事〟を願ってやまない。

（二〇〇四・一・四）

第2章 日本の史脈と関西

日本文化とは何か

一九七二年の三月二十一日に、奈良県明日香村の桧前《ひのくま》で、高松塚壁画古墳が検出されてから本年（二〇〇七）は三十五周年となる。その三十周年を記念するシンポジウムが東京で開催されたおりの、網干善教さんの衰えることのない高松塚への情熱をいまあらためて想起する。

壁画のカビがひろがり、あのあざやかな壁画も劣化いちじるしく、ついに石室の解体保存となったが、天井石の四枚すべてに亀裂のあることが判明した。その完全な修復による現地での保存を願うばかりである。

高松塚壁画古墳をめぐって、その壁画のルーツが高句麗か唐か、激しい論争が展開されたが、青竜や女人像の服装などには高句麗の影響があるけれども、男性像などには唐の影響があり、その検出の当初から、私は高句麗も唐もという立場をとってきた。副葬品に唐の海獣葡萄鏡《かいじゅうぶどうきょう》があったことがみのがせない。

そして女人像の髪の生えぎわをリアルに描写している画法には、あたかも大和絵の趣向かと思われるほどの日本化の要素もあった。

高松塚の築造年代は七世紀末から八世紀のはじめ、キトラ壁画古墳の場合は七世紀後半とみなす説が有力だが、この時期は美術史の側からいわゆる白鳳文化とよばれている時代である。キトラのあの躍動的な朱雀にも、唐や高句麗の影響をベースに、日本化へのおもむきがうかがわれる。

飛鳥文化のあと白鳳文化に入ると、日本らしさがいろいろな分野できわだってくる。神々の社を天つ社、国つ社に分け、それまで各地にあった祓《はらえ》を国の大祓として体系化し、飛鳥寺や百済大寺が官寺化したのは天武朝であった。即位式だけではなく、新嘗祭《にいなめさい》を拡充した大嘗祭《だいじょうさい》や伊勢神宮の式年遷宮が具体化したのも持統朝であった。

大宝律令《りつりょう》が完成して施行されたのは文武朝だが、その内容は唐の法律を母法としながらも、日本独自の要素を加味している。そのことはたとえば唐の「祠令」（四十六条）と日本の「神祇令」（二十条）を比較しただけでもわかる。わが国の「神祇令」では天神の祀と地祇の祭の区別が明確ではなく、サクリファイス（犠牲）の規定は皆無である。即位・大嘗・大祓などの条文はあっても、孔子をまつる釈奠《せきてん》の礼は、学令にみえるにすぎない。

中国風の位階名が、明・浄・正・直など日本風の位階になったのは天武朝であり、その官号が飛鳥浄御原宮と命名されたとおり、浄の美意識がたかまってくるのも天武朝からであった。万葉仮名が七世紀のなかばに使われていたことは、難波宮出土の木簡によってたしかめられるが、万葉仮名を使ってのうた（倭歌）の隆盛も白鳳文化においてであった。漢詩、漢文学に対するヤマトの文学は、天武・持統朝を中心に活躍した柿本人麻呂の登場にも象徴されている。

高松塚壁画古墳出土三十五周年を迎えて、日本文化とは何かをしみじみと追想する。（二〇〇七・三・二四）

万民の罰はおそるべし

「神の罰より主君の罰おそるべし、主君の罰より臣下百姓の罰おそるべし」

この文は、本年のＮＨＫ大河ドラマ「軍師官兵衛」の主人公黒田官兵衛が書き残した名言である。なぜ黒田官兵衛はこのような言葉を生涯の経験を背景に、肝に銘じたのであろうか。その理由について、官兵衛みずからがつぎのように述べている。

「神の罰は祈りてまぬかるべし。主君の罰はわびるを以て謝すべし。唯《ただ》臣下百姓にうとまれては、必ず国家を失ふ故《ゆえ》、祈りてもわび言しても、その罰はまぬがれがたし。故に神の罰、君の罰よりも、臣下万民はもっともおそるべし」と。

意訳すれば「神や君には祈ったり謝ったりすれば、許してもらえるけれども、部下や民衆からうとまれたら、祈ったり謝ったりしても許してもらえず、必ず国は亡《ほろ》びる。だから部下や万民にうとまれるようなことはしてはならない」というのである。

永禄十二年（一五六九）の初陣で、赤松政秀率いる三千の兵と戦ってこれを敗り、その後つぎつぎに武名を高めた官兵衛は、織田信長や豊臣秀吉にその才能をみいだされ、軍師として活躍するようになる。

秀吉の毛利攻めのおりには、みずからの居城（姫路城）を献上し、天正八年（一五八〇）の九月には一万石の大名となった。翌年、秀吉は三層の天守閣を持つ近世城郭としての姫路城を造築した。

天正十年（一五八二）六月二日、本能寺の変で明智光秀が織田信長を倒す。「信長殺さる」の報に接するや、ただちに毛利と和議を結んで、約二百キロの行程をわずか七日で走破して光秀を討つ「中国大返し」の智略を発揮し、秀吉の天下取りに大きく寄与したのは、ほかならぬ軍師官兵衛であった。

慶長五年（一六〇〇）の関ヶ原の戦いで、息子の黒田長政は徳川家康の軍に加勢、官兵衛自身は九州平定へと向かって、豊前国（大分県）の中津十二万石となる。そして後に長政は筑前国（福岡県）五十二万石の大大名となった。

慶長九年（一六〇四）三月二十日、五十九歳でこの世を去った官兵衛の座右の銘は、「我《われ》、人に媚《こ》びず、富貴を望まず」であったと伝えられているが、戦国乱世を生き抜いた稀代の軍師官兵衛が「臣下万民の罰はもっともおそるべし」と力説した卓見は、いまの世にもあてはまる。

二〇一一年三月十一日のマグニチュード（M）九・〇の大地震と大津波、福島第一原発による放射能汚染による人災、それらが複合としての未曾有《みぞう》の東日本大震災であった。死者一万五八八六人・行方不明二六二〇人（五月九日・警察庁発表）、福島県からの県外への避難者は四万五八五四人（五月二十六日・同県発表）といわれる。にもかかわらず、なおも原発推進を説くのは、「万民の罰」をすっかり忘れているからではないか。

（二〇一四・八・八）

和辻賞と文化発信

姫路市の市制百周年と姫路出身の高名な哲学者和辻哲郎の生誕百年を記念して、一九八八年度に創設された和辻哲郎文化賞は、本年度（一九九八）で第十回を迎えた。昨年の六月から姫路文学館の館長を兼ねるようになったために、和辻賞とも関係することになる（二〇一四年三月に退任）。

和辻賞には一般部門と学術部門から原則としてそれぞれ一名の受賞者が選ばれているが、最終選考の委員には、一般部門は司馬遼太郎・梅原猛・陳舜臣、学術部門は勝部真長・湯浅泰雄・坂部恵の各氏にお願いしている。司馬さんなきあとは、中野孝次さんが後任の委員であった。

姫路市から再三の館長就任要請があったが、常設展示には姫路ゆかりの阿部知二をはじめとする文学者のみならず、姫路出身の歴史学者三上参次・辻善之助や和辻哲郎そして柳田国男の実兄井上通泰などの展示コーナーがあって、私の学問と必ずしも無縁ではないこと、さらには司馬さんのご先祖が姫路出身であるゆかりもあって、一九九六年に新設された南館に内容豊かな司馬遼太郎記念室が存在することなどが、就任を受諾する理由となった。司馬さんとは三十年近い、親しいまじわりがあって、えにしの糸を実感する。

和辻先生の『古寺巡礼』『日本古代文化』『風土』などは、京大の学生時代に愛読している。したがって『和辻哲郎全集』の月報に執筆することにもなる。

和辻博士はすぐれた哲学者であったにとどまらず、日本文化史・日本思想史の分野にも注目すべき著作が多い。大正八年（一九一九）、和辻三十歳のおりに『古寺巡礼』、翌年に『日本古代文化』が出版されている。両書ともに若き哲学者の仕事であった。

弥生時代のいわゆる近畿を中心とする銅鐸《どうたく》文化圏、北九州を中心とする銅剣・銅鉾《どうほこ》・銅戈《どうか》の文化圏すなわち二大青銅器文化圏を主唱したのが、その著『日本古代文化』であった。今日ではその通説は再検討されつつあるが、この創見は考古学者ではなく、哲学者和辻が提起した。しかも部分的な指摘だが「山陰を大陸への門戸とする近畿」のありようにも言及されていた。

哲学・倫理学のみならず、和辻の学問には文化や思想の基層への深い思索があった。

最終の候補論著おのおの五点のなかから、第十回を記念する受賞作は、反ユダヤ主義思想史の旅をサブタイトルとする徳永恂《まこと》著『ヴェニスのゲットーにて』（みすず書房）とジョン・ロックの瞬間をサブタイトルにした一ノ瀬正樹著『人格知識論の生成』（東京大学出版会）に決定した。ともに第十回の受賞にふさわしい仕事だが、とくに前者は反ユダヤ主義を問題の切り口とする紀行・エッセイ・論文をおりまぜての力作である。アウシュヴィッツへの旅ではなく、アウシュヴィッツからの旅として具体化しているのに共感をおぼえる。地域からの文化発信のひとつのモデルが和辻文化賞といってよい。

（一九九八・二・二二）

梅花無盡蔵

二月といえば梅、梅といえば天神さん。二十年ばかり前、京都での観梅の宴で、司馬遼太郎さんが即興で書かれた「梅花無盡《じん》蔵」を「上田はんどうぞ」といただいた。毎年二月になるとその書を想起する。「梅花無盡蔵」は室町時代の儒学僧であった万里居士の漢詩文集で、五山文学の詩風を今に伝える。万里居士は梅花を好んで梅菴とも号し、当時さかんに催された梅花無盡蔵会にちなんで、その住いを梅花無盡蔵とよんだという。

「梅花無盡蔵」は慶長十六年（一六一一）に長田（永田）徳本の書いた医書の書名ともなった。司馬さんが即興の書に「梅花無盡蔵」と書かれたのは、その宴のおもむきにそってのことであったのかもしれない。

〝東風《こち》吹かばにほひおこせよ梅の花あるじなしとて春な忘れそ〟。菅原道真公の有名な歌である。梅と天神信仰は深く結びあって、日本の風物詩を多彩にした。代表的な日本の漢詩集の古典『懐風藻』に梅の詩があり、『万葉集』には百十八首の梅の歌があるけれども、なぜか『古事記』や『日本書紀』には梅が登場しない。『古事記』や『日本書紀』における櫻への愛着とは対照的である。

平成十一年（一九九九）一月二十八日と二十九日、大阪で「祝祭と古代文化」のシンポジウムが開催された。中西進大阪女子大学長をはじめとする方々が参加されての古代の東アジアにおける「祝祭」をめぐっての有意義な報告と討論が展開された。そのおりの基調講演でも言及したが、日本の祝祭の豊かさは、明確な四季の風土と神観念の多様性に対応する。

古代の中国では天神の「祀」と地祇の「祭」というように、その用字にははっきりとした区別があったが、日本では天神・地祇の両方に「祭」も「祀」も使われていた。マツリはイコール祭祀であった。日本で「天神」と表記している例には、少なくとも四つの場合がある。⑴は天上の神を意味する「天神」であり、⑵は国つ神に対する天つ神である。⑶は雷風神であり、⑷は菅原道真公を祭神とする「天神」であった。もっとも「天満天神《そらみつ》」とも称されるように、道真公の天神には雷雨神の信仰が重なっており、さらに怨霊神の信仰が重層する。

昭和四十六年（一九七一）九月のＮＨＫ教育テレビで、湯川秀樹先生・司馬遼太郎さんと道真公の思想と行動について語り合ったことがある。ますらおぶりとたおやめぶりの人間のありようが話題のひとつになったが、まことの〝たおやめぶり〟が道真公に具現していたとする見解は共通していた。ほんものの〝大夫《ますらお》〟はますらおぶらぬものである。〝たおやめぶり〟の道真公には櫻の花よりも梅の花がふさわしい。「梅花無盡蔵」という言葉の重みと深みをあらためて実感する。平安時代には紅梅が愛好されたようだが、白梅の美にもこころをひかれる。

（一九九九・二・一四）

メモリアル・デー

すぐれた歴史小説家であり、英知の文明評論家でもあった司馬遼太郎さんが、あの世へ旅だたれてから早くも三年八カ月近くになる。播州は司馬さんの父祖《ふそ》の地であって、祖父の代まで姫路市の広畑に住んでおられた。そうしたゆかりもあって、北館についで平成八年の春にオープンした姫路文学館の南館には、立派な司馬遼太郎記念室が設けられたのである。

命日の二月十二日にちなむ菜の花忌は各地でいとなまれているが、八月七日の誕生日ゆかりの記念の集いはない。そこで昨年から姫路文学館主催の司馬遼太郎メモリアル・デーを開催することにした。第一回には山折哲雄さんを迎えて、司馬遼太郎の文学と思想をめぐって、山折・上田それぞれが率直な考えを述べて、有意義な対談を行った。

第二回には文禄元年（一五九二）の朝鮮侵略（壬辰倭乱《じんしんわらん》）のおり、加藤清正軍の鉄砲隊長で先鋒《せんぽう》の将軍であった沙也可《さやか》は朝鮮側に兵を率いて投降した、その沙也可（金忠善《キムチュンソン》）の十四世の子孫である韓国大邱特別市友鹿洞《うろくとん》の金在徳《キムチェトク》さん。そして慶長二年（一五九七）の再度の侵略（丁酉倭乱《ていゆう》）のさい、韓国全羅北道南原城で、島津軍の捕虜となって鹿児島に連行されて、その技法の伝統を薩摩焼に生かしてこられた第十四代宗家の沈壽官《ちんじゅかん》さん。このおふたりをお招きすることにした。

降倭《こうわ》の将軍の子孫つまり先祖は日本人で、十四代にわたっての在韓の人となった金さんの家、捕虜となっても、焼きもののわざを磨いてこられた沈家の祖先は、まぎれもなく朝鮮人でしかも在日十四世におよぶ沈さんの家。

このおふたりとは司馬さんのご縁で面識があったが、沈壽官さん・金在徳さんを、だれよりも早く内外に紹介したのは司馬遼太郎であった。昭和四十三年（一九六八）六月の『別冊文藝春秋』の「故郷忘じがたく候」という作品の主人公は、薩摩焼の沈壽官さんであったし、昭和四十六年の一月からはじまった「街道をゆく」シリーズの海外への第一歩は、「韓のくに紀行」であったが、司馬さんは友鹿洞におもむいて沙也可の事績《じせき》をかえりみ、金在徳さんとも面談している。メモリアル・デーの第二回にふさわしい講演と司馬さんを偲《しの》んでの「朝鮮文化」をめぐる鼎談《ていだん》となり、各地から五百名あまりの方々が参加された。

コーディネーターをつとめ、鼎談に加わって、あらためて実感したことがいくつかある。国境やイデオロギーを越えて、司馬さんの〝からくに〟への想《おも》いのたけは熱くかつ深かった。それは沈壽官さん・金在徳さんの語られる思い出のひとこと・ひとことにもにじみでていた。沈さんは「一尺二寸の間をとって、三間を見通す」という父の焼きものの極意と、司馬さんの異極《いきょく》に立つ思想とを重ねる。金在徳さんは沙也可が韓国の道徳教科書に登場したことを喜びながら、「孝」のありように感動して「帰化《きか》」したのではなく、人が人らしく生きる平和をめざしたものと力説された。人を殺す道具や精神に美の輝くはずはない。その日の結びの言葉であった。

（二〇〇〇・七・三）

古代史の再照明

ソウルのロッテホテル・エメラルドルームを会場とする学術講演会の演題は「韓・日古代史の再照明」であった。昨年（一九九五）の十一月、社団法人馬韓歴史文化研究会（柳寅鶴《リュウインハク》理事長）から講演の依頼があり、本年の三月上旬に訪韓する予定であった。ところが竹島（独島）の領有権問題が再燃し、韓国の国会議員をはじめとする選挙の時期とも重なりあったこともあって、にわかに講演会は中止となった。

その後、再三の要請があり、公務にさしつかえのない七月二十四日から二十六日のあいだに、光州とソウルでの学術講演会におもむくことにした。学術調査やシンポジウムで、たびたび訪韓しているが、この度はいささか緊張した。政界や経済界からの参加希望者も多いという。

光州市は一九八〇年五月の光州事件で内外の注目をあつめた都市である。七月二十四日の全南大学講堂での「三国（百済・新羅・高句麗）と飛鳥文化」の講演と討論の会には、三百名を越える参加者があった。全羅南道の副知事・道議員、大学関係者・学生・市民の方々が、酷暑のなかの熱心な聴講であった。夜の懇親会では若い研究者約三十名が、古代から近代におよぶ質問をつぎつぎに提出された。時間のあいまに国立の光州博物館を見学したが、かねてから実見したいと願っていた、新村里《しんそんり》九号墳出土の金銅製冠などの貴重な遺物を観察することができた。

七月二十五日のソウルでの学術講演と討論の演題は、私が予定したテーマとは異なり、前述した「韓・

日古代史の再照明」になっていた。参加者には大学・研究所の研究者はもとより、韓国憲政会の金向洙《キムニャンス》会長（亜南グループ会長）をはじめとする現・前国会議員、前憲法裁判官、韓灶年《ハンジュニョン》韓国国際協力団体総裁、金《キム》明守《ミョンス》韓国政策学会会長、詩人高銀氏ほか、政治・経済・文化の著名な方々があって、補助席が用意される盛況であった。崔鳳烈《チェポンリョル》馬韓歴史文化研究会長、通訳の朴成壽《パクソンス》精神文化研究院教授と相談して、一九六〇年代から、私がなぜ東アジアのなかの日本古代史を究明する必要を痛感するようになり、とりわけ日韓・日朝関係史を重視してきたか、ささやかなみずからの研究史を中心に語ることにした。

専門分野の研究者からの貴重な質問があいついだが、イデオロギーにとらわれない正確な史実の検証こそ、善隣友好の前提になることを力説した。韓国ＫＢＳのテレビやラジオ、東亜日報・中央日報・文化日報・光州日報など、多数のマスコミの取材をうけたが、日本の歴史教科書やＷ杯共同開催などについての見解を求められた。

討論の席上、日本の歴史教科書がかなり書きかえられてきた内容を具体的に指摘し、韓国の歴史教科書についても再検討していただくよう要望したおりに、多くの方々から拍手をうけたのは幸いであった。学術・文化のまじわりにも、民際交流がますます必要であることを実感した。

（一九九六・八・二五）

島国日本は海国日本

平成二十一年（二〇〇九）の三月四日、千里文化財団友の会で、「国・民族を越えた人と人との交わり――21世紀と民際交流」の講演をしたおり、関西の有力企業の社長の方が、つぎのような感想を述べられた。

幼少のころから、海を知らずに育った人間は、とかくものの考え方が垂直的なタテワリタイプになりやすい。それに対して小さい時から海をみて成長した人間には、水平的なヨコのひろがりを重視するタイプが多いといわれた。あたっている場合がかなりある。

日本列島は文字どおりの島国であった。南方から黒潮が北上し、黒潮分流は対馬海流となって能登半島へと北流する。北方からは親潮（千島海流）が南下し、日本海側はリマン海流が南流する。

したがって、日本の歴史と文化は、この島国内部のみでなりたったかに思われがちである。実際に、「島国根性」とよぶのは、狭小な閉鎖的な精神のありようを指す。しかし、本来の「島国根性」は開かれていた。

そのことは、古代法の「大宝令」や「養老令」の関や市などにかんする「関市令《げんしりょう》」ひとつをみてもわかる。海上渡航にも過所（通行証明書）がいったが、中国の「唐令《とうりょう》」のように、主要な港のすべてに必要ではなかった。瀬戸内海の入り口の長門の津（港）と終点ともいうべき難波の津のみが対象となっていた。

無防備にすぎるが、それが史実であった（『令義解《りょうのぎげ》』）。

寛平六年（八九四）九月の菅原道真による遣唐使停止の奉言によって、舒明天皇二年（六三〇）以来の遣唐使派遣が中止され、わが国独自の国風文化が結実したなどといわれたりするが、唐王朝の衰退や海賊の出没ばかりでなく、当時の史料が明記するように、日唐の民間交易はきわめてさかんであった。莫大《ばくだい》な費用を使って遣唐使を派遣する必要性は稀薄《きはく》になっていた。遣唐使停止後も、九〇八年・九一九年に渤海国使が、九二九年には東丹国使が来日した例が物語るとおり、海外との交渉はつづいた。王朝文化を代表する『源氏物語』じたいが、東アジア交易圏を背景として結実した。

寛永十二年（一六三五）の日本人の海外渡航禁止を含む十七カ条の通達を「鎖国令の発布」といったり、寛永十六年のポルトガル船の入港禁止をもって「鎖国の完成」と称したりすることじたいが誤りである。「鎖国」という用語が歴史に登場するのは、享和元年（一八〇一）からであった。徳川幕府の文書や記録に通商の国（オランダ・清朝）・通信の国（朝鮮王朝・琉球王朝）とある姿が実相であった。

かつての小学唱歌「ウミ」の〝海ハヒロイナ　大キイナ〟のごとく島国日本は海国日本であった。韓国・中国などとの友好連帯ばかりでなく、南の島嶼《とうしょ》との連合も軽視してはならない。太平洋の諸島と日本・オーストラリア・ニュージーランドなど十六国・地域の第五回太平洋・島サミットが五月の二十二、二十三日に北海道で開催される。その成果が期待される。

（二〇〇九・四・四）

〽王仁博士と「難波津」の歌

平成二十一年（二〇〇九）の十月、大阪市生野区旧猪飼野の鎮守御幸森天神宮境内に、〝なにはづにさくやこのはな冬ごもりいまははるべとさくやこの花〟の歌碑が建立された。

この「難波津」の歌は、『古事記』や『日本書紀』などの古典が応神朝に渡来したとする百済の王仁《わに》博士が詠んだとされ、歌碑には向かって右から順に、藤原宮出土の「万葉仮名」の木簡文字、藤原定家直筆の仮名文字、そして江戸時代の朝鮮通信使の通訳として活躍した雲明のハングルの書の三種類の文字の歌が、それぞれ摸刻されている。こうした歌碑が日本最大のコリアン・タウンとして有名な猪飼野にできたのは、きわめて意義深い。

その建立を助言した私が、その後ずっと疑問にしてきたのは、この「難波津」の歌が現在のところ少なくとも木簡に十八点、土器に十二点、建築部材に三点、瓦に二点、檜扇《ひおうぎ》一点もみえることである。その遺跡は畿内を中心に東は越中（富山県）、西は阿波（徳島県）におよんでいる。歌を記した木簡などでは「難波津」の歌が圧倒的に多い。

紀貫之は『古今和歌集』の「仮名序」のなかで、王仁博士が詠んだと記す「難波津」の歌と『万葉集』（巻第十六）の〝安《あ》積山《さかやま》影さへ見ゆる山の井の浅き心を我《わ》が思はなくに〟の歌に触れ、「このふたうた（二首）は歌のちちははのようにてぞ、てならふ人のはじめにもしける」と手習いのはじめに書く歌としている。

滋賀県甲賀市の宮町遺跡で出土した木簡にはこの両首が記されていて、手習いの習書木簡の可能性が強いが、「難波津」の歌は木簡などの出土例に多いばかりでなく、時代も七世紀後半の奈良県桜井市山田寺跡の瓦のヘラ書きから十世紀前半ごろの京都市醍醐寺五重塔初層の天井板墨書まで長期間におよぶ。そしてなかに「奈尓波《なには》」「奈尓」とはじめの二、三文字しか書いていないものもある。

これらをたんなる習字や落書きと簡単にきめるわけにはいかない。「難波津」の歌はたんなる歌ではなく、「難波津」の歌は呪力を持つ歌であったから、このように数多くしかも幅広く長期間に書かれたとみなす説がある。

たしかに「難波津」は西日本の表玄関にあたる港であり、孝徳朝・聖武朝の都ともなった。そればかりでなく、「難波津」につながる大阪湾は国生み神話の舞台であり、『日本書紀』の欽明天皇元年九月の条には「難波祝津宮《はふりつのみや》」と記載するように、古代の王権のまつりとも深いかかわりをもっていた。

大嘗祭《だいじょうさい》の翌年に、天皇の御衣《ぎょい》を納めた箱をもって「難波津」に下向し、大八洲《おおやしま》の御霊《みたま》を御衣に付着する鎮魂の八十島祭《やそしままつり》の初見記事は嘉祥三年（八五〇）だが、文武天皇から光仁天皇までの各天皇が大嘗祭の翌年に難波に行幸しているのも偶然とはいえまい。伊勢大神に奉仕した斎宮が都へ退下するさいに「難波津」で禊《みそぎ》をしたという伝えもある。「難波津」の歌には聖なる呪力が期待されたのではないか。

（二〇一二・六・二）

御柱のまつり

信州の諏訪には注目すべき神話と神事がいまも脈々とうけつがれている。とりわけ、寅《とら》年と申《さる》年に行われる御柱祭《おんばしらさい》は、その勇壮でさかんなること、諏訪風物詩の圧巻といってよい。明年（一九九八）が寅年の御柱祭にあたっていることもあって、長野県岡谷市の依頼で、御柱祭にかんする講演と調査におもむいた。一九八六年の御柱祭のおり、諏訪大社と御柱祭についての連載を、一年間にわたって信濃毎日新聞が実施することになった。その企画と編集を私がひきうけたのがえにしとなって、そのおりから御柱祭とのかかわりをもつようになった。

諏訪の御柱祭のはじまりは、依然として謎につつまれている。中世に御柱祭が明確に存在していたことは、「諏訪大明神画詞《えことば》」などによってたしかめられるが、それ以前といえば確実な史料がまだみつかっていないので、在地の伝承や民俗あるいは御柱に関連があると思われる考古資料から推測するほかはない。柱を立てて精霊の降臨をあおぐ信仰は、近時の縄文時代の発掘事例からも、古く縄文文化にまでさかのぼると考えられるし、柱を立てるまつりは、中国の雲南省やチベット、あるいはネパールなどにもあって、それらとの比較も重要な研究課題になっている。

古墳のまわりに柱を立てる信仰は、たとえば「日本書紀」の推古天皇二十八年十月の条などにもうかがえるし、最近その関連を示唆する例が京都府加悦町の白米山《しらげやま》古墳の第二次発掘調査で浮かびあがってきた。

御柱の信仰は『古事記』や『日本書紀』の神話にも、断片的に反映されているが、今回の調査であらためて注目したのは、諏訪に伝えられている独自の神話伝承であった。

諏訪大社の上社本宮の祭神はタケミナカタの神とあおがれている。『古事記』の神話によれば、国譲りをした大穴牟遅神《おおあなむちのかみ》（大国主神）の子とする建御名方神は、科野（信濃）の州羽（諏訪）へ逃げこんだとする。ところが諏訪の伝承では、後の諏訪明神になるタケミナカタの神は、入国のおりに在地の守矢《もりや》の神と争って、国取りに勝利し、敗れた守矢の神は諏訪明神に服従して、明神の開拓に協力したと物語る。国譲りした神が、諏訪では国取りの神として語り伝えられている。岡谷市の橋原に鎮座する洩（守）矢神社とその伝承地に諏訪のむかしを実感した。その守矢神の子孫が上社の神長《じんちょう》の守矢氏とされている。

諏訪の地域を中心とするミシヤグジの信仰も注目にあたいする。ミシヤグジの神をまつる社は、長野県下に七百五十社ばかりあって、御柱の信仰とのつながりは深い。聖なる石や木によりつく神と信じられてきた。

いわゆる中央の文書や記録には書きとどめられていない信仰の原風景が、御柱の信仰に息づく。不況のあらしは諏訪もまた例外ではない。御柱祭で不況を吹きとばしたいという長老の言葉がわが胸にこだました。

（一九九七・一一・二）

縄文のいぶき

古代の史料に、東北の人びとを「山夷《さんい》」・「田夷《でんい》」と書いている。日本版中華思想にもとづいてのこうした「蝦夷《えみし》」観は、今もなお生きつづいている。十数年前から、古代東北の文化の背景に、独自の海外交易があったことを実感するようになって、「海夷《かいい》」の存在に注目してきた。

去る九月十日から三日間、古代史研究の同好会（たちばなの会）の皆さんと一緒に、青森の三内丸山遺跡ほかを、実地に観察する旅にでかけた。

青森市安方《やすかた》に鎮座する善知鳥《うとお》神社は、謡曲「善知鳥」ゆかりの地だが、青森湾にのぞむ安方は、安潟《やすかた》に由来するのではないかと予想していた。社蔵の江戸時代の絵図には安潟と明記されていた。青森という地名は、松が青々と繁っていた青森山にちなむと伝承するが、その入江が湊町の前提となる。

縄文時代前期中葉から中期末葉（約五五〇〇年～四〇〇〇年前）の三内丸山遺跡は、集落の規模が大きく、その存続期間が長く、そして出土遺物が多く、しかも豊富である。北の谷や遺跡の東南部の発掘調査は現在もつづいている。鹿児島県国分市上野原遺跡なども注目すべき縄文文化が検出されているが、青森県鯵ケ沢町の餅ノ沢遺跡では、縄文中期末の大規模な集落跡がみつかっている。

三内丸山遺跡の縄文人の交易の範囲が想像される以上のひろがりをもっていたことは、北海道産の黒曜石のほか、長野県霧ケ峰産の黒曜石、北陸系の前期末の土器などが出土しているのをみただけでもわかる。

集落の北への道は海辺にのびており、縄文海進《かいしん》のころは海にのぞむ集落であったと推定される。舟の櫂《かい》がみつかっているのも興味深い。巨大な六本の立柱は神柱《かんばしら》の可能性がある。隣接する大型掘立柱建物は、マツリの直会《なおらい》の場としても使われたのではないか。

田舎館《いなかだて》村の垂柳《たるやなぎ》遺跡は、弥生時代中期の水田跡六五六枚が発見されて、最北の稲作遺跡として有名である。縄文後期の土器の影響をうけたいわゆる田舎館式土器ばかりでなく、土偶の文化もうけつがれていた。陸路ばかりでなく、海上のルートによる稲作の伝播を考えておく必要がある。

秋田県鹿角市の国の特別史跡大湯環状列石（縄文時代後期）を二十数年ぶりに見学した。万座《まんざ》・野中堂《のなかどう》遺跡周辺の発掘調査がつづいており、縄文時代の住居跡のほか、埋葬以前に遺骸を一時安置したのではないかと思われる殯屋《もがりや》風の小規模な柱穴がみつかっている。

青森県北津軽郡市浦《しうら》村十三湊《とさみなと》の発掘現場で、中世の安藤氏を中心とする領主館《やかた》跡と土塁をへだてた町屋などの跡を実見した。中国や朝鮮の青磁・白磁のほか能登の珠洲焼・越前焼・瀬戸焼などが出土している。山王坊日吉神社に象徴される日吉神人《じんにん》の活躍もみのがせないが、前潟《まえかた》を活用した海上交易のむかしが、縄文のいぶきに重なってよみがえってくる。

（一九九八・九・二〇）

南の縄文文化

青森県の三内丸山遺跡をはじめとする発掘調査の成果によって、縄文時代の文化を未開で停滞の文化であったとみなすような「原始社会」説は、大きく変りつつある。北の縄文文化ばかりではない。南の縄文文化があらためて注目されている。その代表的な例のひとつが、鹿児島県国分市の上野原遺跡である。国分市は国の史跡のいわゆる「隼人塚《はやとづか》」がある隼人町に隣接する。上野原遺跡では縄文時代早期の竪穴住居跡群がみつかり、約九五〇〇年前ごろの、国内最古の集落が存在したことが判明した。竪穴住居跡五十二軒、集石遺構三十九基、薫製《くんせい》を作るのに使われたと考えられている連穴土坑《れんけつどこう》十六基が検出されている。

約九五〇〇年前の火山灰の入っている竪穴住居跡が十軒、そのころの連穴土坑は二基とみなされているが、平成十一年（一九九九）の十月八日、その現地を実地に観察して、多くの史実を学ぶことができた。

たちばなの会の皆さんの計画で、隼人の文化と装飾古墳の文化をたずねる旅が実施された。三日間で鹿児島から福岡へと九州を縦断する充実した内容であったが、臨地の講師をつとめた私は、その第一日に上野原遺跡をおとずれるようにと提案した。

貯蔵用の壺形土器や角筒《かくとう》土器、パレット形土製品や西南日本最古の土偶が出土したばかりではない。逆S字形の渦巻き文のある耳飾りがみつかっている。私がこの渦巻き文を重視してきたのは、昭和三十八年に平城京跡で発見された隼人の楯の渦巻き文と同じ文様であったからである。従来この渦巻き文の由来については、装飾古墳の渦巻き文や南海の民俗にみられる渦巻き文との比較などがこころみられてきたが、上野原遺跡の縄文ムラにさかのぼることが明らかとなった。

逆S字形渦巻き文が呪力を象徴する呪文であった可能性は高いが、隼人の楯の渦巻き文のルーツは縄文時代に求めることができる。

隼人にかんする神話としては、海幸彦《うみさちひこ》・山幸彦《やまさちひこ》の伝承が有名である。そのこともあって、隼人はとかく南九州の沿岸地域のみに居住したかに思われがちである。しかしそれは誤解であって、内陸部でもくらしをいとなんでいた。薩摩国は十三郡で構成されていたが、そのなかの出水郡・高城郡のみが非隼人系であった。天平八年（七三六）の「薩摩国正税帳」に隼人十一郡と記すとおりである。

そして稲作ばかりでなく、粟作をしていたことがその記載内容でわかる。上野原遺跡では弥生時代の中期・後期の遺跡や遺物もみつかっている。陸稲の畑や柵列跡や掘立柱の建物跡があって、隼人の文化の前史をうかがわせる。

隼人塚の整備にともなう発掘調査で、三基の塔の四方に石人像のあったことが明らかとなったのをたしかめ、あらたに検出された熊本県菊水町の塚坊主古墳等の装飾壁画古墳をみることができたのも幸いであった。南の古代文化の実像があざやかによみがえってくる。

（一九九九・一〇・一七）

卑弥呼以後

「暗いニュースがあいつぐなかで、古代史は活気がありますね」。マスコミの関係者の言葉である。本年（一九九八）の一月九日、正式に発表された天理市柳本町の黒塚古墳の学術調査の成果は、初期ヤマト王権の実相をみきわめるのに大きく寄与したし、三月二日に公表された奈良県明日香村の飛鳥池遺跡のいわゆる「天皇」木簡を含む貴重な出土遺物は、天皇の用例が確実に天武朝に存在したことを証明したばかりでなく、五十戸一里制をはじめとする七世紀後半の古代国家の様相を、より鮮明にした。

三月五日・六日の明日香村キトラ古墳の超小型カメラによる調査によって、玄武・青竜・白虎、さらにきわめて精密な星宿図（天文図）がたしかめられたことは、高松塚壁画古墳の発掘調査につぐ、注目すべき朗報であった。これらの画期的な検出は、東アジアにつながる日本古代史の内実を照射し、東アジアのなかの日本のむかしに多くの示唆を与える。

去る四月十八日、大阪千里のよみうり文化ホールで、「初期ヤマト王権と黒塚古墳」のシンポジウムが開催された。約七百名の参加者があり（応募者は千名をこえたという）、古代史ブームが一過性のブームでないことをあらためて実感した。黒塚古墳の現地説明会には、二日間で約三万人の見学者が押し寄せたとの報道も誇張ではない。

黒塚古墳のシンポジウムでは、同志社大学の森浩一教授と基調講演を分担して、その討議に加わったが、そのなかで私が強調したひとつは、黒塚古墳に副葬されていた三角縁神獣鏡三十三面（一面は三角縁盤龍鏡）を、単純に邪馬台国の女王卑弥呼の鏡とみなすマスコミの多くの論調への警告であった。

『三国志』の魏志東夷伝倭人の条（いわゆる魏志倭人伝）には、景初三年（二三九）の十二月、魏の皇帝は邪馬台国の使節に詔書して親魏倭王卑弥呼に五尺刀二口《ふり》・銅鏡百枚ほかを特賜したことを明記しているが、邪馬台国の中国との外交は、けっしてこのおりだけではなかった。

二四〇年・二四五年・二四七年と使節が派遣されており、魏の使節も二四〇年・二四七年と邪馬台国へおもむいている。それればかりではない。卑弥呼のあとに男王が擁立されたが、国中が服さず、ついで邪馬台国の王となった女王台（壱）与も、遣使朝貢している。

それは『晋書』の武帝本紀や『晋書』の四夷伝および『晋起居注』にも明らかである。そして女王台与のあとには男王が即位して、「ならびに中国の爵命を受く」と『梁書』の諸夷伝や『北史』の東夷伝にみえている。

黒塚古墳の築造年代は四世紀のはじめとみなす説が有力だが、卑弥呼以後の対中国外交をも視野におさめて考究する必要がある。単眼の推論では問題の本質を解明できない。

（一九九八・五・二）

過去を未来に

昨年（一九九七）から今年にかけて、暗いニュースがあいついでいる。政治の混迷・経済の不況・社会の陰影など、まさに世紀末の現象が、二十世紀後半の矛盾を噴出するかたちで、つぎつぎに露呈する。だが、失望と落胆のなかからは、なにものも生まれない。現在こそ、未来をしっかりと展望し、自信をとりもどす努力が必要である。

私の専門分野にかんしていえば、新年早々、明るいニュースがマスコミをにぎわした。一月九日に正式に発表された、奈良県天理市の黒塚古墳から三十三面（一面は三角縁盤龍鏡）もの三角縁神獣鏡が出土した報道、翌十日に公表された、三重県安濃町の大城遺跡から二世紀なかばの土器に刻字がみつかったとする報告がそれである。

これらは東アジアにつながる古代史の認識に、大きな影響をおよぼす発掘調査の成果であり、日本列島の文明の夜明けにかんする貴重な問題の提起でもあった。青森県の三内丸山遺跡をはじめとする縄文時代の遺跡から注目すべき遺構や遺物が発掘されて、従来のように縄文時代イコール原始社会とみなす単純な理解のあやまりが問いただされてきた。弥生時代についても、昨年の古代出雲文化展に展示された島根県斐川町の神庭《かんば》荒神谷遺跡の銅剣三百五十八本や同県加茂町の岩倉遺跡の銅鐸三十九個、あるいは一月十四日に発表された、長崎県壱岐の原の辻遺跡から出土した弥生時代中期の高度技術の建材など、弥生時代文化圏の再検討をうながしてやまない。

一九六七年の一月に『大和朝廷』（角川書店）を公にして、初期のヤマト王権が三輪山を中心とする西麓一帯に存在したことを検証し、これをかりに「三輪王権」と命名したが、そのおりからの私の疑問のひとつは、当時の王権と密接なかかわりをもつ三角縁神獣鏡が、肝心の大和盆地東南部にはほとんど副葬されておらず、京都府南部の山城町の椿井大塚山古墳に、三十三面もの大量の三角縁神獣鏡が保有されていた事実であった。

黒塚古墳の副葬品のすべての調査が完了したわけではないし、鏡の銘文の解読もこれからである。今後の研究成果が楽しみだが、椿井大塚山古墳の場合は、昭和二十八年（一九五三）の旧国鉄奈良線の工事中に発見されたもので、その副葬のありようはさだかではない。しかしこのたびは、学術調査の成果であって、その点でも画期的であった。

卑弥呼の鏡か否か、あらためて論争となっているが、三世紀後半から四世紀はじめころの王権の実相がより身近になったことはたしかである。柳本古墳群、古墳時代前期の大規模な集落の纒向《まきむく》遺跡を含む纒向地域の古墳群、それらの研究が邪馬台国問題の解決に寄与することはまちがいない。

三世紀の邪馬台国の外交では、文書による交渉が行われていた。その前段階に刻字が存在してもおかしくはない。わが国土における文字の使用を五世紀からとする通説も補訂すべき段階を迎えている。日本列島の文明の夜明けを物語る多くの事例は、アジアにつながる日本の明日に、自信と勇気を与えるはずである。過去を未来に生かしたい。

（一九九八・一・一八）

ヤマトタケル

滋賀県山東町の三島池から眺望した伊吹山の雄姿は、威厳にみちてあざやかであった。平成十年（一九九八）の三月二十一日、「伊吹町史」の完成を記念する集いに招かれて、あらためて滋賀県内で最も高い標高一三七七メートルの伊吹山のいぶきを実感することができた。

新幹線の車窓からかいまみる伊吹山とは異なった神秘の山容が身近に迫ってくる。人物叢《そう》書『日本武尊』（吉川弘文館）を著わしたのが、昭和三十五年（一九六〇）の七月であったから、数えて早くも三十八年の歳月がすぎた。いつの日か伊吹山へと思いつづけてきたが、その機会にめぐまれなかった。

伊吹薬草の里文化センター（ジョイいぶき）で記念講演をしたその日、伊吹山文化資料館がオープンして、伊吹山の自然と文化、とりわけ伊吹町の民俗に学ぶところが多かった。

西は熊襲《くまそ》、東は蝦夷《えぞ》。文字どおりに東奔西走した王族将軍、悲劇の英雄ヤマトタケルノミコトの伝承は、『古事記』と『日本書紀』とでは、そのおもむきを異にする。たとえば熊襲の首長を、『古事記』では熊曽《くまそ》建《たける》とするのに、『日本書紀』では川上梟帥《かわかみたける》とする。そして熊襲征討から凱旋《がいせん》したヤマトタケルに、さらに蝦夷征討が命じられたおりの描写も、両書の伝えは大きく違っている。

『古事記』では、「吾に死ねと思ほしめすなり」とヤマトタケルは嘆き悲しむ。ところが『日本書紀』では、おたけびして「労《いたわ》しといえども、ひたぶるにその乱を平げん」と勇ましく蝦夷の征討に出発する。

蝦夷平定の内容も、『古事記』と『日本書紀』の所伝にはかなりのへだたりがある。それらの相違点については、旧著『日本武尊』（吉川弘文館）で詳しく検討しておいたので、ここでは再説しないが、ヤマトタケルが死にのぞんで歌ったという国偲《しの》び歌〝やまとは国のまほろばたたなづく青垣山ごもれるやまとしうるわし〟が、『日本書紀』ではヤマトタケルにさきだって九州遠征をこころみた景行天皇の歌となっている。

そこには宮廷におけるヤマトタケル伝承の発展のプロセスが反映されているが、遅くとも七世紀の末ごろには、宮廷の伝承としてヤマトタケル像ができあがっていた状況は、大宝二年（七〇二）の八月に、ヤマトタケルの墓に勅使が派遣されているのをみても推察できる。

熊襲や蝦夷の征討に勝利したヤマトタケルは、伊吹山の神のたたりによって病気となる。伊吹山を仰ぎみて、思いおこすのは、藤原武智麻呂《むちまろ》の伊吹登山のエピソードである。彼は和銅五年（七一二）の六月に近江守になったが、その伝記（『家伝』下）にはヤマトタケルが伊吹山の神に害され、白鳥になって飛び去ったと述べる。伊吹山と白鳥伝説が結びついた伝承である。

ヤマトタケルノミコトは熊襲の首長が服属の負け態《わざ》として献呈した名前であって、もとの名は小碓《おうす》であった。臼《うす》から誕生する英雄の昔話と共通する要素が、その原像にひそむ。伊吹町の曲谷《まがたに》では古くから石臼が製作されていた。偶然とはいえ、歴史のえにしが重なってよみがえる。

（一九九八・三・二九）

大和飛鳥の大苑池

大和の飛鳥があらためて注目されている。昨年（一九九八）三月の超小型カメラによるキトラ古墳の調査、本年一月に報道された飛鳥池遺跡と富本銭《ふほんせん》の検出、そして六月に公表された大規模な苑池遺構の発掘成果など、古代飛鳥の実像がつぎつぎによみがえってくる。

飛鳥などといえば、とかく奈良県明日香村の飛鳥のみと思われがちだが、大阪府羽曳野市の飛鳥を中心とする河内飛鳥などもあって、明日香村の場合はあえて大和飛鳥とよぶことにしている。

大和飛鳥の苑池遺構は、これまでにも島庄《しまのしょう》遺跡ほかでみつかっているが、いずれも小規模であり、島庄遺跡の方形池をはるかに越える大苑池として、大和飛鳥の古代景観を再現する。

島庄の方形池のおりに、高句麗の方形池との関連を助言したことがあるけれども、本年の一月十八日からの発掘調査で明らかとなった飛鳥京跡の苑池遺構は、その内容において抜群である。

かねてから『日本書紀』の推古天皇三十四年（六二六）五月の条に、蘇我馬子が飛鳥川のほとりの家に庭をつくり「小池」を開いて、池の中に「小嶋」を築いたので、馬子を「嶋大臣」とよんだと記しているのを注意してきた。この「小嶋」は中島《なかのしま》に違いないと考えてきたからである。

『三国史記』の百済本紀には、百済の武王がその三十五年（六三四）の三月に、宮南に池をつくり、池の中に島を築いて「方丈《ほうじょう》仙山」になぞらえたと記す。日本の庭園の多くには、神仙思想が今もなお息づいているが、方丈仙山とは道教の三仙山のひとつであり、馬子の嶋にも神仙の嶋のイメージが重なっていたのではないかと思案してきた。

古代朝鮮の苑池の実態は、新羅の雁鴨池をはじめとして、しだいに明らかになってきているが、七世紀の日本の苑池については、推測の域をでないのが現状であった。今回はじめて天武朝の飛鳥浄御原宮跡推定地の内郭外側で、この大苑池の南側約千平方メートルのありようが浮かびあがってきた。苑池は北へひろがって約五千平方メートルにおよぶと予想されている。

池底の御影石の石敷きも見事であり、池中の石敷きの島、原位置に立つ噴水用の石造物と南端の溜水・流水用の石槽、大正五年（一九一六）に掘りだされた出水《でみず》の酒船石の跡など、画期的な検出であった。西辺の護岸と張り出しの護岸の石組みにはちがいがあって、張り出しの部分は中島の可能性がある。天武朝には赤亀を池に放したという事例もあって、古代朝鮮の苑池とのつながりがあらためて問題となる。西辺護岸の柱と柱穴は池にのぞむ構造物を連想させる。

日本庭園史のルーツの解明に寄与するばかりでなく、謎の石造物と苑池とのかかわりを示唆する。宮中の宴《うたげ》や迎賓・服属儀礼の歌舞のひびきが飛鳥京跡の苑池にこだまする。

（一九九九・七・四）

瀬戸内海の再発見

幼少のころから日本海（北ツ海）とはふれあう機会が多かったが、瀬戸内海をはじめて汽船で別府までおもむいたのは、中学二年生のおりであった。荒波の日本海と〝ひねもすのたりのたりかな〟の瀬戸内海の風情とが対照的であった。

平成十八年（二〇〇六）の二月二十五日、松山の愛媛県民文化会館で、第十五回の全日空歴史シンポジウムが開催された。テーマは「文化回廊としての瀬戸内海」で、平山郁夫・中西進・篠田正浩・川勝平太の各氏と私がそれぞれ基調講演をし、中西・篠田両氏と私とで討論した。約千三百名の聴衆が全国各地から参加されて、きわめて有意義なシンポジウムになった。

この歴史シンポジウムには、第一回から加わってきたが（第十三回は病気のため不参加）、かねがね瀬戸内海の歴史的役割について考えてきた私なりの見解をまとめるよいチャンスとなった。

古代以来、為政者は海路よりも陸路を重視する政治を行ってきた。陸路の整備は国内ばかりでなく、対外的にも政治力や経済力を象徴するメルクマールとされ、陸路の方が安全で、軍事的にも海路より統御しやすい利点があった。

しかし実際には海路の方が往来に便利でしかも早く、人員や物資などの輸送も陸路よりも安価であった。したがって古くから海路の通行はさかんとなった。まわりを海で囲まれている島国日本の歴史と文化をかえりみれば、海上の道がいかに重要であったかが、史実にそくして明らかとなる。

瀬戸内海をめぐる交通路は、早くから海路を中心に発展し、九州から難波の津（港）へ向かう航路を倭《やまと》道《じ》、難波の津から九州への航路を筑紫道とよんでいた。古代日本の「大宝令」は中国の「唐令」を母法としてつくられたが、関や市の管理と運営・外国人との交易・度量衡などにかんする法令（関市令）は「唐令」とは先に指摘したようにおもむきを異にした。「唐令」では船などで津に入るおりには「過所《かしょ》（通行証明書）」を必要としたが、わが国では瀬戸内海の難波の津と長門（山口県）の津を経る場合にのみ過所が要った。このことは島国なるが故に、陸続きの国より海外に開かれていたことを物語り、同時に瀬戸内海は重視されていたから、瀬戸内海の東の難波の津と西の長門の津が特別視されていたことが反映されている。

難波の津は海上におけるシルクロードの終点であり、大宰府とならんで対外的にも重要な位置を保有した。瀬戸内海の掌握が治天下の道につながったことは、平氏や足利氏、あるいは大内氏や毛利氏の場合をみても明らかである。「鎖国」という用語は、享和元年（一八〇一）、エンゲルベルト・ケンペルの『日本誌』のなかの一章を、志筑忠雄が「鎖国論」と訳したのにはじまる。瀬戸内海には、たとえば朝鮮通信使の往来にみられるように、「鎖国時代」はなかったといっても過言ではない。

（二〇〇六・二・一八）

白鳳文化の再評価

去る四月に『日本人のこころ』（学生社）を公にしてから、ますます日本文化のなりたちがいったい何時代のころからはじまるかを、しきりに考えつづけている。

京都学派というよび名の命名は、中国の政治家であり歴史学者であった郭沫若《かくまつじゃく》にはじまる。もと「大阪朝日新聞」・「万朝報」などの記者で、明治四十二年（一九〇九）に、京都帝国大学の教授となった内藤虎次郎（湖南）の中国史を中心とする学問が、東大とはおもむきを異にするのにちなんで、郭沫若がその学風を京都学派と名づけた。

その内藤博士は、応仁《おうにん》の乱（応仁・文明の乱）以後に日本文化が成立したとみなした。日本文化の成立については、そのほかいわゆる元寇《げんこう》（文永・弘安の役）、あるいは平安時代など、さまざまな見解がある。それぞれにそれなりの理由づけがなされているが、対外的に日本という国号が使われるのは、別に詳しく論証したように、七世紀後半の天武朝からであり、天皇という称号のたしかな使用も天武朝からであった。厳密にいえば、日本という国号が存在しない時代に、倭《わ》国の文化はあっても、その文化を日本文化とよぶわけにはいかない。

日本の歴史学界では、舒明天皇の飛鳥岡本宮《あすかのおかもとのみや》をはじめとして、天武天皇の飛鳥浄御原宮《あすかきよみはらのみや》まで、主として大和の飛鳥に宮居がおかれていたのに由来して、その時代を飛鳥時代とみなす説が多い。しかし天武朝は、推古朝を中心とするいわゆる飛鳥文化のたんなる延長ではない。しかもその間には六六三年の白村江《はくすきのえ》の敗北・六六七年の大津宮遷都・六七二年の壬申《じんしん》の乱というように、注目すべき争乱や遷都など、天智朝の動向を軸とした画期が内在していた。

それればかりではない。律令《りつりょう》国家の基本となる飛鳥浄御原令《あすかきよみはらりょう》は天武朝にできて、持統朝に施行されている。六九〇年からはじまる伊勢神宮の式年遷宮、あるいは日本の天皇の皇権継承の祭儀である六九一年からの大嘗祭《だいじょうさい》、これらもまた天武天皇の「宿願」にもとづいていた。『古事記』編集の「勅語」、はたまた神社の当時における社格といってよい天《あま》つ社《やしろ》・国つ社の制や国家による大祓《おおはらえ》の執行、さらに飛鳥寺や百済大寺が国家の管理する官寺となったのも天武朝であった。

『万葉集』の時期区分では、壬申の乱以後、平城遷都までを第二期とみなす説が有力だが、柿本人麻呂をはじめとする万葉歌人が活躍した時代もこの時期であった。薬師寺の薬師如来、日光・月光菩薩、聖《しょう》観音や山田寺の仏頭など、美術史ではこの時期の文化を白鳳文化とよんでいる。

この時期における本格的な条坊制をともなう最初の宮都（藤原京）の造営も、天武天皇の意志をうけての持統天皇の叡慮《えいりょ》による。

キトラ古墳や高松塚の壁画には、高句麗や唐の影響があるけれども、その画法にはのちの大和絵につながる要素もあった。六月二十九日、東京の有楽町朝日ホールで開かれた飛鳥文化のシンポジウムの基調講演で、白鳳文化の時期の新しい時代名が必要であると提唱したのも、たんなる思いつきではない（『倭国から日本国へ』文英堂参照）。

（二〇〇八・七・一九）

高松塚三十年

奈良県明日香村の大字平田で、高松塚古墳壁画が検出されたのは、昭和四十七年（一九七二）の三月であった。小規模ながらも、精緻《せいち》な日・月、星宿図（天文図）、そして四神（朱雀《すじゃく》は不明）、男女十六名の群像を描いた壁画が、日本ではじめてみつかったのである。

『明日香村史』の編纂《へんさん》とのかかわりもあって、高松塚の発掘調査が実施されたが、高さ五メートル、直径十八・五メートルの小さな円墳の横口式石槨《せっかく》に、あのように見事な壁画があるとは、だれもが予想してはいなかった。当時の橿原考古学研究所の所長でその調査を指導された末永雅雄先生が、「発見」ではなく、慎重に「検出」と表現されたのも、それなりの理由があった。

同年の二月には、連合赤軍の五人が浅間山荘を占拠して、警察との銃撃戦をくりひろげた、いわゆる連合赤軍事件など、暗いニュースがつづいていただけに、古代の大和飛鳥におけるあざやかな古墳壁画の検出は、明るいビッグニュースとして内外に報道された。

あの日・あの時から数えて、本年（二〇〇二）は早くも三十年になる。したがって高松塚古墳壁画の三十年を記念する講演やシンポジウムが、大阪や東京で企画されているが、その検出の意義は多大であった。

高松塚の発掘調査の成果が、日本古代史の解明にすばらしく寄与したことはあらためて多言するまでもない。とりわけ大和飛鳥の古代文化が、いかに東アジアの世界と密接なかかわりをもっていたかを実証したことは画期的であった。一九六〇年代から、日本古代史の実像は東アジア史のなかで究明しなければ明らかにできないいわれを、力説しつづけていた私にとっても、感動の検出であった。

高松塚壁画古墳の検出以後、それまではきわめて無限定に使用されてきた「帰化人」の用語を、「渡来人」に改めた例が多くなるマスコミの変化にも注目すべきものがあった。そしてそれは歴史教科書の叙述の姿勢にも影響をおよぼした。

高松塚は中小古墳のひとつにすぎない。しかしその古墳に、あのようにすばらしい壁画が存在した事実は、ややもすれば巨大古墳ばかりを重視する風潮のあやまりを問いただす物証となった。

そして東アジアの動向につながる高松塚古墳壁画のありようは、国際的な反響をよびおこして、韓国と朝鮮民主主義人民共和国の学術代表団が実地に高松塚を観察し、ついで中国の研究者も現地を探訪した。それらの研究者が一堂に会して討論するこころみは実現しなかったが、個別の討論会はあって、私はそのいずれにも参加した。高松塚を媒介として、南北朝鮮・中国を含む学術交流は急速に前進したといってよい。

高松塚の壁画検出からの三十年の間に古代史の研究は飛躍的な進歩をとげてきたが、東アジアに連動する古代日本の姿はよりあざやかになりつつある。壁画検出の意義は大きくかつ重い。　（二〇〇二・四・一四）

高松塚壁画検出四十年

昭和四十七年（一九七二）の三月二十一日、奈良県明日香村高松塚で、日本を代表する壁画が検出された。それから早くも四十年の歳月が過ぎ去った。発掘調査のリーダーであった末永雅雄先生も、その調査の指導にあたった網干善教さんも、すでに黄泉路《よみじ》へと旅立たれた。

天井の星宿図《せいしゅくず》（天文図）や四神のうち玄武・青竜・白虎が描かれており、「飛鳥美人」とよばれている女性像および男性像が東・西壁にそれぞれ四人ずつあざやかであった。多くの人びとは「世紀の発見」とよんだが、まさに画期的な壁画古墳の検出であった。

高句麗文化の影響か、はたまた唐の文化を基調とするのか、高句麗か唐かで、当時はなばなしい論争がくりひろげられたが、私は両者の文化が重なりあって、日本独自の壁画古墳となって具体化していると主張した。たとえば東壁の青竜は、高句麗の江西大墓の青竜と類似するし、副葬品のなかには唐でつくられた海獣葡萄鏡《かいじゅうぶどうきょう》があった。

副葬品のこの鏡と同じ鋳型でつくられた海獣葡萄鏡が、長安（西安市）の独弧思貞墓《どくこしていぼ》から出土して注目された。この墓には墓誌が納められており、それによると唐の神功二年（六九八）の築造であることが判明した。そして副葬品である唐の海獣葡萄鏡が日本へもたらされた時期は、大宝二年（七〇二）に入唐した遣唐使が帰国した七〇四年か七〇七年のころであろうと推測された。

高松塚から南へ約一キロのキトラ古墳で、さらに古くて詳細な星宿図、四神、獣頭人身の子・丑《うし》・寅《とら》・午《うま》・戌《いぬ》・亥《い》の十二支像がたしかめられ、高松塚とキトラ古墳はナショナルでインターナショナルな古代文化のありようを象徴する存在となった。

高松塚の壁画古墳の検出が寄与したのは、古墳文化の研究分野ばかりではない。韓国からは金元龍ソウル大学教授を団長とする代表団、北朝鮮からは金錫亭《キムソクヒョン》社会科学院長を団長とする代表団が来日し、中国からは王仲殊社会科学院考古研究所長らが実地に観察した。幸いにも私はそれぞれの代表団の方々と別々に討論する機会をもったが、それが契機のひとつとなって、一九六〇年の三月十六日、待望のアジア史学会が設立された。

昭和四十年（一九六五）の六月、私は『帰化人』（中公新書）を著して、日本列島に「帰化」すべき統一国家が実在しない時代、そして「帰化」のあかしとなる戸籍（たとえば六七〇年の庚午年籍《こうごねんじゃく》・六九〇年の庚寅《こういん》戸籍《こせき》など）が存在しない時代に、「帰化人」の存在するはずはない。『古事記』や『風土記』に、「渡来」と記載する渡来人が、日本列島の古代文化の発展にどれほど大きく貢献したかを、史実にもとづいて指摘した。高松塚壁画の検出以後、マスコミの報道から「帰化人」は「渡来人」にかわり、「渡来文化」の用語が使われるようになった。そしてやがて教科書からも「帰化人」は消えて、「渡来人」・「渡来文化」が一般化した。高松塚壁画の影響は多大であった。

（二〇一二・五・一二）

比較の視座

平成十三年（二〇〇一）四月三日、奈良県明日香村のキトラ古墳に、朱雀《すじゃく》の描かれていたことなどが発表された。平成十年（一九九八）三月六日の超小型カメラによる撮影のおりには三神しか確認できなかったが、このたびのデジタルカメラの映像は、躍動する朱雀やより明確な星宿図（天文図）を浮かびあがらせた。

昭和四十七年（一九七二）の三月に明らかとなった高松塚古墳の壁画（三神を描く）の検出、そして、キトラ古墳で四神の図が出揃《そろ》ったのは画期的であり、あざやかな朱雀の姿に感動を覚えた。

四神の信仰が八世紀のはじめの朝廷に存在したことは、たとえば大宝元年（七〇一）正月の朝賀に、烏形・日・月の幢《はた》と四神の幢を立てたり、和銅元年（七〇八）二月の詔《みことのり》に「四禽《しきん》（四神）図に叶《かな》い」と記されたりしているのにも明らかだが、それ以前に四神の思想が伝わっていたことは、福岡県竹原古墳の前室正面入口（南側）右側壁の鳥（朱雀の可能性が高い）ばかりでなく、奈良県新沢千塚の一二六号墳の漆盤《うるしばん》の四神にもみいだすことができる。

天武天皇は壬申の乱のおり、漢の高祖にならって赤旗と赤衣を用いたことが、『古事記』の序や『日本書紀』にみえるが、その年号の朱鳥もあるいは朱雀と関連があるかもしれない。

高松塚のおりにも、壁画のルーツが唐か高句麗かの論争があった。その論争が再燃している。高松塚の論議でも、前述したとおり私は両者の重層性を指摘したが、当時の有力な画師《えし》グループのリーダーであった黄文《きぶみの》（書とも記す）本実《もとみ》は、高句麗の画師でしかも遣唐使に加わって入唐したことがある。黄文本実自身に高句麗の文化と唐の文化が重なりあっていた。

横長で駆け足姿の朱雀は高句麗の壁画にも描かれており、羽根の部分に小羽をほどこす類例は唐にもあるが、キトラ古墳の朱雀頭部や目のまわりの筆使いなどは、独自でしかも繊細である。薬師寺の薬師如来台座の朱雀はきわめて和風の色あいが強い。『日本書紀』の白雉四年（六五三）六月の条にもみえるように、画師が仏像を造った例もあって、キトラ古墳の朱雀の画かきは、手本（粉本）どおりではない、かなりユニークな朱雀を自由に描いたのかもしれない。

二〇〇一年の三月七日から九日まで、アジア史学会第十回大会が北京（主会場社会科学院）で開催され、アメリカ・中国・韓国・日本など各国から約百五十名の研究者が参加したが、その記念講演で強調したひとつは、古代文化の比較の方法をめぐってであった。とかくそれぞれの国や地域の文化のルーツ（起源）のみを注目しがちだが、真の比較においては共通性ばかりでなく、受容した文化をいかに変容していったか、その独自性もまたみきわめねばならぬ。ルーツ（起源）ではなく、いわゆるルート（形成）論の具体化がそれである。キトラ古墳の朱雀はそのありようを象徴するかのようにみえる。

（二〇〇一・四・八）

平城遷都の内実

明年（二〇一〇）は和銅三年（七一〇）の三月十日に、藤原京から平城京へ都が遷《うつ》されてから、千三百年になるというので、平城遷都千三百年にちなむさまざまなイベントが計画されている。

私にも「遣唐使船」の実施にかんする相談や国際シンポジウムの講演、あるいは遷都千三百年記念の出版の依頼などが、つぎつぎとある。平成六年（一九九四）は、平安建都千二百年で、京都でも数多くのイベントが開催されたが、京都では市民参加の意志を込めて「遷都」とはいわずに「建都」が強調された。当時「建都」という用語は古代にないという批判もあったが、たとえば『続日本紀』に「建都」の表記はあって（延暦七年九月の詔）、建都千二百年はそれなりに有意義であった。

遷都を記念するためには、長岡遷都から十年ばかりでなぜ平安遷都が断行されたのか、当然その理由が論議された。平城遷都の場合もそうである。持統天皇四年（六九〇）正月に即位した持統女帝は、その直後から藤原京の造営に着手して、わが国はじめての条坊制にもとづく宮都ができあがる。持統・文武両天皇の首都であった藤原京を棄都し、なぜ元明女帝の代に遷都が決意されたのか。平城遷都千三百年の意義をみきわめる前提として、まずそのことが問われねばならぬ。しかしその論究は必ずしも明確ではない。

和銅元年（七〇八）二月十五日の遷都の詔《みことのり》については、とかく「方今平城の地四禽（四神）図に叶ひ、三山（東の春日・北の奈良・西の生駒の山々）鎮《しず》めを作す」の個所のみが注目されがちだが、「遷都の事、必ずとすること遑《いとま》あらず」として、「王公大臣」の建議による遷都であることが述べられていたことをみのがせない。そして「衆議忍び難《がた》く、詞情深く切《せつ》なり」の文に、元明女帝の複雑な心境が反映されている。

翌月の十三日、遷都を前提とする政府の大規模な人事異動が発表された。右大臣石上麻呂《いそのかみまろ》が左大臣となり、大納言藤原不比等が右大臣になったのはこの日であり、政府首脳のみならず、その人事は各地の国司におよぶ大異動であった。平城遷都推進のリーダーは藤原不比等であって、この人事にも深く関与していた。『万葉集』には、和銅元年の元明女帝の「御製歌」として、〝ますらをの鞆《とも》の音すなりもののふの大まへつ君楯《たて》立つらしも〟の歌が載っている。

その歌に和して、女帝の同母の姉である御名部《みなべ》皇女が〝わが大王物な思ほし皇神《すめがみ》のつぎて賜へる吾《われ》無けなくに〟と、女帝の心のかげりを慰めかつ励ましている。この歌についての私見は『藤原不比等』（朝日選書）で詳述したが、蝦夷征討や大嘗祭と関連づける説はあやまりであろう。「もののふの大まへつ君」の原文は「物部乃大臣」である。物部の大臣すなわち石上麻呂が、元明女帝の平城京占地視察のおりに、物部の氏人らを率いて、「楯立《たてたて》」をしている状況を背景に歌ったとみなすべきではないか。平城遷都はけっして安易な都遷りではなかった。その内実をしっかりと認識する必要がある。

（二〇〇九・九・一二）

古事記千三百年の意義

『古事記』は現代に伝わる古典の最古の書のひとつであり、日本古典の白眉《はくび》といってよい。天武天皇の「勅語」をうけて、稗田阿礼《ひえだのあれ》が「諸家」の「帝紀」（歴代の大王・天皇のことを主とする）と「本辞」（各氏族の伝承を中心とする）を「誦習《しょうしゅう》」したのに『古事記』の成立がはじまる。

さらに元明天皇が詔《みことのり》して、太安万侶《おおのやすまろ》が「撰録《せんろく》」し、和銅五年（七一二）の正月二十八日に献上したのが、神代から推古天皇の代までを内容とする『古事記』（三巻）である。したがって本年（二〇一二）は『古事記』の完成から数えて、ちょうど千三百年になる。

『古事記』と関連のある島根県をはじめとする各県では、さまざまなイベントが計画され、国立京都・東京両博物館では特別展・シンポジウムが実施される予定である。

『古事記』成書化の八年後、養老四年（七二〇）五月二十一日に「奏上《そうじょう》」された『日本書紀』（三十巻）とをあわせて、しばしば『記紀』と一括されがちだが、『古事記』と『日本書紀』とでは編纂《へんさん》の目的と内容が異なっているばかりでなく、編集の関係者にも大きなへだたりがある。

『日本書紀』が漢文の編年体であるのに対して、『古事記』は天皇の世を中心とする漢文式和文体であり、『日本書紀』は持統天皇の代までを対象として、雄略期以後は実録風で外交関係も詳述するが、『古事記』は仁賢天皇以降は系譜が中心で物語はほとんど記されていない。『古事記』は「フルコトフミ」にふさわしく古き世に重点をおき、『日本書紀』は日本国の「紀」として近き世を重視する。『古事記』は別伝を一切引用しないのに、『日本書紀』は「一書《あるふみ》」などの伝えを二百三十一カ所に掲載し、『魏志』や『百済本記』などの「百済三書」ほか、内外の文献を引用する。

その違いは『古事記』の上巻と『日本書紀』の巻第一と第二の「神代巻」のみを比較しても明白である。登場する個別神は『古事記』は二百六十七神、『日本書紀』は百八十一神であり、有名な因幡の白兎《うさぎ》の神話は『古事記』のみが伝える。イザナキの神の黄泉国《よみのくに》訪問の神話は、『日本書紀』は本文ではなく、「一書」を引いて記す。高天原の主宰神も『古事記』はアマテラス大御神が主体であり、『日本書紀』はタカミムスヒの神が中心である。

文学としての面白さも、八千矛《やちほこ》の神（大国主命）の妻どい神話やヤマトタケルの征討伝承など、『古事記』の方が『日本書紀』よりも豊かである。

二〇一一年の十一月十六日、東京の学士会館で日本文学に造詣の深いドナルド・キーンさんと対談したが、『古事記』についてはフランスのフランソワ・マセさんのような研究者もいる。肝心の日本人の多くが『古事記』のなかみをあまり知らない。千三百年を機会に、やまとごころのルーツを再認識したい。

（二〇一二・一・七）

風土記千三百年

平成二十四年（二〇一二）は和銅五年（七一二）の正月二十八日に『古事記』が「献上」されてから数えての、『古事記』千三百年の意義深い年であったが、明年はいわゆる「風土記」編纂《へんさん》開始からの千三百年に相当する。

『続日本紀《しょくにほんぎ》』には和銅六年五月二日、時の政府が各国へ、⑴郡郷の名に好字を用いること、⑵郡内の銀・銅・草木・禽獣《きんじゅう》・魚虫などの品目を記すこと、⑶土地の肥沃《ひよく》の状態を報告すること、⑷山川原野の名称の由来を書くこと、⑸古老相伝の旧聞異事を記載することを命じた事情を明記している。

しかしその命令には「詔」とか「勅《ちょく》」とかの文字はない。宮内庁蔵の谷森本には、朱書きで「制」とある。もし「制」であったとすれば、太政官符の略式である弁官《べんかん》の「宣下」ということになる。不思議なことに、その命令には「風土記」という書名はみえない。たとえば『常陸国風土記』の古寫本《こしゃ》には「常陸国司解《げ》」とあり、『出雲国風土記』の場合には、郡毎《ごと》に郡司の署名があり、巻末には編述の年月日と勘造者の署名があるというように、いわゆる「風土記」のもとの姿は上申の文書である「解」の形式をとっていたことがわかる。そもそも「風土記」という書名が使われるのは、日本では平安時代に入ってからであった。

各国でその「宣下」のうけとめ方はさまざまであって、力点のおき方もそれぞれに異なっている。土地

郵便はがき

料金受取人払郵便

神田局
承認

6052

差出有効期間
2015年8月
31日まで

切手を貼らずに
お出し下さい。

101-8796

537

【受　取　人】

東京都千代田区外神田6-9-5

株式会社**明石書店** 読者通信係　行

お買い上げ、ありがとうございました。
今後の出版物の参考といたしたく、ご記入、ご投函いただければ幸いに存じます。

ふりがな お 名 前	年齢	性別

ご 住 所　〒　　　-

TEL　(　　　)　FAX　(　　　)

メールアドレス	ご職業（または学校名）

*図書目録のご希望 □ある □ない	*ジャンル別などのご案内（不定期）のご希望 □ある：ジャンル（ □ない

書籍のタイトル

◆本書を何でお知りになりましたか？

□新聞・雑誌の広告…掲載紙誌名[ ]
□書評・紹介記事……掲載紙誌名[ ]
□店頭で　□知人のすすめ　□弊社からの案内　□弊社ホームページ
□ネット書店 [ ]　□その他[ ]

◆本書についてのご意見・ご感想

■定　価	□安い（満足）	□ほどほど	□高い（不満）
■カバーデザイン	□良い	□ふつう	□悪い・ふさわしくない
■内　容	□良い	□ふつう	□期待はずれ

■その他お気づきの点、ご質問、ご感想など、ご自由にお書き下さい。

◆本書をお買い上げの書店

[　市・区・町・村　書店　店]

◆今後どのような書籍をお望みですか？

今関心をお持ちのテーマ・人・ジャンル、また翻訳希望の本など、何でもお書き下さい。

◆ご購読紙　(1)朝日　(2)読売　(3)毎日　(4)日経　(5)その他[新聞]

◆定期ご購読の雑誌 [ ]

ご協力ありがとうございました。

ご意見などを弊社ホームページなどでご紹介させていただくことがあります。　□諾　□否

◆ご 注 文 書◆　このハガキで弊社刊行物をご注文いただけます。

□ご指定の書店でお受取り……下欄に書店名と所在地域、わかれば電話番号をご記入下さい。
□代金引換郵便にてお受取り…送料+手数料として300円かかります(表記ご住所宛のみ)。

書名	冊
書名	冊

ご指定の書店・支店名	書店の所在地域　都・道 府・県　市・区 町・村
	書店の電話番号　(　)

の肥沃にかんしては、『播磨国風土記』が詳細であって「里」毎に九ランクの地味のいずれかを表示している。

神話についての内容がもっとも豊かなのは唯一の完本である『出雲国風土記』であって、この『風土記』のみが伝えるヤツカオミヅヌノミコトの「国引き神話」をはじめとする出雲在地の神話が、数多く物語られている。

ヤマト王権によってまとめられた『古事記』や『日本書紀』の出雲系の神話と、在地の神々の神話をいきいきと伝える出雲神話との間にはかなりのへだたりがある。『出雲国風土記』の神話を抜きにして、古代の出雲を語るわけにはいかない。

各国の「風土記」は国司や郡司が中心となり、九州の「風土記」は大宰府のもとでまとめられたが、和銅五年の「風土記」のなかでもっとも早く成立したのは、霊亀三年（七一七）五月以前（通説の霊亀元年はあやまり）の『播磨国風土記』であり、『常陸国』が最終的には養老三年（七一九）七月のころ、そして『出雲国』が天平五年（七三三）、『豊後国』と『肥前国』は天平十一年（七三九）末以前であった。

去る八月二十九日、議員立法によって衆・参両院の全会一致で「古典の日」が制定されたが、各国の「風土記」や逸文《いつぶん》を、みずからひもといて読んでみるのも、地域で語り伝えられた古典の息吹にふれるよい機会である。

（二〇一二・一二・八）

天平文化の国際性

去る五月二十二日、橿原市の万葉ホールで五百人をこえる聴衆が参加して、平城遷都千三百年にちなむ東アジア歴史シンポジウムが開催された。そして韓国の檀国大学金容雲《キムヨンウン》特任教授・中国考古学の徐光輝龍谷大学教授をはじめとする研究者が、仲尾宏京都造形芸術大学客員教授をコーディネーターとして討論を行った。私はその基調講演をつとめたが、天平文化の国際性をあらためて実感した。

天平文化を象徴するできごとは、天平勝宝四年（七五二）四月九日の毘盧舎那《びるしゃな》大仏の開眼供養会であった。そのありさまを『続日本紀』は、「なすところの奇偉あげて記すべからず、仏法東に帰《いた》りてより、斎会の儀かつてかくの如く盛なるはあらざるなり」と述べている。

『東大寺要録』は供養会を詳述し、僧九千七百九十九人が列なり、久米舞・楯伏《たてふし》舞・唐楽《とうがく》・高麗楽《じまがく》（朝鮮の三国楽）・林邑《りんゆう》（ベトナム）楽などが演奏されたことを記す。開眼導師のインドの菩提僊那《ぼだいせんな》を筆頭に、唐の道璿《どうせん》、林邑の仏哲らが名を連ねる。これらの僧は天平五年（七三三）の遣唐副使中臣名代《なかとみのなしろ》の帰国船に同乗して来日した。

あの巨大な高さ五丈三尺五寸（約十六メートル）の大仏を造り上げた大仏師は、六六三年に渡来した百済の官人国骨富《こくこっぷ》の孫の国中連公麻呂《くになかのむらじきみまろ》であり、大仏造立の大勧進は両親ともに百済系であった行基大僧正であった。聖武天皇が宣命《せんみょう》（国文体の詔勅）で「この地には無きもの」と嘆かれていた黄金を九百両も陸奥少田郡（宮城県遠田郡）から献上したのは、百済義慈王の五世の百済王敬福《きょうふく》であった。

四月二十五日の奈良の春日大社で開かれた「遣唐使船再現」プロジェクトシンポジウムの記念講演でも言及したが、天平文化を考察するさいに、遣唐使のはたした役割は軽視できないが、前期＝天智天皇八年（六六九）まで＝と後期＝大宝二年（七〇二）以後＝とではおもむきを異にする。

前期が二隻ないし一隻の船で北路で入唐したのに、後期がおおむね四隻で南路であった違いばかりではない。前期は第二次（六五三年）・第三次（六五四年）あるいは第六次（六六七年）・第七次（六六九年）とあいついで派遣されたように、きわめて政治的な性格が濃厚であった。

それに対して後期は二十年に一度をおよその原則とし、「日本国使」として文化の導入につとめた。唐が新羅を援《たす》けて百済を滅ぼし、ついで高句麗を討つという政策を六五一年に明確にし、倭国《わこく》が朝鮮半島における影響力を保持しようとした外交が前期の遣唐使をいろどる。やがて統一新羅が唐と対立すると日本と新羅との関係は密接となり、唐と新羅との友好関係が成立すると、日本と新羅が対立するという外交史もみのがせない。天平文化の考察には、唐にあわせて新羅・渤海との交わりも不可欠となる。

（二〇一〇・六・二六）

北天の雄アテルイ

古代日本の支配者たちは、北日本の人びとを蝦夷《えみし》とよび、南九州の隼人《はやと》や奄美《あまみ》の人びとなどとあわせて、日本のなかの夷狄《いてき》とみなした。

したがって『古事記』『日本書紀』をはじめとする古文献の蝦夷観には、あやまれる「夷狄観」が反映されている。

たとえば、『日本書紀』の景行天皇四十年七月の条には、中国の古典（『礼記』や『史記』など）の言葉を部分的に借用しながら、「父子の別なく、冬は穴に宿《ね》、夏は樔《す》に住み、毛を衣《し》き血を飲む」と批評し、「山に登ること飛ぶ禽《とり》の如《ごと》く、草を行き走ること獣のごとし」などと形容する。

こうした蝦夷観のゆがみについては、別に詳しく論究したところだが（『上田正昭著作集』5）、そうした偏見は今もなおつづいている。

劇団わらび座が原作高橋克彦「火怨」、脚本杉山義法、演出中村哮夫で、「ミュージカルアテルイ」の公演にとりくんだのは、きわめて有意義であった。なぜなら八世紀末から九世紀はじめの律令《りつりょう》政府の征夷の大軍を雄々しく迎撃した勇将アテルイ（阿弖流為）、副将モレ（母禮）と征夷大将軍坂上田村麻呂《さかのうえのたむらまろ》の「友情」の物語は、そうしたあやまれる「夷狄観」を打破するのに大きく寄与するこころみとなっているからである。

二〇〇一年の八月、わらび座の招きで、「アテルイ」と朝鮮通信使にちなむ劇作についての講演と助言におもむいたのも、その姿勢に共感してのことである。坂上田村麻呂の祖先も異国の人であった。高松塚やキトラ古墳で有名な奈良県明日香村桧前《ひのくま》を中心に居住した東 漢氏《やまとのあやうじ》の子孫のひとりが田村麻呂である。

坂上田村麻呂がアテルイやモレを高く評価して、その助命を朝廷に嘆願したことは、『日本紀略』や『類聚国史』が伝える史実であった。にもかかわらず、時の政府は、河内国の杜山《もりやま》で斬首した。

坂上田村麻呂はたんなる征夷大将軍ではなかった。田村麻呂についての認識にも多くの誤解がつきまとう。『日本後紀』が記すように「将帥」としての力量にすぐれていた。そして信仰心の篤《あつ》い巨人であった。賢心（延鎮）上人が千手観音をまつり（伝）、坂上田村麻呂の発願《ほつがん》によって、清水寺が造営され、妻高子が仏殿、娘春子の子葛井《かどい》親王が三重塔を寄進している。清水寺と田村麻呂とのつながりは密接であった。

平安建都千二百年の歳《とし》（一九九四）の十一月六日、岩手県胆沢《いさわ》同郷会、アテルイを顕彰する会、関西岩手県人会、京都岩手県人会の発起と清水寺森清範貫主をはじめとする関係者の理解と協力のもと、清水寺境内に「阿弖流為・母禮之碑」が建立されたが、この碑は田村麻呂の鎮魂碑でもあった。

全国上演にさきだって、四月二十四日に清水寺で法要と奉納公演が行われたのも、深いえにしにもとづく。蝦夷の地はたんなる「辺境」ではない。

（二〇〇三・五・四）

大和魂の再発見

「大和魂」という用語が、古典のなかでいったい、いつごろから使われるようになるのか。意外に思われるかもしれないが、そのたしかで早い用例は『源氏物語』である。『源氏物語』の乙女の巻には、光源氏の息子である夕霧の学問のありようをめぐって、「才《ざえ》を本《もと》としてこそ、大和魂の世に用ひらるる方《かた》も、強ふ侍《はべ》らめ」と記されている。

ここで紫式部がいう「才」とは漢才であって、具体的には漢詩・漢文学を指す。そしていうところの「大和魂」とは、戦争中さかんに叫ばれた軍国主義的精神の代名詞としてのそれではなく、日本人としての教養や判断力を意味した。

「和魂漢才」という用語は、菅原道真公ゆかりの『菅家遺誡《かんけいかい》』にみえており、「大和魂」の用語は、『源氏物語』以後の『今昔物語集』や『大鏡』の藤原時平伝にもある。そのいずれもが日本人の思慮や判断などを表現しての「大和魂」であった。

漢才をベースにしてこそ大和魂がより強く世の中に作用してゆくというこの言葉は、海外から受容した渡来の文化と、内なる在来の文化とを止揚して、日本独自の文化を形づくってきた日本文化の史脈を見事に指摘した卓言である。

三十年ばかり前から、この『源氏物語』の文を引用して、大和魂の由来を説いてきたが（たとえば「和魂漢才の道」『古代からの視点』所収、ＰＨＰ研究所）、大江健三郎さんと仙台・札幌での文芸講演会をともにしたおりにも、そのことに言及して、大江さんから熱心に質問されたことをあらためて想起する。

紫式部の父の藤原為時は、唐の詩人白居易（白楽天）はもとよりのこと、王維・李白・杜甫などの漢詩を愛好したと伝えるが、紫もまた幼いころから司馬遷の『史記』を愛読し、漢詩・漢文学にも造詣の深かったことは、『源氏物語』にしばしば白楽天の『白氏文集《はくしもんじゅう》』が引用されているのにもうかがわれる。

一条天皇から「日本紀を読みたるべけれ、誠に才あるべし」、日本紀に通じ、誠に学議ありと賞讃《しょうさん》された紫式部は、女官から「日本紀の局《つぼね》」と皮肉られたというが、その紫自身は、『源氏物語』の蛍の巻に、「日本紀などは、ただ片そばぞかし、これら（物語）にこそ、道々《みちみち》しくくは（詳）しきことはあらめ」と物語っている。

「日本紀」よりも「物語」にこそ、人間の真実がより具体的に描きうるとしたその背景には、「才を本」とした「大和魂」がひそんでいたといえるかもしれない。

「和魂」のみを強調すればあしきナショナリズムになる。「漢才」を排除してはならない。幕末・維新の先人たちは「和魂洋才」を力説したが、今の世はあまりにも洋魂洋才にすぎる。あるべき「大和魂」を再発見すべき時ではないか。

（二〇〇八・二・九）

元就と女人群像

ＮＨＫの大河ドラマ「毛利元就」が好評のもとに放映されている。前回の「秀吉」にくらべ、時代考証もかなりゆきとどいて、あまり違和感をおぼえない。所詮はドラマであって、史実をドラマに求めるのは無理かもしれないが、歴史ばなれがはなはだしいと、配役の熱演も空転する。

「毛利元就」の原作者永井路子さんと久しぶりに対談する機会があった。平成六年（一九九四）の三月、コレージュ・ド・カメオカに出講していただいたが、七月一日からはじまった姫路文学館夏季大学での「毛利元就と彼をめぐる女性たち」の講演での再会であった。永井さんの歴史小説には一貫した史眼がひそむ。女性の視座から日本の歴史を再発見し、歴史を生きた女人像を再構成する鋭い見方・考え方がそれである。古代から近世におよぶ数多くの作品にその史眼がキラリと光る。

毛利元就といえば、臨終の床で元就が三人の子供に三本の矢を一度に折ってみよと命じて、折れなかったという「三矢の教え」が有名である。しかしこの「三矢の教え」はもとより史実ではない。後につくられた説話であって、元就の「遺言」と「教訓状」を背景に形づくられたエピソードといってよい。一家の一致団結をくりかえし強調してやまなかった元就にふさわしい伝承だが、元就とその妻をテーマとした『山霧』、ついで執筆された『元就、そして女たち』の主題には、男たちの政治的野望のために、人身御供のようなみじめな結婚を強いられたとする戦国武将の女人像、「政略結婚」説への大きな疑問がわだかまる。

永井さんは二十年ばかり前から、そうした見方が見当はずれであることを痛感して、元正女帝を中心とする作品『美貌の女帝』でも力説されていた。永原慶二さん（一橋大学名誉教授）にすすめられて、『毛利家文書』などを読まれるうちに『山霧』の構想が具体化してきたと語られた。「嫁《か》しては夫に従え」という考えは、江戸時代になってからの家父長的発想であって、戦国武将の女人の多くが、嫁《とつ》いだ後も実家と深いつながりをもつ「女性大使」であったことを論述する。戦国乱世の代の家政権を、武将の妻《おかた》ががっしりと握っていたことを、元就の数多くの手紙から実感したという。男性中心の歴史の書きかたでは見えないものが見えてくる。

戦国の世を「男と女の総力戦」とみなすその叙述が新鮮である。毛利元就の妻は、吉川国経《きっかわくにつね》の娘である。しかしその名はわからない。ドラマの美伊（富田靖子）という名は、「鬼吉川」の娘だから、み（蛇）いにちなんでかりに書いたのがヒントになっていると聞いて苦笑した。

毛利と尼子の戦いの背後に、瀬戸内海の水軍と対外交渉あるいは日本海を媒体とする海外貿易とのつながりを視野におさめて描かれているのもさすがである。女性史の視角から大河ドラマ「毛利元就」を見つめたい。

（一九九七・七・二〇）

鎖国史観のゆがみ

歴史を特定のイデオロギーにもとづいて、一元的に解釈するわけにはいかない。あくまでも史実を正確に認識することが肝要である。平成十四年（二〇〇二）一月二十七日に大阪の厚生年金会館芸術ホールで開催された、遣唐使をめぐるシンポジウムのおりの参加者の質問に、あらためてそのことを痛感した。

寛平六年（八九四）の八月二十一日、遣唐大使に任命された菅原道真は、翌月の十四日、在唐の僧中瓘《ちゅうかん》の『録記』を公卿・博士たちに知らせ、遣唐使派遣の可否を論議してほしいとの奏言をして、遣唐使は停止となった。

こうして舒明《じょめい》天皇二年（六三〇）から承和五年（八三八）まで、十五回におよんだ遣唐使はついに停止する。そこで多くの人びとは、海外との交渉をやめて、日本独自の「国風文化」が発展したと思いこむ。遣唐使をめぐるシンポジウムでの質問にも、そうしたたぐいのものが多かった。

遣唐外交のおりなされた約二百年ばかりの時代を、しばしば「遣唐使時代」とよぶ。こうしたよび方じたいが問題である。遣唐使を十五回とはいうが、正式の遣唐使はわずかに十二回であり、あとの三回は送唐客使二回と迎入唐使一回であった。唐使の来日は、舒明天皇四年（六三二）から宝亀十年（七七九）までに九回が史料にみえる。だが国書を持って来日した唐使の数はきわめて少なく八回であった。

七世紀前半から九世紀前半までの日本の外交は、唐との間のみにくりひろげられていたのではない。遣新羅（統一新羅）使は天智天皇七年（六六八）から元慶六年（八八二）までの間に限っても、実に三十四回を数え、新羅使は天智天皇七年から承和七年（八四〇）までの期間に五十回来日している。

遣渤海使は神亀五年（七二八）から弘仁二年（八一一）まで十五回（送使を含む）、渤海使は神亀四年から延喜十九年（九一九）まで、なんと三十四回におよぶ。当時の外交が唐よりもはるかに新羅や渤海と密接なまじわりをもっていたことはたしかであった。

日本政府の財政的窮乏や唐の政治勢力の衰退、渡海の危険なども遣唐使停止の理由になっているが、遣唐使の停止によって、日本が「鎖国」化したわけではない。新羅商人や中国商人による交易はその後もさかんであり、停止後も大宰府を中心に民間貿易は活発に行われていた。海外との交渉が途絶えたのではなく、たとえば渤海との交渉はその後もつづいた。

江戸時代の寛永十二年（一六三五）の日本人の海外渡航禁止などの通達を「鎖国令」といったり、寛永十六年のポルトガル船来航禁止などの断行を「鎖国の完成」とみなす歴史の見方と同類の「鎖国史観」のあやまりが古代にも浮かびあがる。江戸時代の外交では実際にはオランダや清とは通商を、朝鮮・琉球とは通信（外交と貿易）を実施していたのである。いま一度史実のありようをしっかりとみきわめたい。

（二〇〇二・三・一〇）

島国史観の克服

慶応三年（一八六七）の十二月九日、維新の政府は、王政復古の大号令を発布した。その文には「諸事神武天皇創業の始《はじめ》に基づき」と明記し、「復古」の「古」を「神武天皇創業の始」としたが、『古事記』・『日本書紀』をはじめとするどの古典も、橿原の宮での即位は記載していても、その政治体制については一切言及していない。

実際に明治政府がモデルにしたのは、神祇官・太政官の組織でスタートしたように、その「古」とは八世紀はじめの「大宝律令」に象徴される律令《りつりょう》国家であった。内閣制度になったが、今もなお「大臣」と称されているいわれもそこにある。

一昨年の夏、新潮社の出版部から『私の日本古代史』（上・下、新潮選書）という書をまとめてほしいとの依頼があった。私みずからの研究史六十二年のおりであって、「列島文化のあけぼの」から「律令国家の成立」までを対象にした本を書くことにしたのも、日本の近代国家のなりたちが律令国家と無関係ではなかったからである。

新知見や近時の発掘調査の成果をもりこむ作業は、予想以上に難渋したが、先週末にようやく脱稿した。日本の律令国家の完成に果たした未曾有《みぞう》の巨大な政治家藤原不比等の役割をあらためて実感した。

イタリアの歴史学者・哲学者であり、反ファシズムの政治家でもあったベネデット・クローチェは、

『歴史叙述の理論及び歴史』のなかで、「歴史とは生きた歴史であり、年代記録は死んだ歴史である。歴史とは現在の歴史であり、記録とは過去の歴史である」と指摘した。私の好きな言葉のひとつだが、京大の学生であったおりにその著書を読んで深い感銘をうけた。

文書や記録などを正確に読み解くことは、文献史学の第一歩だが、それだけでは過去の歴史を明らかにしたにとどまる。過去に学んで、現在をよりたしかにみきわめ、未来をしっかりと展望することが必要である。歴史学者はややもすれば過去の歴史のみにとどまり、歴史家は生きた歴史を探求して、現在の歴史を重視する。

まわりを海で囲まれている弧状のわが国土は、文字どおりの島国であり、太平洋側は暖流（黒潮）が北上する。黒潮は九州南方でわかれて対馬海流となり、日本海側を北へと進む。寒流の千島海流（親潮）は北から三陸沖や房総沖へと南下し、リマン海流は間宮海峡を南進して対馬海流と環流する。

島国日本の歴史や文化の展開は、とかく内なる要因のみによって、解釈されがちである。内なる要因はもとより軽視するわけにはいかないが、島国なるがゆえに、海上の道によってアジアとりわけ東アジアの動向と密接なかかわりをもった。悪《あ》しき島国史観ではその実相を明らかにすることはできない。

このたびの『私の日本古代史』では、不十分ながらも、島国史観の克服をめざしたつもりである。

（二〇一二・一一・一六）

裏日本観を問い直す

山陰道は七カ国（丹波・但馬・伯耆・因幡・出雲・石見・隠岐）で構成されていたが、和銅六年（七一三）四月三日、丹波の北部五郡が丹後国に分置されて山陰道は八カ国となった。したがって明年（二〇一三）は丹後の国誕生千三百年に相当する。

ところで山陰道をはじめとする日本海沿岸地域が「裏日本」と呼ばれるようになったのは、明治二十八年（一八九五）からであり、明治三十三年のころからは、山陽道などが「表日本」で先進地域、裏日本は後進地域を表す用語となった。昭和三十五年（一九六〇）のころからはあえて使われなくなったが、それでも山陰を「裏日本」とみなす観念は今でもなお根強い。

そのような見方や考え方で山陰の歴史や文化を論じることが、いかに誤っているかは、たとえば昭和五十七年の七月、島根県出雲市斐川町神庭《かんば》荒神谷遺跡から、弥生時代の銅剣の全国総数約三百本を上回る三百五十八本が出土し、ついで平成八年（一九九六）十月、同県の雲南市加茂町岩倉遺跡から、全国最多の銅鐸三十九個がみつかった史実にも明らかである。

かつて和辻哲郎博士は、近畿中心の銅鐸文化と北九州中心の銅鉾・銅剣文化の二大青銅器文化圏説を提唱され（『日本古代文化』改訂版）、学界の支持をえたが、現在では出雲を中心とする青銅器文化のありようをさらに検討する必要がある。

邪馬台国問題と関係のある魏の年号をもつ鏡は、全国で八面みつかっているが、そのうちの四面は出雲（二）・但馬（一）・丹後（一）といわゆる山陰の古墳から発掘されている。

方形で四隅が突出している四隅突出墳丘墓も、出雲を中心に伯耆などから越前・越中へとひろがる。天平五年（七三三）の二月にまとめられた『出雲国風土記』には出雲と古志《こし》（北陸）の交流を物語り、十世紀はじめの『延喜式《えんぎしき》』をみても、出雲系の神々をまつる神社は北陸に少なくない。越後（新潟県）の出雲埼も海上の道による命名であった。

平成十二年の九月出雲大社境内地遺跡で、岩根の御柱《おんはしら》（心《しん》の御柱《みはしら》）の巨柱（直径約三メートル）がみつかり、社伝に出てくる高さ十六丈（四十八メートル）の巨柱の可能性が濃厚となったが、年輪年代の測定によって、その伐採年は一二二七年の数年後であることがたしかとなった。平安時代ばかりではなく、鎌倉時代の前期においても、本殿の高さは天下無双であったことがわかる。

日本海という呼称は、イタリアの宣教師マテオ・リッチが一六〇二年に北京で作製した『坤輿《こんよ》万国全図』に明記されているが、古代の人びとは日本海を北ツ海とよんでいた。朝鮮半島南部の加耶《かや》も北部の高句麗も北ツ海のコースをとる人びとが多く、渤海《ぼっかい》使節は神亀四年（七二七）から延喜十九年（九一九）まで三十四回来日したが上陸地のわかる二十九回のすべてが北ツ海沿岸地域であった。北ツ海文化圏はけっして「裏日本」ではなかった。

（二〇一二・九・一五）

鎮守の森の謎

鎮守の森をはじめとする社寺林や沖縄のウタキなどを、総合的に調査し、森の保全・拡充・創出を図って、地球環境の悪化をくいとめ、自然を基軸とした日本文化への深い自覚を促して、国際的な文化交流の発展に寄与することを目的に、平成十四年（二〇〇二）の五月二十六日に、加茂御祖《みおや》（下鴨）神社の糺《ただす》の森研修道場で設立された、そしてＮＰＯ法人社叢《しゃそう》学会の第六回総会と研究大会が、二〇〇七年の五月二十六日、伏見稲荷大社儀式殿で有意義に開催された。

首都圏の社寺林や名古屋市における社叢行政、あるいは日本各地の神などが湖沼や峡谷を蹴《け》り裂いて悪水を流したという蹴裂《けさき》伝説にかんする研究報告も興味深かったが、とりわけ注目されたのは、シンポジウム「鎮守の森の謎《なぞ》を解く」であった。

東京農業大学前学長で日本造園学会会長である進士《しんじ》五十八《いそや》博士が、神域と日本庭園のかかわりを具体的に検証して、社叢造園学を提唱されたのが画期的であった。日本のすぐれた造園に社叢の縮図が重なる。パネリストは宗教学の薗田稔副理事長・土壌学の岡村穰・文学の片岡智子・動物学の渡辺弘之の各理事で、鎮守の森がなぜ畏敬《いけい》されて今日におよんだのか、その謎を中心に討議が白熱した。

巨大な偶像や祭殿が立っているわけではない。しかし、縄文時代以来、人びとは森にカミの降臨と鎮座を実感して、森を神聖視してきた。天平五年（七三三）の二月にまとめられた『出雲国風土記』が、秋鹿《あきか》郡の女心《めごころ》高野の条に、「上のほとりに樹林あり、此則《これすなわ》ち神社なり」と書きとどめているのが象徴的である。

通説では明治三十九年（一九〇六）から明治政府による神社合併がはじまるといわれているが、その具体化は明治三十四年からであった。そして明治四十二年の九月より反対運動にたちあがった南方熊楠《みなかたくまぐす》は、明治四十五年の『日本及日本人』に「神社合併反対意見」を発表した。

反対理由七項目の最後は、「合祀《ごうし》は勝景史跡と古伝を湮滅《いんめつ》す」であった。熊楠のいう「勝景史跡」には貴重な植物が含まれていた。鎮守の森の「生きもの」のいのちを視野におさめての保全であった。

討論では鎮守の森の螢《ほたる》やミミズなども話題となったが、昭和三十一年（一九五六）から今日まで、半世紀あまり小学校の国語教科書の教材となっている、新美南吉《にいみなんきち》の「ごん狐《ぎつね》」も、鎮守の森の狐の昔話がルーツであった。児童文学雑誌『赤い鳥』に投稿した草稿は「権狐《ごん》」であって、「ごん狐」は権現山《ごんげんやま》の森の狐であった。『延喜式《えんぎしき》』の社名には川・水・井・滝にちなむものがかなりある。鎮守の森の水が多くのいのちをはぐくんだ。

（二〇〇七・六・二）

森に生きる文明

まわりを海で囲まれている日本列島は文字どおりの島国であり、その国土のおよそ四分の三は山地である。そして約三分の二が森林で占められている。山と海、そしてそのあいだの平野と盆地を背景として、われらの祖先はくらしをいとなんできた。日本の歴史と文化は、稲作の民のみによってになわれたのではなく、山の民・海の民もまたその発展に大きな役割をはたした。

島国なるがゆえに、その歴史と文化がこの島国の内部だけで展開したとみなすのは、もとより錯覚である。島国であったからこそ海上の道によって、海外からあまたの文物が伝播《でんぱ》し、海を越えて多くの人びとがくりかえし渡来したのである。日本文化は内なる和魂と外なる漢才・洋才との重層と融合のなかでみごとに結実してきたといってよい。

日本列島の山の民・田の民・海の民が森林と密接なかかわりをもって生活してきたことは、つぎの事例をみても明らかである。森林が枯渇して雨が大量に降ると洪水になる。川の水が汚染すれば、植物性プランクトンが激減して、海藻も育たず漁獲も減少する。森が海の恋人といわれる所以《ゆえん》である。したがって縄文時代のむかしから人びとは森のなかにカミをみいだし、自然と共に生きる人間のありようを大切にしてきた。

天平五年（七三三）の二月にまとめられた『出雲国風土記』（秋鹿《あいか》郡女心高野の条）には、先に指摘したように「上のほとりに樹林あり、此則ち神社なり」と記し、『万葉集』のなかでも、神社や社の字が「モリ」とよまれているのも、古代日本の人びとの森に対する信仰を物語る。

昭和十年（一九三五）の暮になくなった、すぐれた物理学者寺田寅彦の遺言ともいうべき論文「日本人の自然観」は、前に紹介したとおり西欧の科学は自然を克服しようとする努力のなかで発達したが、日本の科学は自然に順応するための経験的な知識を蓄積することで形成されたと指摘した。自然の破壊や地球の汚染がいちじるしく進行したいまの世に、鎮守の森をはじめとする森と共に生きてきた文明あるいは森を生かす文明のありようがあらためて注目されている。

平成十四年（二〇〇二）の五月二十六日に、賀茂御祖（下鴨）神社の糺《ただす》の森研修道場を会場として創立された社叢学会は鎮守の森ばかりでなく、寺院の森・沖縄のウタキの森などを総合的・学際的に調査研究し、その保存・拡充・創出をはかることを目的にしているが、同年の十月二十八日には、内閣府によるＮＰＯ法人の認証をうけ、会員もすでに五百名を突破して、本年の五月二十四日・二十五日に東京の國學院大学で第二回の総会と研究大会を開催した。

その研究発表のなかに、東京都世田谷区・桜井市・大津市・亀岡市・吹田市の社寺林の調査報告があったが、多数の市民が参加しての調査の成果には、「森に生きる文明」再発見の息吹が宿っていた。

（二〇〇三・六・八）

鎮守の森は甦る

新世紀を迎えて二年目に入った。新しい世紀への期待も空《むな》しく、二十世紀の矛盾はより深刻に展開している。環境の問題も例外ではない。

自然の破壊と地球の汚染がいちじるしく進行した時代が二十世紀であった。このままでは人類はやがて滅亡する。その危機意識がたかまって、一九七〇年代から人類全体が自然をいかに守り、環境をどのように保全するかが未来とかかわって真剣に論議されるようになった。

一九七二年にスウェーデンのストックホルムで開催された国連の人間環境会議をはじめとする動きはその反映であり、アメリカの脱退で紛糾した、一九九七年十二月の京都会議採択の「京都議定書」も、「気候変動枠組み条約（地球温暖化防止条約）」の具体化をめざしての努力のみのりであった。自然の保護と地球汚染の防止は、二十一世紀における人類の緊急の課題になっている。

ここであらためて浮かびあがってくるのが、日本の歴史と文化の基層につながって生きてきた鎮守の森のありようである。前述したように『万葉集』では「社」や「神社」を〝もり〟とよみ、『出雲国風土記』の秋鹿《あいか》郡女心《めごころ》高野の条では「上のほとりに樹林あり、此則《これすなわ》ち神社なり」と記している。先人たちは聖なる樹林を神が鎮《しず》まり守る森としてあがめ、自然と調和してくらしをいとなむことの大切さを経験的に積みあげてきた。そしてオソレとツツシミのなかで鎮守の森を守り生かしてきた。

したがって鎮守の森には多くの動植物が棲息《せいそく》し、マツリと芸能がくりひろげられ、人びとの寄合と自治の場になった。「聖域なき構造改革」という言葉が流行しているが、いうところの道路公団の改変や特殊法人の解体などは俗域であって、これらを「聖域」とよぶのは、日本語の乱用といってよい。宗教家がこれに賛意を表している論説に驚く。

自然に順応し、自然と調和し、自然と共生する人間にとって聖域は必要であった。その象徴が鎮守の森であったといっても過言ではない。明治三十四年（一九〇一）からはじまった強引な神社合併に南方熊楠が敢然と反対運動にたちあがったのも、いわれあってのことであった。

開発の嵐《あらし》のなかで辛うじて生き残った鎮守の森もあるが、鎮守の森の歴史と伝統をあらたな見地から学際的・総合的に検討して、その保存と活用に寄与することは、新世紀の課題につながって有意義である。

平成十四年（二〇〇二）五月二十六日の午前十時から、賀茂御祖（下鴨）神社で社叢学会の創立総会と研究大会が開催される。学会の設立を発起したひとりとして、その今後の活躍に大きな期待を寄せている。鎮守の森学会の方がわかりやすいとの意見もあるが、聖なる森はヤマトばかりではない。比較の視座も忘れてはならない。

（二〇〇二・二・三）

海は森の恋人

天候の異変がつづいて、世界の各地で洪水が起こっている。その主な原因のひとつに、乱開発による川の流域や上流地域での森林の抜採がある。森が消滅して山が荒れれば、川が荒れる。川が荒れれば海もまた荒れる。

森に蓄えられたミネラル分が植物プランクトンをはぐくみ、川によって海へ運ばれたそのプランクトンは、海藻や魚類・貝類の食べものになる。森が枯れれば、植物プランクトンが減少し、魚類・貝類や海藻が育たなくなる。緑豊かな森が結果として豊饒《ほうじょう》の海をつくることを実感してきた漁民の人びとが、「森は海の恋人」とよんでいるのもけっして偶然ではない。

まわりを海で囲まれている日本列島は文字どおりの島国だが、その国土の約四分の三は山地である。そしてその多くに森林が繁茂する。日本の歴史と文化は、海と山そして海と山との間の盆地や平野のなかで創造されてきた。日本文化のすべてが稲作をベースとして発展してきたかに説く稲作一元論はあやまりといわねばならぬ。なぜなら漁民の文化も山民の文化も、日本文化の伝統の構築に寄与してきたからである。

自然の破壊・地球の汚染やその温暖化が危機的状況をつくりだしているなかで、あらためて「森の文明」のありようが見直されつつある。森林そのものが文明ではなく、森を活《い》かす文明のありようが問われている。

先に記したように、平成十四年（二〇〇二）の五月二十六日に、京都の賀茂御祖神社糺《ただす》の森研修道場に、内外の有志が相集い、「鎮守の森を始めとする社寺林、塚の木立《こだち》、ウタキ等」について、それらの保存と活用をめざす社叢《しゃそう》学会が創立されたのも、そうした現代的課題と研究者みずからが総合的・学際的にとりくむためであった。

去る三月二十五日に開幕して、九月二十五日までつづく愛・地球博は、「自然の叡知」をテーマとし、自然と人間の共生に学ぶその趣旨は、社叢学会の設立目的と共通するところが多く、出展実行委員会（薗田稔委員長）を結成して、「天空鎮守の森」と「千年の森」を造成した。

高さ二十五メートルのシンボル・タワーの頂上には、クスノキ・シラカシ・サトザクラ・スギ・ヤブツバキなどの「天空鎮守の森」を、長久手会場の東ゲートを入った左手には、丘陵の尾根に沿った約二千平方メートルの「千年の森」をつくった。

そして六月四日、愛・地球博と関連して一宮市の真清田《ますみだ》神社参集殿で、シンポジウム「森と水といのち」を開催した。その基調講演を担当していただいたのは、かつてパリで討論したことのあるフランス国立社会科学高等研究院のオギュスタン・ベルク教授であった。「鎮守の森を文化財としての保存だけではなく、持続可能な生活様式として活用する必要性」を強調されたのが印象的であった。山の森・海藻の森ばかりでなく、人びとの心の森をはぐくむことが肝要である。

（二〇〇五・七・九）

関西の輝き

「関西がいちばん、20世紀そして21世紀へ」をテーマとするシンポジウムが、平成十一年（一九九九）の十一月十三日、朝日放送ＡＢＣホールで開催された。「関西がいちばん」という主題じたいが、いまの関西が「いちばん」ではないから、「いちばん」であってほしいという願望を秘めてのこころみであったにちがいない。

基調講演を内橋克人さんと私が担当し、山本信孝三和総合研究所社長・上村多恵子京南倉庫社長が討論に参加された。村田晴夫桃山学院大学教授の司会で、関西の過去と現在、さらに新世紀に向かって課題の論議となった。定員は五百名であったが、多数の応募があって、会場は熱気あふれる満席の盛況となった。

基調講演のなかでも言及したが、関西をどの範囲でうけとめるかがまず問題となる。多くの人びとは関西イコール近畿と認識しているようだが、関西の原義は古代の三関（越前の愛発《あらち》関・美濃の不破関・伊勢の鈴鹿関）の西を意味していた。史料にみえる関東の初見は、『続日本紀』の天平十二年（七四〇）十月の条で、この場合は鈴鹿関の東を指す。以後関東の用例は、しばしばみられるが、関西の確実な史料は、『吾妻鏡』の治承四年（一一八〇）十月の条からであり、建仁三年（一二〇三）八月の条には「関西三十八ケ国」と述べる。その地域はひろく西日本におよぶ。

古代以来、畿内・近国の用語はあっても、近畿という言葉が使われるようになるのは、明治三十六年

（一九〇三）のころからであった。近畿は二十世紀に入っての用語であったといえよう。西日本全域を視野におさめての関西論と、近畿ましてや京阪神を念頭においての狭義の関西論とではスケールがちがってくる。

会場からの質問にあったとおり、通俗のせまい関西論では、日本海とのつながりは欠落する。慶応四年（一八六八）の九月、慶応が明治に改元され、江戸城が東京城となってから、関西はおおむね凋落のコースを歩んできた。もっとも多くの先人が明治から昭和にかけて、さまざまな英知と工夫を積み重ねて、関西の復権に努力された成果もあったが、今世紀の後半、関西がしだいに輝きを失ってきたことを率直に自覚すべきではないか。

かつての民主導であった関西が官主導となり、関西復権が官に依存する巨大プロジェクトの誘致と、そのハコモノづくりを主流とする風潮にまどわされてきた。文明がかたちであるとすれば、文化はこころといいうるかもしれない。こころなきかたちは空洞化する。関西の独自性とアジア・太平洋につながる関西の歴史と文化を再発見し、関西のエゴイズムではなく、ローカルでしかもグローバルな、関東への対抗軸を構築すべきではないか。誤れる関西と上方の都市の記憶をあらためて問いただし、新世紀が関西の輝く時代であることをめざしたい。

（一九九九・一一・二一）

関西は一つか

明治元年（一八六八）の十月、江戸城が東京城と改称され、遷都の詔《みことのり》はだされないままに、東京城が皇居となった。そして事実上の日本の首都は東京となって現在におよぶ。東京を中心とするいわゆる関東の発展に対比して、上方《かみがた》を中心とするいわゆる関西が衰微したことはたしかであった。

そこで関西の先人たちは、英知を結集し、さまざまな工夫と努力を積み重ねて、関西復権のこころみを展開してきた。たとえば京都における平安遷都千百年の記念事業なども、その具体化のひとつであった。そして今、一極集中の弊害を克服し、地方分権のあらたなありようが模索されている。

去る二月二十二日、東京の経団連ホールで「関西の歴史と文化を考える」シンポジウムが開催された。招かれてその報告と討論に参加したが、あらためて実感したのは、「関西」をどのように認識するかという基本的な考え方の差異であった。多くの人びとは関西イコール近畿とうけとめているが、二府五県の地域を示す近畿の用語が使われるようになるのは、先に指摘したとおり明治三十六年（一九〇三）のころからであって、それ以前には畿内および近国の用語はあっても、近畿という用語はなかった。

関西という地域呼称が史料に登場するのは、『吾妻鏡』の治承四年（一一八〇）十月の条からであり、そして同書の建仁三年（一二〇三）八月の条には「関西三十八カ国」と記す。この場合の関西は近畿よりはかなり広く越前（福井県）の愛発《あらち》の関・美濃（岐阜県）の不破《ふわ》の関・伊勢（三重県）の鈴鹿の関以西の西日本を意味していた。

関西の復権を近畿の範囲で主張するのと、西日本全域を視野におさめて提唱するのとでは、そのスケールが異なってくる。関西の歴史と文化の大きな特色のひとつは、アジア・太平洋の文化とのつながりを一貫して保有してきたところにある。瀬戸内海・太平洋との史脈ばかりではない。日本海を媒体とする東北アジアとの海上の道も大きな役割をになってきた。

日本海沿岸の地域を「裏日本」とよぶようになるのは、前に述べたとおり明治二十八年（一八九五）のころからであり、明治三十三年のころから地域格差を含む偏見をともなって「裏日本」が使用されるようになったことは、すでに指摘されている。いわゆる表日本重視の立場のみからでなく、日本海沿岸地域を内包しての関西復権論を構築してゆく必要がある。

関西イコール近畿という認識にもとづいての「関西は一つ」という安易な提言に、ただちにくみすることはできない。関西の歴史と文化には、たとえば京都・大阪・奈良・神戸・姫路など、それぞれに豊かな独自性と地域性がある。西日本全域のなかでの近畿の役割をみきわめて、個性ある地域連合としての関西復権をめざすべきではないか。そのなかに上方の歴史と文化の伝統が輝く。


（一九九九・三・二一）

関西と西国

関西の活性化が叫ばれ、関西の文化力が問われているが、関西という地域名がいつごろどのようにして成立してくるのか。西国三十三カ所の観音霊場めぐりは、いまもなおさかんだが、西国という地域名称はいつごろから使われるようになり、三十三番札所の順番はどのようにしてきまったのか。

そのいわれについてはかねてから私なりに考えてきたが、最近関東や東国が、都のあった平城京（奈良）や平安京（京都）を中心に使われるようになったのに対して、関西や西国は、関東を基盤とする幕府のあった鎌倉などの側からまず呼称されるようになったと思えるようになってきた。

関東という用語がもっとも早く史料にみえるのは、天平十二年（七四〇）十月二十六日の条（『続日本紀』）である。そしてその関東は具体的には伊勢の鈴鹿の関の東方を意味していた。東国という地域呼称は、和銅五年（七一二）に成書化した『古事記』や養老四年（七二〇）に完成した『日本書紀』にみえ、『日本書紀』ではたとえば壬申の乱（六七二年）のおりに大海人皇子（天武天皇）らが「東国に入りたまふ」などと記している。

ところが「関西」や「西国」という地域名は、管見の限りでは奈良時代までの史料にはみえず、関西は治承四年（一一八〇）十月二十一日の条（『吾妻鏡』）が古い。

『日本書紀』には西洲《にしのくに》という用例はあっても西国はなく、『続日本紀』にも西海などはあっても西国はみえない。平安時代になると九州を鎮西などとよぶ例もあるが、たとえば鎌倉幕府の貞永元年（一二三二）閏《うるう》九月一日の法令に「畿内近国并《なら》びに西国」などとやはり鎌倉時代になってからの用例が多くなる。

古代の関東は主として伊勢の鈴鹿の関、美濃の不破《ふわ》の関、越前の愛発《あらち》の関のいわゆる三関の東を指す。もっとも時代が降ると今日の関東のようにその地域の内容が異なってくるが、中世の関西は、今日のような関西イコール近畿ではなく、「関西三十八ケ国」と記すごとく近畿よりは広い西日本を意味した。西国も、西国すなわち近畿ではなく、そのはじめは西日本を意味していた。

関西や西国が東日本の側からよばれた地域名であったこと、本来の関西がイコール近畿でなかったことをあらためて考えると、近代以後も東京中心に関西や西国が推移してきた歩みや、関西を近畿に限定してその活性化や文化力を論じてきたありようを、さらに広い視野からみきわめる必要を痛感する。そもそも近畿という地域名じたいが前述したように新しく、明治三十六年（一九〇三）のころから普及したといわれている。

三十三カ所霊場の巡礼は平安時代後期の白河天皇のころから流行するが、近世になると第一番紀伊青岸渡寺を南限として、時計回りに第二十七番播磨円教寺を西限、第二十八番丹後成相寺を北限、そして第三十三番美濃華厳寺を東限とする順番が定着する。これも東方からの札所めぐりのかたちをとった。関東・東国の不動明王信仰に対する関西・西国の観音信仰、その独自性も再発見すべきではないか。

（二〇〇五・五・二八）

APECと関西の復権

関西の復権・関西の活性化が、異口同音に主張されるようになってから、かなりの歳月を経た。そしてそのための基盤の整備が、行政・経済・文化をはじめとする各分野で進められている。しかし政治の混迷・経済の不況、加うるに阪神・淡路大震災による甚大な被害のなかで、多くの人びとは自己中心・保全第一のマイナス思考になりがちである。

不安と危機をいたずらに嘆息していても、そこからは何ものも生まれない。マイナス思考をプラス思考に転化していく必要がある。

世界の首脳級が集う大規模な国際会議をぜひ関西に誘致しようとする運動は、一九八〇年代にはじまる。たとえば一九八六年の主要国の首脳会議（サミット）の京都での開催要望などは、その代表的な動きであった。

東京中心の一極集中是正についても、総論賛成、各論反対という傾向がいまもなお根強い。それは一九九〇年の一月から約三年半ばかりの間、国土庁（現・国土交通省）の首都機能移転問題に関する懇談会のメンバーとして参加したおりにも痛感した。実際に首脳級の国際会議の関西開催すらがなかなかに実現しなかった。

十一月十三日からのAPECの高級事務レベルの打ち合わせ、十五日の開幕とつづいたAPECの大阪開催は、これまでの経過にかんがみても、画期的な試みであることがわかる。厳重な警備と交通規制で、大阪人の間では苦情や不満があいついでいるという。たしかにＡＰＥＣでひと儲《もう》けなどをたくらんでいた方々の思惑ははずれたかもしれない。こんなはずではなかったと落胆した人びともかなりある。

東京の友人が、こうした噂《うわさ》を聞いて、だから関西では首脳級の国際会議は無理だと短絡的に批評した。だがそのような中傷はあたらない。この種の大規模な首脳級会議が東京以外で開催されるのは、今回が初めてであり、東京でも最初のころは同じような苦情や不満を耳にした。

事前の広報も不充分であった。警備や交通規制のポスターやビラのたぐいが多く、肝心のＡＰＥＣ大阪開催の意義と内容の紹介はきわめて少なかった。いまもし大阪会合が関西側の責任で失敗に終われば、首脳級国際会議の関西における今後の開催じたいが危ぶまれる。その成功が首脳級関西国際会議を一過性にしない第一歩となる。

伊達《だて》や酔狂のＡＰＥＣ大阪開催ではないはずである。大阪開催は大阪人のみの問題ではない。関西の本来の意味は、『あらろーあ』（創刊号、21世紀の関西を考える会）ほかでも指摘しておいたように、三関（越前の愛発関・美濃の不破関・伊勢の鈴鹿関）の西を指し、西日本にまたがる範囲を含んでいた。古代以来、アジア・太平洋と密接なつながりをもった地域が関西であった。

ＡＰＥＣ大阪開催を他人事とみなすような人びとに、関西復権を論ずる資格はないのではないか。ＡＰＥＣ大阪誘致の成功をプラス思考への大きなはずみにしたい。

（一九九五・一一・一九）

南方熊楠没後七十年

東日本大震災のなかで、あらためて想起した二人の先学がある。ひとりは昭和十年（一九三五）十二月になくなった傑出した物理学者の寺田寅彦であり、他のひとりは昭和十六年の十二月にこの世を去ったすぐれた生物学者・民俗学者の南方熊楠であった。

寺田は最晩年の論文「日本人の自然観」のなかで、先にも言及したように、ヨーロッパの学問は自然と対決して発展してきたが、日本の学問は自然と調和する知恵とその体験を蓄積して発展してきたと述べた。戦後の日本の学問は自然と対決し、自然を克服することをめざす科学万能の道を邁進《まいしん》してきた。

南方は自然を畏敬し、自然と共生することがいかに大事であるかを熟知していたがゆえに、明治三十四年（一九〇一）からはじまる明治政府の神社合併に敢然と反対して、聖なる樹林の保全のために孤軍奮闘した。明治政府による無謀な神社合併が明治三十九年からはじまったとする通説はあやまりで、和歌山県では明治三十四年、三重県では三十六年のころから実際に神社合併が実施されていた。

南方熊楠は明治四十五年の『日本及日本人』（四～六月号）に「神社合併反対意見」を発表して、鎮守の森がいかに「人民融和」の場であり、「自治機関の運用」にとって不可欠であるかを見事に指摘した。貴重な動物や植物が生息し、古くからの伝承や民俗芸能をはぐくんできた鎮守の森は、熊楠にとっての「勝景史跡」であった。

南方熊楠を筆頭とする有識者の努力によって、大正七年（一九一八）の三月、ついに衆議院は「神社合併無益」の決議を採択した。しかしその間に十九万ばかりあった神社が約十一万に減少したこともみのがせない。

エコロジー運動の先覚者であり実践者であった南方熊楠が黄泉路《よみじ》へ旅立ってから本年（二〇一一）で七十年になる。そこでフロンティアエイジ「探検塾」が、去る六月四日、エル・おおさか（大阪市中央区）で、没後七十年を記念する講演会を開催した。招かれて「南方熊楠の学問と思想」をテーマに出講したが、地元の和歌山市・田辺市をはじめ各地から多くの方々が相集って、会場は満席となった。

若き日にアメリカ・キューバ・イギリスに渡って独力で学び、明治三十三年（一九〇〇）に帰国したが、翌年の二月にはロンドンで親しくなった中国革命の父孫文が熊楠宅を訪問して懇談している。帰国した熊楠は、紀州熊野の森をフィールドにして、地球規模のグローバルでしかもローカルな、私どものいうまさにグローカルな生物学と民俗学を構築した。

鶴見和子さん・神坂次郎さんらと共に南方熊楠賞の選考委員となり、初代の委員長をつとめた後、第十回の南方熊楠賞を日高敏隆さんとならんで受賞した日を懐かしく想起する。南方熊楠は自然と人間の共生《ともう》みをめざした巨人であった。

（二〇一一・六・一一）

先師の学恩

四月は入学シーズンである。それぞれの思いを抱いて、大学などに入学した人びとの新たな人生へのスタートを祝福したい。ところで今は昔、私どもが進学をめざしたころと、現在のありようとでは、かなりおもむきが異なっていることを痛感する。

私などはまず何を学びたいか。どの大学がその目的にふさわしいか。どんな先生が講義を担当されているか。それを入学案内や先輩などにたしかめて受験した。政治的経済的環境がすっかり変わっている今日と比較するのは、あまり意味がないかもしれない。旧制の大学と新制の大学とではその内容に違いもある。しかし尊敬する先生に学ぶ喜びは、今も昔も変わらないはずである。

就職に有利な大学、有名な大学であれば、学部はどこでもかまわないとする風潮が、支配的だという話を、高校の先生から聞いてがっかりしたことがある。

平成二十四年（二〇一二）の十二月、新潮社学芸出版部の依頼で、六十二年の研究史の集成ともいうべき『私の日本古代史』（上・下）を出版したが、私が歴史学を学びたいと思ったのは、当時発売禁止になっていた津田左右吉博士の『古事記及び日本書紀の新研究』（岩波書店）を中学二年生の時に、わけもわからずに読んだおりからである。おぼろげながらに「学問とはこういうものか」と実感した。

そして折口信夫先生を慕って、昭和十九年（一九四四）四月に、國學院大学専門部へ入学し、三年間先生の講義を受講した。『私の日本古代史』でも、折口学の影響が私の学問にいかに大きかったかを、かなり詳しく述べたが、さらに西田直二郎先生の西田文化史学にあこがれて、京都帝国大学文学部に進んだ。西田先生はもとより三品彰英先生の朝鮮史、梅原末治先生の考古学、柴田實先生の文化史学と民俗学などを熱心に受講した。

三品先生の講義では、同級の井上秀雄君（後に東北大学教授）と並んで聴講していたので、口の悪い学友からは「三品の狛犬《こまいぬ》」と呼ばれたりもした。わずか二千字たらずの「魏志倭人伝（正しくは『魏書』東夷伝倭人の条）を一年間演習で学んだことも大きかった。

今の私の学問が、いかに折口学・西田文化史学をはじめとする恩師の学恩にもとづくところが多いかを、『私の日本古代史』をまとめながらしみじみと回想した。

イタリアの歴史学者・哲学者であり、政治家であったベネデット・クローチェは、一八六六年に生まれて一九五二年に亡くなったが、その著『歴史叙述の理論及び歴史』のなかで、つぎのように述べている。「歴史とは生きた歴史であり、年代記録とは死んだ歴史である。歴史とは現在的歴史であり、記録とは過去の歴史である」と。私が古代史を勉強してきたのは、今を生きる現代から古代をかえりみるためであり、過去に学んで現在をよりよくみきわめ、正確に未来を展望するためであった。

（二〇一三・四・一三）

折口父子の墓

石川県の羽咋《はくい》市寺家《じけ》町に鎮座する能登一の宮の気多《けた》大社をはじめとする能登の古社、そして越前一の宮の気比《けひ》神宮や二の宮の劔《つるぎ》神社などの古社を、久しぶりに探訪した。たちばなの会の臨地講演の旅がそれである。

かつて渚《なぎさ》の正倉院とよんだことのある気多大社の南の寺家遺跡のあたりには、工場などが立ちならんで、発掘調査のころの面影はほとんどない。七世紀から十世紀にかけての砂丘祭祀《さいし》を偲ぶよすがも、すっかりと消え去っていた。天平二十年（七四八）に大伴家持が気多の神に参詣《さんけい》した羽咋の海の景観も色あせてしまった。遺跡の保存と活用の必要性をあらためて痛感した。

劔神社や常宮《じょうぐう》神社の国宝梵鐘《ぼんしょう》、西福寺の重要文化財神咒《しんじゅ》経などを、つぶさに再見できたのも有意義であったが、私がこのたびのツアーに参加したのは、私なりのひそかな願いがあった。その旅程のなかに、折口父子の墓が加えられていたからである。

三十年ばかり前に、気多大社の近くのその墓地に詣でた。そのおりの印象は強烈であった。海から三・四百メートルの小高い砂丘にある折口信夫と養子春洋《はるみ》の墓は、松におおわれて、その墓碑の〝もっとも苦しきたたかひに最くるしみ死にたるむかしの陸軍中尉　折口春洋　ならびにその父　折口信夫の墓〟にふさわしいたたずまいであった。歳月の過ぎた今日では松林も枯れ、墓も入りみだれてわびしさがただよっていた。

國學院大学の予科生藤井春洋が、折口宅に同居するようになったのは、昭和三年（一九二八）の十月である。折口先生の春洋さんへの信頼は、昭和十年の第三回の沖縄調査に春洋を同伴しているのをみてもわかる。のちに國學院大學の予科教授となるが、昭和十八年の九月に二度目の召集を受けて、翌年の七月には硫黄島に配属。折口信夫が柳田国男と鈴木金太郎を保証人に、春洋を養子として入籍したのもそのころであった。そしてついに昭和二十年十一月、玉砕戦死の公報が届く。

〝わが為は墓もつくらじ〟と歌った折口博士が、気多大社の社家である藤井家の墓地に父子の墓をいとなんだのは、昭和二十四年の七月であった。岡野弘彦さんの名著『折口信夫伝』のなかで、晩年の折口の苦しみは、わが子春洋をはじめとする悲惨な戦死者たちの心の鎮めをどう計《はか》るか、自立した宗教体験のなかったこの国のいのちをどう生かすか、その焦慮《しょうりょ》にあったと指摘する。

昭和二十八年の九月三日、享年六十六歳で黄泉路《よみ》へ旅立った折口師の悲しみと苦しみを追想する。そして歌集『共生』を出版することになったいきさつを墓前に報告した。もっともくるしき戦いに、最もくるしみ死にたる人たちの鎮魂は、現在もなお未完である。この国のいのちの未来も楽観はできない。父子の墓のなげきが聞こえる。

（二〇〇一・六・一七）

第3章

京都の歴史と文化

都市の記憶

平成八年（一九九六）の一月十七日は、阪神淡路大震災が勃発《ぼっぱつ》してからの丸一年。まさに恐怖と無念の「あの日」「あの時」であった。犠牲者六千三百八人、負傷者約四万三千人（兵庫県発表）、住居や仕事を奪われた街と人の深い傷あとは今もなお癒《いや》されてはいない。被災の各地では、鎮魂の祈りと復興をめざすさまざまな集いや行事が実施された。

マスコミの報道もこの大地震に集中したが、テレビの取材のなかで、仮設住宅に住む高齢の被災者が「来年、再来年と時がたてば、被災者の苦しみは忘れられてしまうのではないか」と将来への不安を訴えられていたのがこころにひびいた。

京都・滋賀の知事をまじえての『京都新聞』の「新春座談会」（一九九六年一月九日掲載）でも若干言及したところだが、素朴で主観的な都市の記憶や地域の記憶は、歳月が経過するにつれて変貌《へんぼう》しがちである。たとえば平安京・京都にかんする都市の記憶にも、すこぶるあいまいなところがあって、平安京の内実が実際には非平安であり、京都がたびたびの戦火をあびた戦災の都であったことは、すっかり忘却されている。

治承・壽永の内乱、応仁・文明の大乱、禁門の変（蛤御門の変）などをはじめとする兵火によって、京都は多大の被害をうけた。そして天明の大火などの火災や疫病・飢饉《ききん》・洪水もあいついだ。そうした災禍を克服し、不死鳥のようによみがえって、京都のあらたな都づくりがつづけられてきたのである。
平安時代前期のころの平安京の人口は十二万人前後と推定されているが、応仁・文明の大乱のあと、十六世紀のころの人口は上京・下京をあわせて五～六万人が最大数であったという。遷都千百年を迎えた明治のそのころの京都市の人口は約三十万ばかりであり、人口が五十万人を突破したのは大正に入ってからであった。

都市の記憶には願望や期待が加わる。平安京という首都名のイメージが、その記憶を増幅し拡大してゆく。都市の記憶や地域の記憶を内省的にかつ実証的にあらためて問いただす必要があろう。京都はたんなる古都ではなかった。京都の歴史や文化をいわゆる王朝の文化のみに短絡させて論じるわけにはいかない。

このたびの大地震を、気象庁は当初兵庫県南部大地震と発表したが、平成七年の二月十四日、政府は阪神淡路大震災と命名した。震源地に近い北淡町などの被害もはなはだしい。それなのにほとんどの報道は、阪神大震災と称して、淡路島の被災と復興ぶりなどはあまりとりあげなかった。

阪神淡路大震災の被災の現実を正確に調査し、これを公に記録しておくことを怠ってはなるまい。すでにして淡路の被災が都市の記憶から希薄化しつつある。仮設住宅に住む高齢の被災者が「来年、再来年と時がたてば、被災者の苦しみは忘れられてしまうのではないか」と嘆かれるその不安は、けっしてよそごとではない。正確な都市と地域の記憶は、都市と地域の未来に向かっての新興（あえて復興とはいわない）に寄与するはずである。

（一九九六・一・二八）

平安時代の再発見

二十一世紀に入って早くも九年目を迎えたが、戦争の世紀であったといってもよい二十世紀への反省は活《い》かされずに、いまもなお世界の各地で、みにくい戦争が続発している。

戦争がなぜ起きるのか。平和を構築するためには、戦争の研究をなおざりにすることはできないが、平和がなぜつづいたのか。平和であった時代の考察もさらに進める必要がある。

徳川三百年（実際は二百六十四年）は、平和の時代であったといわれがちだが、その内実は必ずしもそうではない。徳川家康が征夷大将軍となって開幕したのが慶長八年（一六〇三）である。その後に大坂冬の陣があり夏の陣が起こる。元和偃武《げんなえんぶ》とはいうけれども、寛永十四年（一六三七）には島原の乱が勃発する。総勢三万七千という反乱軍を十二万余の軍勢で鎮圧した大事変であった。天保八年（一八三七）の大塩平八郎の乱、元治元年（一八六四）の禁門の変など、戦乱はあいついでいる。

それに対して、延暦十三年（七九四）の十一月八日、都は平安京と命名され、「平安楽土」を願って展開された平安時代は、江戸時代よりもはるかに平安の時代であった。もっとも保元の乱（一一五六年）以後の京都の実相は、非平安だが、それまでの間にいくつかの政変はあっても、大規模な戦争はなかった。十世紀前半の承平・天慶の乱を軽視するわけにはいかないが、平将門や藤原純友らの武力蜂起は挫折した。

昨年（二〇〇八）は源氏物語千年紀と、さまざまな講演やシンポジウムがあったが、平安時代が日本の各時代のなかで、もっとも平安の時代であったことが再発見されなかったのは残念であった。私が千年紀の終わりに近い十一月二十日のシンポジウム「時代祭と平安時代」の基調講演で、あえて平安時代がいかに平安の世紀であったかを、あえて強調したのもそのためである。

平安建都千二百年事業のひとつとして創設された、文部省（現・文部科学省）認可の研究財団・世界人権問題研究センターが創立されてから、本年は十五周年となる。専任・客員・嘱託の研究員九十四名が、五部門に分かれて研究にいそしんでいるが、なぜ京都に国際的な人権問題の研究機関ができたかといえば、大正十一年（一九二二）の三月三日、京都岡崎の公会堂で全国水平社が結成され、日本の人権宣言といってよい、全国水平社創立宣言が内外に発表されたばかりでなく、平安京以来、京都は人権と深いゆかりをもってきた都市だからである。

大同五年（八一〇）の藤原薬子の変のおり、兄の仲成は死罪と定まったが、「死する者は再びかへらず、遠流《おんる》無期の罪は死罪に同じ」として遠流となった。この「大同の例」は、保元の乱で平忠正・源為義が死罪となる日まで、守りつづけられた。実に三百四十六年の間、死刑の執行がされなかった、人類史上の稀《け》有《う》の都が平安京であった。その深いえにしをかみしめたい。

（二〇〇九・二・二一）

保存と活用

平城京から長岡京へ遷都が断行されたのは、延暦三年（七八四）の十一月十一日であった。そしてわずか十年後の、延暦十三年の十月二十二日に都は平安京へと遷《うつ》った。そのために長岡京は過渡期の仮の都であったと呼ばれたり、極端な見方ではまぼろしの都であったといわれたりした。

しかし丹念に長岡京を調べていた中山修一さんは、昭和二十九年（一九五四）の暮れのころから発掘調査にとりくんだ。その執念は翌年の早々に、朝堂院の南門にあたる会昌門を検出した。その後本格的な調査が積み重ねられ、長岡京が正式の宮都として造営されていたことが明らかとなる。

その間の発掘は緻密《ちみつ》に実施されて、条坊制のありようはもとよりのこと、官衙《かんが》（役所）遺構のほか大極殿と後殿、大極殿院と朝堂院を区画づけた閤門《こうもん》、朝賀のおりに四神旗などを立てた宝幢《ほうどう》遺構、さらに東院などの存在も明らかになった。

さきごろその長岡京発掘五十年を記念するフォーラムが長岡京市立中央公民館で実施されたが、その記念講演に招かれて、あらためて実感したのは保存と活用の問題である。長岡京跡でも重要な遺跡の保存をめぐっての難問が続出したが、なんのための発掘調査であったかは、開発の嵐のなかで貴重な遺跡の存在が明らかとなり、遺跡の多くが守られた例をみてもわかる。

発掘調査によって正確な史実と対応させて浮かびあがらせるばかりでなく、その貴重な遺物や遺跡を現在と未来に活用することが肝要である。昭和四十七年（一九七二）の三月、奈良県明日香村で検出された高松塚壁画古墳は、三十二年間非公開で保存の処置がとられてきたが、白いカビが発生し、青竜・白虎や女性像などの劣化が進んでいることが明らかとなった。

キトラ古墳では断腸の思いで細心の注意のもと、青竜・白虎、西壁の戌《いぬ》（十二支図）などがはぎとられた。なんのための非公開保存であったのか、情報公開の遅れが多くの人びとによって指摘されている。

遺物や遺跡はなるべく現地で公開して保存し、町づくりや村づくりのために活《い》かす工夫がいる。それはそれぞれの地域の生涯学習の場となり、文化財を活かした活力保養の場ともなる。貴重な文化遺産を中央に集中することは、文化財の中央集権化にほかならない。

保存と放置とは全く異なる。保存のためにはそれなりの費用もいれば人材も施設も不可欠となる。保存の名のもとに放置されている貴重な文化財は全国にかなりある。

とかく保存か開発かが問題となるが、保存で開発という発想もいる。多彩な縄文遺跡青森県の三内丸山、弥生の注目すべき環濠集落佐賀県の吉野ケ里、銅剣三百五十八本が出土した島根県斐川町の神庭《かんば》荒神谷遺跡などはその好例である。かけがえのない遺物や遺跡は当該地域の宝物であるといってよい。

（二〇〇四・一二・五）

恭仁京と天平文化

京都府埋蔵文化財調査研究センターは、本年（二〇一〇）めでたく設立三十年を迎えた。京都府内の埋蔵文化財の調査と研究・保存と活用ばかりでなく、先人の残した文化財にたいする啓発と育成にも努力してきた。その記念シンポジウムは平城遷都千三百年にちなんで、「天平浪漫紀行・京都」として、去る九月四日に向日市民会館ホールで開催した。

猛暑のなか多数の府・市民が参加されたが、その記念講演で私が強調したのは、天平文化における恭仁《くに》京《きょう》の存在とその意義についてであった。天平文化の首都が、京都府南部の木津川市加茂町に実在したことは、平城京のかげとなって、あまり知られていない。

しばしば奈良時代七代七十四年といわれるが、奈良時代最後の天皇は桓武天皇であり、延暦三年（七八四）十一月に長岡京、ついで延暦十三年十月に平安京へ遷都する以前は奈良の都のみかどであった。正確には奈良時代は八代で、桓武帝が三都の天皇であったことを忘れてはならぬ。

それればかりではない。聖武天皇が天平十二年（七四〇）の十二月十五日恭仁京に行幸《ぎょうこう》、都づくりが本格化して、翌年の九月十二日には、鹿背《かせ》（賀世）山西道より東を左京、西を右京とし、天平十五年の五月五日には、恭仁宮の内裏で、皇太子（阿倍内親王、後の孝謙女帝）が五節《ごせち》の舞を群臣の前で舞っている。

武家の世となってから五月五日は男子の節供《せっく》となったが、もともとは田の神をまつる女の日であった。

民俗のなかにも「女の天下」「女の屋根」「女の家」などの名残をのこす。近松門左衛門の「女殺油地獄」に「五月五日は女の天下」のせりふがみえるのも偶然ではない。孝謙天皇（重祚《ちょうそ》して称徳天皇）登場の舞台は、まぎれもなく恭仁京であった。

そして国家的土地所有の原則は「墾田永年私財法」の施行によって大きく変貌《へんぼう》し、初期荘園が具体化してゆくが、その詔がだされたのは恭仁京であり、天平文化を象徴する大仏建立の詔がだされたのも恭仁京であった。

天平十六年の二月二十六日には難波京《なにわきょう》が都となり、翌年の五月十一日に再び平城京への還幸《かんこう》となるが、天平文化をきわだたせる「永年私財法」や「大仏建立」の詔の発布された日本の首都が恭仁京であったことを、平城遷都千三百年の節目に、いま一度想起していただきたい。

平成十九年（二〇〇七）の十月からはじまった木津川市馬場南遺跡の発掘調査のなかで、翌年の六月、いわゆる万葉歌木簡が出土したが、奈良県明日香村石神遺跡の刻字の歌木簡、滋賀県甲賀市宮町遺跡の習書歌木簡と異なって、その出土状況は明確である。恭仁京遷都推進者の橘諸兄《たちばなのもろえ》の相楽別業とつながる神雄《かみお》寺《でら》で行われたと思われる歌会木簡、その可能性のある万葉歌木簡が、右京東南の鹿背山西道に面する馬場南遺跡でみつかったのも、それなりのいわれがある。

（二〇一〇・九・一八）

平安京の伝統と創生

平成十八年（二〇〇六）十月六日、京都市中京区の京都市生涯学習センター（京都市アスニー）に展示されていた平安京の歴史を学ぶ「平安京歴史ゾーン」が、新しく「平安京創生館」としてオープンした。

平成六年（一九九四）の建都千二百年のおりに、平安京の復元模型（千分の一）が制作されたが、スペースの関係もあって、その条坊制の範囲だけが、昨年の四月から展示されていた。しかし、これのみでは不充分《じゅう》である。展示場を拡充して鴨川・東山・北山の部分を追加し、その対象面積は約二倍となった。そして強飯《こわめし》や藻塩《もしお》などの平安時代の食べ物や土器・木製品・「皇朝《こうちょう》十二銭」をはじめとする関係発掘遺物も展示された。

開館二十五周年を記念しての「平安京創生館」のオープンであったが、かつて京都アスニーの建設構想委員会の委員長をつとめた私にとっては、感慨一入《ひとしお》のものがある。開館のおりには「洛中洛外図」（上杉家本）の陶板復原《ふくげん》で奥壁を飾り、昨年（二〇〇五）からは「北野天神縁起」最古の国宝本（承久本、北野神社所蔵）複製（部分）を展覧してきたが、このたびの「平安京創生館」のオープンによって、展示内容は一層充実した。京都の皆さんはもとより観光入洛の方々にとっても、有意義な施設となるにちがいない。

「平安京創生館」の開設にちなんで、シンポジウム「よみがえる――平安京のこころとかたち」が開催された。記念講演を私が担当し、パネリストとしては上横手雅敬京都大学名誉教授・井上満郎京都産業大学教授・長宗繁一考古資料館長が参加された。京都アスニーのホールは満席となり、別室でも多数の傍聴者が聴講される盛況となった。

井上教授は平安時代の前期を中心に、主として平安京の民衆の暮らしや都市問題の発生を論及され、上横手名誉教授は平安時代の後期、主として院政期の白川（洛東）・鳥羽（洛南）を中心とする発展と平安京の落日をあらたな視点から考察された。長宗館長は平安京の発掘調査の成果を前提に、「平安京創生館」での埋蔵文化財の展示内容を中心に報告された。

討論の時間は限られていたが、異口同音に、延暦十三年（七九四）十一月八日の詔に明記されている「平安京」の実相が、非平安の京であったにもかかわらず、首都としての機能を持ちつづけて、不死鳥のようにたえずよみがえった京都の歴史と文化を強調したシンポジウムとなった。

全国の国宝の約二〇パーセント・重要文化財の約一五パーセントが京都に集中し、しかも平安時代だけではなく、縄文時代から近・現代におよぶその全時代性、あるいは王朝貴族のみの雅びの文化にとどまらず、社寺・武家・町衆・被差別民衆を含む重厚な文化の重層性、さらに秦氏による開発や平安京の造営が東アジアの動向と深く関連し、鎌倉時代から現在に至るまで、海外からの文化を積極的に受容した国際性をあらためて認識する必要がある。京都は伝承のみやこではなく、伝統と創生の都市であった。

（二〇〇六・一〇・二一）

平安文学と古典の日

『紫式部日記』の寛弘五年（一〇〇八）十一月一日の条に、紫式部みずからが『源氏物語』に言及しているのにもとづいて、平成二十年は源氏物語千年紀の諸事業が有意義に展開された。とかくこの種のイベントは一過性の行催事になりやすいが、実行委員会が毎年の十一月一日を「古典の日」と定めたのはさすがであった。

京都アスニー（京都市生涯学習総合センター）が「古典の日」を記念して、三年前の十月六日にオープンした「平安京創生館」をより充実し、千玄室所長の特別講演「古典の日と日本人」、つづいてシンポジウム「古典文学と平安の先人」を開催したことは、「古典の日」のスタートを意味づけるこころみとして注目される。

賀茂御祖《かものみおや》神社の新木直人宮司、京都産業大学の井上満郎教授、京都女子大学の瀧浪貞子教授がパネリストとして参加され、私は基調講演「平安時代と古典文学」およびコーディネーターをつとめた。寛平六年（八九四）九月二十日の菅原道真の奉言によって遣唐使の派遣が停止され、そのことを前提として、わが国独自の「国風文化」が具体化したなどとみなすのはあやまりである。道真は唐の凋落《ちょうらく》と海賊による遭難を理由としたが、当時の国家財政の窮乏のなかで、莫大《ばくだい》な費用を必要とした遣唐使をわざわざ派遣しなくても、「商旅」、「商賈人」などによる民間交易にはめざましいものがあった。奉言のどこにも「廃止」の文言はなく、道真らは数年後まで遣唐使の職名をおびていた。「鎖国」の状態に入ったのではない。たとえば延喜八年（九〇八）、延喜十九年に渤海使が、延長八年（九三〇）には東丹国使が来日するというように、海外との交渉はつづいていた。東アジア文明圏から東アジア交易圏へと大きく時代が動いて、それを背景に王朝文学もまた結実したのである。『源氏物語』に朝鮮・中国・インド・南海などの輸入品を含む唐物が登場し、たとえば渤海の「黒貂《こくてん》の皮衣」も「桐壺」「梅が枝」「末摘花」にみえている。『源氏物語』が乙女の巻で「才《ざえ》（漢才）を本としてこそ、大和魂の世に用ひらるる方《かた》も強ふ侍《はべ》らめ」と述べているのは卓見である。

「大和魂」の用語が、確実にみえる最初の古典は『源氏物語』であり、日本文化が「和魂漢才」の文化であることを紫式部はみごとに認識していた。

延喜十三年以後の成立と考えられる勅撰《ちょくせん》和歌集の『古今和歌集』には、漢文の真名序と仮名序がある。和銅五年（七一二）の正月二十八日に「献上」されたという。『古事記』が宮中に秘められて、ほとんど読まれなかったのに対して、養老四年（七二〇）の五月二十一日に「奏上」された漢文体の『日本記』（『日本書紀』）が、その翌年から日本国家の「紀」として読まれ、平安時代には弘仁三年（八一二）から康保二年（九六五）まで少なくとも六回の講筵《こうえん》があって、その都度和歌が詠まれたのも、和魂漢才のありようを象徴する。

（二〇〇九・一一・二一）

᪥「古典の日」を活かす

「学びて思わざれば則《すなわ》ち罔《くら》く、思いて学ばざれば則ち殆《あやう》し」（いくら学んでもよく思索しなければ、真理を悟ることはできない、またどんなに思索を重ねても、しっかりと学ばなければ不充分で真理に到達することはできない）。これは『論語』の為政篇《へん》の一文で、私の座右銘のひとつである。『源氏物語』のたしかな成立年代はいまだにわからない。しかし『紫式部日記』の寛弘五年（一〇〇八）十一月一日の条に『源氏物語』に言及しているのにちなんで、二〇〇八年を「源氏物語千年紀」とうけとめ、その十一月一日を、京都府・京都市・宇治市などが「古典の日」とした。それがきっかけとなって、式典や講演、シンポジウムが行われるようになった。私はこれまでに多くの古典を読んできたが、いつも『論語』為政篇の言葉を想起しながら親しんできた。

平成二十四年（二〇一二）の八月二十九日、議員立法で衆・参両院が全会一致で、十一月一日を「古典の日」とすることを制定した。京都の「古典の日推進委員会」の運動が結実したことはまことに喜ばしい。

議員立法で制定された記念日には、十一月五日の「津波防災の日」などがあるけれども、とかく有名無実になりやすい。実際に京都府域でも、毎年十一月一日を「古典の日」として古典を学ぶ行事を実施している市町村はまだ少ない。

京都アスニー（京都市生涯学習総合センター）では、財団が中心となって、平成二十年（二〇〇八）から、毎年「平安時代と源氏物語」（講演）、「平安時代と古典文学」（シンポジウム）、「古事記の内容を読む」「日本書紀を読み解く」（対談）を実施し、そして今年（二〇一二）は「方丈記が今に伝えるもの」（シンポジウム）を予定している。

亀岡市生涯学習市民大学では平成二十一年から「万葉集」「王朝文学の背景」「好色一代男と源氏物語」、そして今年は「記・紀の出雲神話の扱い」（いずれも講演）を「古典の日」にちなむテーマとしてきた。

「古典の日」は祝日ではない。法は古典を国民の心のよりどころとして広めるため、国や自治体に行事の実施や調査研究の充実、学校や家庭での古典に親しむ機会の拡充を求めているが、日本の古典はもとよりのこと、アジアや欧米の古典も視野におさめて、日本人のこころを知り、あわせて国際人としていかに生くべきかを、みずからに問う契機として、「古典の日」を生かしたい。

「古典」は一回きりの読書では、その内容と本質をみきわめることはできない。二〇一二年は、和銅五年（七一二）に成書化した『古事記』千三百年の記念すべき年である。『古事記』はなんべん読んだかわからない。そのおよそは暗記している。しかし今でも読むたびに、新しい私なりの発見がある。その喜びが古典への親しみを増す。

（二〇一二・一〇・二七）

町衆の教育の伝統

京都市の自治百周年にふさわしく、平成十年（一九九八）の十一月十一日、下京区の元・開智小学校を改修した京都市学校歴史博物館がスタートした。市内の学校を卒業したすぐれた芸術家をはじめとする先輩の数多くの美術工芸品ばかりではない。寺子屋の教科書を含む約八千点の収蔵品を背景としてのオープンであった。

市内の学校に所蔵されている貴重な学校文化財の調査が本格的にはじまったのは一九八五年であった。関係者の努力を前提に、学校歴史博物館の基本構想の策定委員会が平成七年十月に発足し、その答申をうけての開館となる。その前提には十三年ばかりの準備の期間があった。

明治の学校建築を保存するための教育関係の資料館のたぐいは、ほかの都市にもあるが、江戸時代以来の町衆の自治と学問の伝統をうけついで、各学校に伝えられてきた学校文化財をそのなかみとする学校歴史博物館は、全国唯一といってよい。開智小学校の薬医門（校門）などには、明治の学校建築のたたずまいが残されているが、かたちばかりでなく、その収蔵品には地域に密着して充実していった教育のこころが宿っている。

明治維新のさなか、衰微してゆく京都の未来を憂えた先人たちは、その活性化のための「教育百年の計」に積極的に取り組んだ。全国にさきがけて、明治二年（一八六九）に番組小学校（六十四校）を創立し、ついで中学校・女学校、さらに幼稚遊嬉場（幼稚園）を設立する。明治五年の五月に、京都の学校を視察した福沢諭吉が『京都学校記』のなかで、「余輩積年の宿志」が、京都の学校の「実際」に生きているのに感動したのも偶然ではない。

そこには京都府の指導と援助があったが、建設の主体となったのは番組（もとの町組）の人びとであった。富豪はもとよりのこと町民が醵金《きょきん》をしての建設であった。そしてそれは「組町集議の会所」であった。したがって番組小学校には自治と自警の町会所の伝統がうけつがれた、まさにコミュニティースクールの面目躍如たるものがあった。

維新前の京都には、町衆の町衆による町衆のための学問が存在した。それは伊藤仁斎の古義堂や石田梅岩の心学講舎にも反映されていた。寺子屋にも京都独自の要素をみいだすことができる。明治元年の京都府による小学校創設の勧奨《かんしょう》にさきだって、西谷淇水《きすい》（良圃）らが慶応三年（一八六七）に小学校設置を建白したが、その内容にも町衆の学問のたましいが生きている。

西谷の建議の文には「それ学問の道というは難字古事を覚ゆる勤《つとめ》にはあらず、ただ人と生まれて人たる者の大道の要を求むるにあり」と明記されていた。いまあらためて「こころの教育」のありようが問われている。地域のくらしと密着し、地域の人びととのなかに生きた教育と学問の姿が、その収蔵品や展示品に浮かびあがってくる。先人の教育への情熱とその英知に、今のわれらが学ぶべきものは多い。

（一九九八・一一・二九）

学校歴史博物館

「民間に学校を設けて人民を教育せんとするは、余輩積年の宿志なりしに、今京都に来り、はじめて其の実際を見るを得たるは、其の悦び、恰《あたか》も故郷に帰りて知己朋友に逢ふが如し」

この文は明治五年（一八七二）の五月に、京都の学校教育の情況を視察した福沢諭吉が、感激をあらたに執筆した『京都学校記』の結びの言葉である。明治二年から全国にさきがけて、六十四の番組小学校を創設した京都は、まさしく日本の学問と教育の先進地であった。番組小学校ばかりではない。中学校や女学校、さらに幼稚遊嬉場（幼稚園）の設置においても、先駆的な役割をはたした。福沢諭吉がその実情に接して「積年の宿志」をみいだしたのも、たんなる偶然ではなかった。

その「教育百年の計」は、慶応四年（一八六八）の九月八日、慶応が明治に改元され、事実上の首都が東京（江戸）となった当時の京都の人びとの危機意識のみでなく、平安時代以来、とりわけ江戸時代における町衆の学問と教育の伝統もまた大きな前提として存在した。

私が京都の町衆の教育へのなみなみならぬ熱い息吹をあらためて実感したのは、昭和五十六年（一九八一）の四月に、京都市社会教育総合センター（現・生涯学習総合センター）がオープンしたのを記念して開催された、「京の会所展」のおりであった。爾来、町会所や学校に保存されている学校文化財の調査が進められ、昭和六十年から京都市教育委員会による調査が本格化した。そして現在までに、一二八四点の美術工芸品、二五一七点の教育史関係資料、あわせて三八〇〇点あまりの存在が確認されている（最終には約八千点）。

これらの貴重な学校教育と関係のある文化財を中核とした、学校歴史博物館を具体化するための基本構想策定委員会が発足したのは、平成七年（一九九五）の十一月二十二日であった。専門委員会を中心に検討が重ねられ、策定委員会の慎重な審議をへて、本年（一九九七）の一月九日、最終答申が山下荘二郎教育長・桝本頼兼市長に提出された。

学校歴史民俗資料館・学校記念館・教育資料館などは、長野県や山梨県をはじめとして各地にある。だがその多くは明治の学校建築の保存と活用を主眼とするものであり、それぞれの学校にうけつがれてきた学校文化財は、京都ほどにはない。たとえば京都の学校には数多くのすぐれた美術工芸品が所蔵されているが、これらは、その学校を卒業した作家やそれぞれの学区に居住した芸術家たちが、子供のすこやかな成長を願って寄贈されたものである。民家に保有されている学校教育関係資料も予想以上に多い。

収蔵と保存、展示と調査・研究、そして情報発信の機能をもつ学校歴史博物館の設立は、京都の伝統ある教育史に根ざした文化の元気策にふさわしい。日本の近代化の大きな原動力は、教育のみのりにあった。学校歴史博物館の内実化は、内外から注目されるにちがいない。その早期実現を期待する。

（一九九七・一・二六）

世界遺産の再発見

第四回の世界遺産都市会議が、平成十二年（二〇〇〇）の一月十四日、姫路市で開催された。世界文化遺産に登録されている文化財を有する国内十二市町村の首長の方々を中心とする有意義な会議であった。その課題は「二十一世紀へ向けた世界遺産の保護の方向を探る」とされていた。

午前中のセッションでは、文化遺産の多くが日本独自の木の文化を象徴し、木の文化を守ってゆくためには、伝統技術の継承・修復資材の確保・保護資金の充当が不可欠であることが指摘された。そして保存と観光と住民生活の三角関係、そのいずれかが突出すると継承が難しくなるという現地首長のご苦労も語られた。木の文化を創建当時のままに保存することはきわめて難しい。原形を保持しながら修補《しゅうほ》してゆく関係者の努力は、予想をはるかに越える。

シンポジウムは柏倉康夫京都大学教授をコーディネーターに、梅原猛・星野知子・堀川和洋姫路市長と私がパネリストとなって展開された。世界遺産は文化遺産ばかりではない。一九七二年一月十六日に、ユネスコが採択した「世界の文化遺産及び自然遺産に関する条約」には自然遺産も入っていて、日本では白神山地や屋久島が登録されている。梅原猛さんが自然遺産に言及して、自然と人間の共生のありようをあらためて強調されたのが印象的であった。

国境やイデオロギーを越えて、人類の普遍的価値に重点をおいて選定されている世界遺産は、人類の過去におけるる貴重な文化財のみにはとどまらない。戦争の悲惨を今に伝えるポーランドのアウシュビッツ強制収容所や広島の原爆ドームも世界遺産に登録されている。

二十世紀は第一次世界大戦・第二次世界大戦をかえりみても明らかなように、戦争が地球全域にひろがった戦争の世紀であった。そして自然の破壊や環境の汚染が深刻化し、民族や宗教の対立が激化して、難民があいついだ人権受難の世紀でもあった。世界遺産は人類が失ってきたものがなんであったかを、点検し反省し自覚する座標でもある。

伝承はあくまでも伝承であって、伝統ではない。古いものをただ守るだけでは伝統となりえない。伝承を活《い》かして創造し、あらたに再発見することが不可欠となる。保存は放置ではない。世界遺産に登録されている自然や文化は、その関係者はもとよりのこと、地域の住民が守り活かしてきたからこそ、人類の普遍的価値として現在に輝くのである。そしてそれらの世界遺産には、人類が未来に向かって何を残すべきかを示唆する。

世界遺産はこれからのまちづくりの有力なとりでである。文化遺産は京都をはじめとして関西に圧倒的に多い。世界遺産の条約には世界遺産にかんする教育と広報の必要性を明記しているが、市民の理解と協力を前提とする募財《ぼざい》と国の財政支援が要請される。人類の普遍的価値を二十一世紀へ守り活かすために。

（二〇〇〇・二・六）

市民参加の伝統

パリの日本文化会館で、二〇〇一年の十月二日から埴輪《はにわ》展が開催されている。この展覧会には日本各地の代表的な埴輪三十五点が出品され、十二月十五日まで展示されるが、みごとな照明によって、器財埴輪はもとよりのこと、人物埴輪がひときわあざやかであった。

この埴輪展にちなむ記念講演とフォーラムの招きをうけて、九月二十九日から十月六日までパリにおもむいた。フランス側が私に要望された記念講演のテーマは「日本古代国家の成立と東アジア」であった。聞けば東洋学関係者のなかには、一九六五年の六月に出版した『帰化人』（中公新書）を読んでいる人が多く、私には日本の古代国家のなりたちが東アジアの動向といかなる関係にあったかを講演してほしいという聲《こえ》が多いという。

十月三日の午後六時半からの記念講演には三百名におよぶ方々が聴講され、翌日の午前十時からは、国立東洋言語文化研究所で、私を囲むフォーラムが開かれた。九月十一日のアメリカにおける同時多発テロ事件やアフガニスタン問題とも関連して、アジアへの関心はいちだんとたかまりをみせていた。

多くの問題が提起されたが、そのなかには戦後五十六年たった現在も、なぜ天皇陵の発掘調査ができないのか、日本古代史にとどまることなく、なぜ東アジア古代史との関連を重視するようになったのかというたぐいの質問もあった。

一九九八年の七月、時代祭のパリ巡行のおりに実施されたシンポジウムの時にも感心したのは、市民の方々が学術フォーラムにも参加して積極的に質問されたことである。私を囲むフォーラムにも専門的に勉強しておられる市民の方がみえていた。その方はコレージュ・ド・フランスの受講生という。

このたびの訪仏でコレージュ・ド・フランスを訪問したが、それには私なりの理由があった。亀岡市は昭和六十三年（一九八八）の三月に生涯学習都市を宣言し、翌年の平成元年を亀岡市における生涯学習元年と位置づけて、同年の一月二十九日には第一回のコレージュ・ド・カメオカを開講した。そしてご多忙のなかを福井謙一先生に出講していただいた。市民大学・丹波学トークとならぶコレージュ・ド・カメオカは、本年（二〇〇一）九月に中坊公平弁護士を迎えて三十五回を数えた。

このコレージュ・ド・カメオカの具体化は、私が座長となってまとめた「亀岡市生涯学習都市構想」の提言のなかのひとつであった。

一五三〇年に、フランソワ一世によって創設されたコレージュ・ド・フランスは、五十二名の教授と数百人の研究協力者によって構成され、講義は誰《だれ》でも無料で聴講できるしくみになっている。講義・ゼミナールのほか研究者の養成にも力を入れている。フランスの文化の伝統は、こうした市民参加のありようにも反映されている。

（二〇〇一・一一・四）

学校のたからもの

あいつぐ凶悪な青少年犯罪のなかで、こころの教育のありようがあらためて問われている。戦後早くも五十四年ばかりの歳月を過ぎたが、その教育の理念を示したのは「教育基本法」であった。「日本の教育の基本を確立するため」のこの法律の第九条第一項には、「宗教に関する寛容の態度及び宗教の社会生活における地位は、教育上これを尊重しなければならない」と明記されていたが、戦後の教育は宗教をはじめとするこころの探究をあまりにもなおざりにしてきた。

ここで想起するのは、京都における近代教育のなりたちである。慶応《けいおう》四年（一八六八）の九月八日、慶応は明治と改元され、十月十三日、江戸城を東京城と改称して皇居となる。そして翌年の二月、太政官を東京に移すことが決定された。遷都の詔《みことのり》もだされないままに、東京は事実上の日本の首都となった。

延暦十三年（七九四）以来、千年あまりの首都であった京都は、未曾有《みぞう》の難局に直面した。当時の先人たちは、さまざまな英知と工夫を結集して、京都の再生をめざしたが、そのひとつが、「教育百年の計」の具体化であった。明治二年には全国にさきがけて番組小学校六十四校を設立し、ついで中学校・女学校、さらに幼稚遊戯場（幼稚園）を創設した。

明治五年に京都の学校を視察した福沢諭吉が、先に紹介したとおり「その悦《よろこ》び恰《あたか》も故郷に帰りて、知《ち》己《き》朋友《ほうゆう》に逢《あ》ふが如《ごと》し」（『京都学校記』）と感銘したのも偶然ではなかった。慶応三年から再三学校建設の必要を建議した西谷淇水《きすい》（良圃）は、その建白文のなかで、学問の道とは「難字古事」を学ぶことではなく、「人と生まれて人たる者の大道の要」を求めることにあると力説した。

「人の人たる道」を求め学ぶことが、京都近代教育の原点にあったことを軽視するわけにはいかない。番組小学校では京都独自の学習内容として、日本画の教育を取り入れ、京都の伝統産業の後継者の育成をもこころがけた。こうした伝統のなかで育った画家や陶芸家などの方々が母校に寄贈され、あるいは地元の関係者が母校に寄託された美術工芸品は、現在所蔵されているものだけで、実に約千三百点におよぶ。

平成十二年（二〇〇〇）の五月十一日から六月四日まで、京都市美術館別館開館記念として、京都市岡崎の美術館別館で開催されている「学校のたからもの」展では、その名品約九十点が、「子供を描いた作品」、「著名作家の作品」に分けて展示されている。これにあわせて京都市学校歴史博物館でも陶磁器を中心とする企画展を実施している。

これらの名目はたんなる美術工芸の傑作ではない。市立の学校で先輩のすぐれた作品に接してはげまされ、美のこころを肌に感じて勇気づけられた多くの児童・生徒の生きた「たからもの」であった。家庭と地域と学校をつなぐ、こころの教育のありようを考えさせるたからもの展である。

（二〇〇〇・五・二一）

日本のなかの朝鮮文化

一九六九年の三月に創刊された季刊雑誌『日本のなかの朝鮮文化』(朝鮮文化社)は、五〇号までつづいた。日本と韓国・朝鮮の関係史にあらたな問題を提起したこの雑誌は、内外の注目をあつめた。

今年(一九九九)は創刊からかぞえて三十年になる。去る五月四日・五日、二十数年ばかり前に、朝鮮文化社の鄭詔文《チョンジョムン》さんと調査におもむいた駿河・三河を再訪した。朝鮮文化をたずねる会のツアーであった。愛知県の一宮町から新城市にかけての東三河の地域には、積石《つみいし》の古墳群が集中する。積石塚の由来は高句麗にあるとみなされているが、そのひとつが旗頭《はたがしら》古墳群である。鄭詔文さんとご一緒したおりには三十一基ばかり存在していたが、採石場の拡大と豪雨による崩壊の危険が重なって、現在は二十四基しか保存されていない。今は亡き鄭詔文さんの嘆きがわが胸に伝わってきた。

緊急の発掘調査による報告書と、山頂から麓まで小学生たちが「手《た》ごし」に手から手へ積石を運んだという26号墳が公園のそばに復元されていたのが、せめてもの救いであった。

静岡県清水市興津の清見寺は、江戸時代の朝鮮通信使ゆかりの名刹《めいさつ》である。通信使の書画などが数多く所蔵されており、山門の「東海名区」、鐘楼の「瓊瑶世界」、本堂の「興国」など、その掲額にも朝鮮通信使の善隣友好のあかしが今日に輝く。

「枕草子」の清見ケ関、安藤広重の「東海道五十三次」の興津、高山樗牛の「清見潟日記」など、交通の要衝であり、風光明媚《び》の景勝の地に造営された清見寺は、琉球使節とのえにしもあった。琉球使節と清見寺との関係は、朝鮮通信使ほど知られていないが、慶長十五年（一六一〇）の八月、中山王尚寧が駿府で徳川家康と会見したさいに同行した弟の具志頭《ぐしがみ》王子は病死して、清見寺境内の裏山に葬られたこともあって、寛永十一年（一六三四）から嘉永三年（一八五〇）まで、十八回におよぶ琉球使節は、おりあるごとに、清見寺の王子墓所に祭文を捧げている。清見寺蔵の弔祭文二巻にもそのありようがうかがわれる。

日本と韓国・朝鮮の関係史は、よりひろく東アジア史のなかで究明すべき段階を迎えているが、沖縄の歴史と文化の探究も、ヤマト（日本）とウチナー（沖縄）との史脈ばかりでなく、朝鮮・中国、そして先《さき》島《しま》・南海諸地域を視野におさめて再発見すべき時期に入っている。

『李朝実録』にも琉球とのつながりは明記されており、高麗青磁や李朝白磁などもあいついでみつかっている。琉球の首里城正殿にあった戊寅（一四五八年）の鐘銘にも琉球国が日城（日本）・三韓（朝鮮）・大明（中国）の中間に位置する蓬萊の嶋とみえる。小渕恵三首相・野中広務官房長官によって、二〇〇〇年サミットの主会場を沖縄にすることが決定した。矛盾のなかの沖縄からの世界に向かってのあらたな発信に期待する。

（一九九九・五・三〇）

✎ 真の国際人

「私が望み願いますことは、すべての国の人々が私たちの祖国の歴史、文化を正しく理解することで、真《まこと》の国際人となる一歩を踏み出して頂くことであります」。これは、昭和六十三年（一九八八）の十月二十五日、京都紫竹にオープンした高麗美術館『開館記念図録』の、故鄭詔文《チョンジョムン》初代理事長の言葉である。開館のその日から早くも十二年と四カ月あまりの歳月が過ぎ去った。本年の十月二十五日は十三周年の記念日である。オープンするにあたっての記者会見のおりのことをあらためて想起する。ある記者が、この約千七百点ばかりの美術工芸品や考古学的遺物あるいは民具のたぐいは、「韓国で購入したものか」と質問した。

好事家のたんなるコレクションの公開であれば、司馬遼太郎さんほか多くの理解者や賛同者があれほどに高麗美術館を応援するはずもなかった。その収蔵品のひとつひとつが、在日のきびしい血と汗と涙がにじむくらしのなかで蒐集《しゅうしゅう》された陶磁器であり木工品であり、仏像・民俗資料・考古資料である。朝鮮民族の美のこころに寄せた鄭詔文さんの祖国への熱い願いが秘められている。

開館十周年記念の特別展のおりには、心なき窃盗グループによって、貴重な高麗青磁や李朝白磁十五点が真夜中に奪われた。その手口はきわめて巧妙であり、その暴挙への怒りに身がふるえた。幸いに京都府警をはじめとする方々のご苦労によって十点がみつかり、昨年の秋季展をあざやかにいろどった。

有光教一所長（京都大学名誉教授）を中心とする研究所の研究講座も二〇〇一年の二月二十四日で七十七回を数えた。季節ごとの情報とその研究成果を、より多くの人たちに知っていただくために発行されてきた「高麗美術館報」も五十号となる。

この美術館が具体化する前提には、昭和四十四年（一九六九）に創刊されて五十号までつづいた季刊雑誌『日本のなかの朝鮮文化』の成果があり、三十二回におよぶ日本列島の東・西におよぶ臨地講演「日本のなかの朝鮮文化遺跡めぐり」によるひろがりがあった。

「日本のなかの朝鮮文化」を再発見することには、それなりの意味があったし、またその意義はいまもなお重要だが、二十一世紀を迎えた現在においては、さらに「アジアのなかの朝鮮文化」、「人類のなかの朝鮮文化」をみきわめねばならぬ段階に入っている。

この美術館の規模は小さいが、小さいながらもキラリと光る朝鮮の美とこころがただよっているとは、来館者の感想である。日本人や在日の皆さんはもとよりのこと「すべての国の人々」によびかけて、「真の国際人」になってほしいと望んでやまなかった鄭詔文さんのそのこころざしは、新世紀が人権文化創造の世紀であり、アジアが輝く世紀であってほしいと願う人間ひとりひとりにうけつがれている。

（二〇〇一・三・四）

景観は京のたから

景観には自然的な景観ばかりでなく、文化的・歴史的な景観もまた重要な意味をもつ。そのことは、二〇〇四年の七月に「紀伊山地の霊場と参詣道」が世界文化遺産に登録された例ひとつをみても明らかである。紀伊山地と参詣道そのものは自然遺産が中心だが、それなのになぜ文化遺産なのか。霊場とのかかわりをもつがゆえに、文化遺産として登録された。

文化的歴史的景観の重要性は、世界的に見直されてあらためて再評価されつつある。一九七二年にユネスコが世界遺産条約に「文化的景観」を加え、翌年の国際人間環境会議が文化遺産と自然遺産の保全を一本化するという理念をうちだしたのも、そうした動向を反映している。

平成十六年に制定された「景観法」でも、「良好な景観は、地域の自然、歴史、文化等と人々の生活、経済活動との調和により形成されるものである」と規定されている。

千年を越える首都の伝統に輝く京都のまちには、世界でもまれな歴史都市としての貴重な景観が、今もなお生きつづいている。しかしその景観も社会と経済の急速な構造変化のなかで、いちじるしい変容を余儀なくされてきた。その伝統をいかに守り活《い》かすか。大規模な高層ビルなど、京都の景観になじまない建築物の計画が持ち上がるたびに、しばしば景観論争がくりかえされてきたのも偶然ではない。

京都市が「時を超え光り輝く京都の景観づくり審議会」（西島安則会長）の「中間取りまとめ」をうけて、

魅力ある京都の文化的・歴史的景観を保全するために、全国にさきがけて、二〇〇七年度から市街化区域全域で、建物の高さ規制を見直す方針を提示したことは、画期的なこころみとして内外から注目されている。

市都心部の幹線道路沿いの「田の字地区」では最高四十五メートルを三十一メートルに、それ以外の「職住共存地区」では最高三十一メートルを十五メートルに引き下げるという。ただしデザイン的にすぐれた必要な建物には、高さ規制をはずす方策も検討されている。

古くからの制度や習俗などを受けついでゆく伝承と、伝承に新たな要素を加味して創生化し系統化してきた伝統とは明らかに異なっている。たんなる古さやたんなる新しさと伝統とはその本質を異にする。

京都がパリやフィレンツェのように、世界の多くの人々から敬愛されるまちになるためには、まわりを山で囲まれ、水明の鴨川・高瀬川・保津川（桂川）などの借景と遠望を含む「小盆地宇宙」の景観を保持する必要がある。

保存は放置とは異なる。市民の合意をえた歴史的文化的景観の再生は、京都のブランドイメージを高め、伝統産業の伸張にも寄与するにちがいない。「新京《みやこ》デザイン」のアイデアを公募して、美しい町並みの未来を実現したい。

（二〇〇六・六・一七）

京都の文化財を守り生かす

さきごろ京都市の文化芸術都市推進室が主催する「京都市文化政策史講座」で、「文化財行政の曙と今後の課題」について語る機会があった。全国国宝の約二〇パーセントと全国重要文化財の約一五パーセントが存在する京都市では、昭和二十二年(一九四七)にいち早く文化局が設けられ、翌年には文化観光局がスタートした。しかも文化財保護の所管は教育委員会との覚書によって、昭和三十三年から市長部局に移管された。京都市ならではの取り組みであった。

戦後貴重な文化財の海外流出があいついで、文化財の保護があらためて論議されたが、昭和二十四年一月十六日、法隆寺金堂壁画の焼失が大きな契機となって、翌年の五月三十日には、「文化財保護法」を公布、八月二十九日に施行された。

京都市の文化財保護行政は、文化財保護審議会からはじまったのではない。昭和四十七年二月十四日、京都市文化観光資源調査会が設置され、村田治郎・福山敏男・柴田実・赤松俊秀をはじめとする錚々《そうそう》たる先生方が委員で、私もそのなかに列《つら》なった。観光とはたんなるレクリエーションではない。『易経』が「観国之光」と述べるように、国すなわち地域の輝きを観《み》ることであり、観せることであった。調査会みずから観光資源の調査を実施したのも注目にあたいする。

やがて京都市にも文化財保護条例が必要となり、条例制定のための小委員会委員長に私が選ばれ、文化財保護の先進地などを観察し、昭和五十七年四月一日に条例が施行された。そのおりに指定文化財にとどまらず登録文化財をあらたに設け、景観の保全をも視野に入れて指定の枠を拡大したのは、京都市と京都府の文化財保護条例がはじめてであった。

延暦十三年（七九四）の十一月八日の詔で、「平安京」と命名されたけれども、その内実は「非平安京」であった。鴨長明が『方丈記』で安元三年（一一七七）の大火をはじめ、地震・洪水・飢饉《ききん》を列挙したとおりの無常の都で、兵火の被害も重なった。有名な応仁・文明の大乱（一四六七～七七年）ばかりではない。元治元年（一八六四）のいわゆる蛤《はまぐり》御門の変、この禁門の変を古老は鉄砲焼けとかドンドン焼けとよぶ。

江戸の大火は有名だが、京都でも宝永五年（一七〇八）・享保十五年（一七三〇）と大火がつづき、とくに天明八年（一七八八）の大火事では、三万六千七百九十七軒が焼失している。

江戸には各藩邸があって大名火消しがおり、定火消《じょうび》し（四十八組）などもあったが、京都には各藩の藩邸や京屋敷はあっても、大名火消しや定火消しはなかった。京都では町会所を中心に町組（番組）が都の防火にあたった。

京都の文化財は関係寺社ばかりでなく、地域の住民も防災に参加した。東日本大震災の被害を学び生かして、京都でもあらたな文化財の防災計画の検討が必要となる。鴨川・桂川・疏水さらに豊かな地下水なども生かしたい。

（二〇一一・七・二三）

祇園祭と世界遺産

二〇〇八年の九月三十日、アラブ首長国連邦のアブダビで開催されていたユネスコ政府間委員会は、「京都祇園祭の山鉾行事」ほか日本国内の十三件の無形文化遺産代表リストへの登録を決定した。日本の「祭礼」のもっとも代表的な祇園祭が、晴れて世界遺産になったのは、京都府・市民の喜びであるばかりでなく、日本の「祭礼」が国際的に高く評価されたあかしである。

すでに「能楽」・「人形浄瑠璃文楽」・「歌舞伎」が、無形文化遺産に登録されているが、日本における祭礼登録の最初が、祇園祭の山鉾行事であったのは、それなりのいわれがあった。その歴史の古さと内容の豊かさ、そしてそれを実証する史・資料のたしかさなど、山鉾行事は日本の祭礼行事の随一といっても過言ではない。

二〇〇三年の第三十二回ユネスコ総会は、「無形文化遺産の保護に関する条約」を採択したが、その「無形文化遺産」のなかには「儀式及び祭礼行事」が含まれていた。これまでにコロンビアのバランキーラのカーニバルやベルギーのバンシュのカーニバルをはじめとする祭礼が登録されているが、東アジアの祭礼行事はまだ少ない。祇園祭の山鉾行事が世界遺産に登録されたことは、京都の歴史と文化の世界に向かっての力強い発信力となる。

毎年の京の真夏の風物詩となっている祇園祭は、七月一日からおよそ一カ月にわたって執行される。その祭礼は長刀鉾の稚児社参や久世駒形稚児社参・綾傘鉾の稚児社参ほか注目すべき行事が数多く展開されるが、その圧巻は十七日の豪華絢爛《けんらん》の山鉾三十二基の巡業である。

祇園祭のはじまりは貞観十一年（八六九）に都で疫病が流行したおり、その退散を願って行われた御霊会にあり、天禄元年（九七〇）からは毎年実施されるようになったと伝えられている。祇園御霊会はその後さまざまに変遷したが、御輿《みこし》に随従していた山鉾が、御輿の渡御《とぎょ》と独立した形で、下京の町からだされるようになり、現在の山鉾につながる原型ができあがったのは十四世紀の南北朝のころであった。

室町時代には山鉾の趣向がいろいろと工夫されて、『祇園山ほこの次第』には五十八基の山鉾が列記されている。だが応仁・文明の大乱で一時中絶した。しかし町組を背景とする町衆のエネルギーは不滅であった。明応九年（一五〇〇）には、先祭二十六基、後祭十基の山鉾が再興している。

平安京というけれども平安時代を除けば、その内実は非平安であった。江戸時代だけでも宝永・天明・元治と大火や兵火がつづく。山鉾とその行事もそのたびごとに大きな被害をうけたが、不死鳥のように山鉾行事はよみがえってゆく。山鉾風流は、貴重な染織品を中心とする懸装《けそう》の品々で華やかに飾られていった。山鉾巡業が動く美術館と称される所以《ゆえん》である。その国際性が祇園祭をあざやかにいろどる。山鉾行事の世界遺産登録を未来に向かって活《い》かしたい。

（二〇〇九・一〇・一七）

国際都市・京都

平安建都千二百年記念事業のひとつとして設立された公益財団法人世界人権問題研究センターでは、わが京都の「観光」を『易経』の「観国之光」という用語の由来にふさわしく、人権文化の視点からの人権ガイドの養成につとめてきた。

平成十二年（二〇〇〇）から開始された講座「人権ゆかりの地をたずねて」がそれである。私は毎年出講してきたが、二〇一〇年までの講義内容を、研究センター刊行の「人権問題研究叢書《そうしょ》」の一冊としてまとめた（『京都のなかの渡来文化』）。

あらためて実感したのは、古代からいかに京都が注目にあたいする国際都市であったかという史実である。

延暦十三年（七九四）の十一月八日の詔《みことのり》で、「平安楽土」を願って「平安京」とよばれたが、唐の首都・長安城をモデルにしたばかりではない。唐の副都であった洛陽城も参考にして都づくりを進めたことは、「平安京」の条坊制にもとづく坊名をみただけでもわかる。崇仁・永昌など五つの坊名は長安にあり、銅駝・陶化など八つの坊名は洛陽にあった。

それのみではない。南北朝のころに成立した年代記『帝王編年記』には、「始めて平安城を造る、東京又《また》左京と謂《い》う、唐名洛陽」さらに「西京又右京と謂う、唐名長安」と書かれており、平安時代後期にまとめられた漢詩文集である『本朝文粋《ほんちょうもんずい》』などによっても、十世紀のはじめのころには、左京が洛陽、右京が長安とよばれていたことがはっきりとわかる。しかし十一世紀のころからは長安（右京）が衰退し、京都の代名詞は洛陽になる。

京都を京洛といい、入洛・上洛やがては洛中・洛外が通称になってゆくのも、京の中心が左京の方へと移ったためである。

遷都によって都がただちにできあがったわけではない。遷都と定都《じょうと》は異なる。鴨長明が『方丈記』で「嵯峨天皇の御時、都と定まりにける」と明言しているのは妥当である。六国史《りっこくし》最後の『日本三代実録』貞観十六年（八七四）八月二十四日の条から唐風の坊名がでてくるのも、定都が具体化してゆくプロセスを示唆する。

中国ばかりではない。平安京以前から朝鮮半島の国々とのゆかりも深かった。新羅系の秦氏と伏見稲荷大社や松尾大社とのかかわり、秦河勝と太秦の広隆寺とのつながり、京都市西京区の樫原廃寺の八角塔跡や八坂造《やさかのみやつこ》などの高句麗との関連、木津川市のあたりにあった高句麗使節の迎賓館、発掘調査で明らかになった木津川市山城町の高麗寺廃寺と、現在に伝わる最古の仏教説話集『日本霊異記』の高麗寺の伝承など、古代の京都はまさにインターナショナルであった。その歴史を踏まえ、昭和五十三年（一九七八）十月の「世界文化自由都市宣言」をさらに具体化したい。

（二〇一二・八・四）

霊験亀山鉾

国立劇場の十月歌舞伎で、四世鶴屋南北作の「霊験亀山鉾」が片岡仁左衛門主演で上演されている。「霊験亀山鉾」といっても、現在では多くの人は知らないが、「亀山噺《ばなし》」とも称されて、くりかえし実演された芝居であった。したがって初世桜田治助や初世瀬川如皐《にょこう》なども「亀山噺」を書いている。

私がこの歌舞伎に興味をもったのは、その「亀山鉾」の亀山には、郷里亀岡がその背景のひとつになっているからである。丹波亀山は明治二年（一八六九）に亀岡と改称したが、この歌舞伎の舞台の亀山には伊勢亀山ばかりでなく、丹波亀山が重なっている。

「霊験亀山鉾」は、延宝元年（一六七三）の十月に、青山因幡守の家臣であった石井宇右衛門が、大坂で赤堀源五衛門のために討たれ、宇右衛門の長男三之亟《さんのじょう》、次男彦七、三男源蔵、四男半蔵が苦労して親の仇《あだ》討《う》ちをする実話を題材にしている。

三之亟と彦七は、源五右衛門の養父赤堀遊閑を大津で討ち、源五右衛門を誘い出そうとするが、敵はたくみに姿をくらます。天和元年（一六八一）の正月、三之亟は返り討ちにあい、彦七は伊予へ赴く途中で溺死《できし》する。残された三男（源蔵）・四男（半蔵）の兄弟は、水之助と改名して伊勢亀山の藩主板倉重常に仕えていた源五衛門を探しあてて、元禄十四年（一七〇一）の五月、ついに本懐をとげる。

この二十八年七カ月あまりの長き歳月をかけての仇討ちは、「元禄曽我」ともてはやされ、仇討ち本懐をとげた源蔵・半蔵兄弟は先主青山家に帰参し、源蔵は二百五十石、半蔵は百五十石をもって仕官した（半蔵は正徳四年＝一七一四に何鹿《いかるが》郡内の代官となる）。ところが藩主青山家は元禄十五年九月に、丹波亀山へ移封となり、源蔵も丹波亀山の藩士をして、槍奉行、大目附役などをつとめた。亀岡市西堅町の宗堅寺に石井源蔵の墓があって、享保六年（一七二一）七月十五日に享年五十六歳でこの世を去ったことがわかる。「霊験亀山鉾」は興業としてもヒットしたが、元禄十五年の十二月十四日には、大石内蔵助らの赤穂浪士の討入りがあって、やがて「元禄曽我」は「忠臣蔵」に圧倒されることになる。歴史のめぐりあわせの皮肉というべきか。「忠臣蔵」を知らぬ人はいないが、「霊験亀山鉾」を知っている人はほとんどない。

歌舞伎では伊勢亀山の「曽我八幡宮」祭礼当日の仇討ちという設定になっているが、伊勢亀山に山鉾のまつりはない。室町時代にさかのぼる丹波亀山のまつりでは、盛大な山鉾の巡業があり、本年（二〇〇二）は「羽衣山」が復元されて、約百三十年ぶり十一基の山鉾が出そろう。伊勢の亀山よりも丹波の亀山の方が「亀山鉾」の演出にはふさわしい。

（二〇〇二・一〇・六）

まつりの伝統

第二十六回国民文化祭は、京都府域の各市町村で、有意義にしかも盛大に実施された。私は亀岡市の地域資源活用委員長・国文祭顧問として協力し、平成二十三年（二〇一一）の十一月五日には「渡来文化と東アジア・京都」にかんする講演をしたが、あらためて痛感したのは、国文祭のさまざまな諸行事をたんなる一過性のものにしてはならぬというまつりの伝統をめぐる問題であった。平安建都千二百年のおりにも、京都市民あげてのパレードが展開された。そのなかのいくつかは現在もなおうけつがれているか、イベントは所詮一過性とならざるをえない。

ここで参考になるのは、明治二十八年（一八九五）からつづいている毎年十月の時代祭である。時代祭は年々歳々順調に執行されてきたのではない。雨天のための延期は今回だけではない。雨天よりも明治四十三年には、コレラの流行で十一月七日に、大正五年（一九一六）もコレラの流行によって十一月十二日に延期、明治四十五年のさいには明治天皇の諒闇《りょうあん》中で中止。関東大震災さらに日中戦争の勃発《ぼっぱつ》、そして太平洋戦争の深刻化と敗戦のため、昭和十九年（一九四四）からは、中絶、そして時代祭がようやく復活したのは昭和二十五年の十月であった。

にもかかわらず時代祭がつづいてきたのは、時代祭を支える平安講社が組織され、時代風俗の絵巻といってよい行列のなかみにたえず創意と工夫が加えられてきたからである。明治二十八年の六月、平安遷都千百年協賛会は、桓武天皇の代からの千年あまりの時代風俗行列を「時代祭」と命名し、その維持のために京都市民が一戸一日一厘を三年間つづけて賽銭《さいせん》とすることを提案した。その反響は大きく、第一回の時代祭は十月二十五日の平安時代の文武官列から山国隊への時代順であったが、第二回からは、桓武天皇が長岡京から平安京へ遷幸された十月二十二日となり、さかさま日本史といってよい倒叙の幕末・維新から平安時代へという行列になった。

行列のにない手や行列の内容にも推移と変化がある。たとえば山国隊は京都市右京区京北町の山国の人びとの申し出ではじまったが、大正十年からは朱雀学区（第八社）が担当し、その名も維新勤王隊列に改めた。男女同権の風潮のもと昭和二十五年には女人列が加わり、昭和二十八年からは民間の風俗を加味し、京都ゆかりの著名な女性たちを登場させた。

さらに昭和四十一年に幕末志士列や白川女献花列が加わったというように、さまざまな創意と工夫が積み重ねられてきた。足利尊氏逆賊観などがわざわいして欠落していた室町時代列が編成されたのは、最近の平成十九年（二〇〇七）であった。

まつりはたんなる伝承ではない。伝統は時代のニーズのなかで創生する。国文祭に参加したまつりの団体のネットワークづくりをまず最初にこころがけたい。

（二〇一一・一一・二）

現代の「近廻し」

平成二十五年（二〇一三）の四月二十一日、京都第二外環状道路（通称・にそと）が開通した。開通の区間は京都市西京区の沓掛と京都府大山崎町の大山崎間の九・八キロだが、大山崎と宮津市の天橋立間の所要時間は約二十五分短縮されるという。

観光の振興はもとよりのこと経済の発達や情報の伝達などが大きく前進するにちがいない。京都縦貫道と名神高速道路がつながって、京都府の中軸のルートになる。

ここであらためて想起するのは、慶長十一年（一六〇六）に、角倉了以とその子素庵《そあん》が保津川の開削を実施し、その大規模な開削が鳥羽の津（南丹市八木町）までではなく、さらにさかのぼって世木庄《よきしょう》（南丹市日吉町）におよんでいたことである。

保津川は丹波高原の大悲山付近から発し、亀岡盆地までは大堰川、同盆地から保津峡をこえたあたりまでを保津川、以下の下流を桂川とよぶのが一般的だが、なぜ了以と素庵は鳥羽の津よりもさらに上流までの開削をこころみたのか。

角倉了以といえば富士川、高瀬川をはじめとする河川の改修で有名だが、その子素庵がはたした役割は、とかく軽視されがちである。たとえば保津川の開削の本多正純、大久保長安による許可状は、了以宛てでなく素庵（与一）宛てであり、角倉船は安南（ベトナム）などとの交易を行ったが、回易大使司となったのは素庵であった。

保津川開削のおり、素庵は三十六歳で、その構想には大堰川と由良川とを結んで物資を運送するあらたな通路を開くねらいがあったかもしれない。北前船は日本海を西へ廻《まわ》り、さらに瀬戸内海を通って大坂におもむく。大堰川と由良川とが連結すれば「近廻し」となり、経費は削減され、利益も増大する。実際に素庵以後もその連結通船計画はたびたびこころみられた。

第二外環（にそと）の開通は江戸時代の「近廻し」の実現であるといってもよい。『古事記』では丹波は「旦波」と表記し、丹波国北部の加佐、与佐、丹波、竹野、熊野五郡が、和銅六年（七一三）四月三日に分割されて丹後国になる。その千三百年に「近廻し」が具体化した。

鎌倉時代初期から中期のころにまとめられた『倭姫命世記《やまとひめのみことせいき》』では丹波国を「旦波国」と書く。兵庫県の北部の但馬国と丹波国、丹後国は、古代以来北ツ海と瀬戸内海をつなぐ南北の通路であった。

日本海という名は一六〇二年にイタリアの宣教師マテオ・リッチが北京で作製した『坤輿《こんよ》万国全図』にみえるのが早く、わが国では蘭学者の山村才助が享和二年（一八〇二）に著した『訂正増訳采覧異言《さいらんいげん》』の付図に書いているのが古い。古代においては北ツ海と称されていたことは、『日本書紀』『出雲国風土記』『備後国風土記』逸文などで明らかである。現代の「にそと」は北ツ海と瀬戸内海を連結する。

（二〇一三・五・二五）

お稲荷さんの千三百年

全国の各地で祀《まつ》られている稲荷《いなり》神社は三万余といわれているが、摂社・末社の稲荷社、さらに企業や商店・個人の家の屋敷神などを加えると、その数はおびただしい。それらのお稲荷さんの総本宮が伏見稲荷大社である。

その伊奈利（稲荷）社の創建は、『社司伝来記』や『二十二社註《ちゅう》式』など、古文献の多くが伝えるように、和銅四年（七一一）の二月であった。したがって本年（二〇一一）は伏見稲荷大社御鎮座千三百年となる。来る十月十日おごそかに奉祝大祭が斎行され、盛大な記念式典が執行される。

坪原喜三郎前宮司とは、京都圀学院・國学院大学の同級生のゆかりもあって、長年稲荷講社の理事をつとめてきたが、御鎮座千三百年記念事業の一つとして伏見稲荷大社の『千三百年史』を出版することになって、私がその監修・調査執筆委員会の委員長となった。

その豊かな史料・重要文化財の本殿をはじめとする多様な建築、すぐれた美術工芸品や注目すべき特殊神事や神事芸能など、伏見のお稲荷さんが、日本の歴史と文化を象徴する大きな存在であることをあらためて認識した。神社史のなかにお山（稲荷山）の社叢《しゃそう》や景観の考察を加えたのもあらたなこころみであった。正一位稲荷大明神が貴族・官僚にとどまらず、なぜ広汎《こうはん》な庶民信仰の対象になったのか。その謎に迫ることができた。

伏見のお稲荷さんの信仰は和銅四年のヤシロの造営よりはさかのぼって古い。本殿の背後の伊奈利（稲荷）山は神奈備《かんなび》（神体山）であって、古墳時代の祭祀遺跡も検証されている。そしてそのお山の信仰は今につづいている。

日本の伝統的な神奈備信仰をうけついで、深草に住みついた渡来系の秦氏がヤシロを建立するのである。ナショナルでしかもインターナショナルなお稲荷さんの信仰は、御鎮座の由来のなかにもうかがうことができる。

平安時代のころから宮中の神楽は御神楽《みかぐら》、民間の神楽は里神楽《さとかぐら》とよんできたが、その御神楽に「韓神《からかみ》」がある。平安京の宮中神は三十六座であったが、『延喜式《えんぎしき》』巻第九が明記するように、宮内省には韓神社が祀られていた。この神が延暦十三年（七九四）の平安京遷都以前から奉斎されていたことは、大江匡房《まさふさ》の『江家次第《ごうけしだい》』をはじめとする多くの史書に伝えており、私もまた遅くとも天平神護元年（七六五）以前に祭祀されていたことを詳しく論証した（『古代伝承史の研究』塙書房）。

御神楽「韓神」は宮中の重要なまつりのおりに演奏されたが、民間では石清水・鶴岡両八幡宮のほか、伏見稲荷大社が伝承している。お稲荷さんの御神楽「韓神」は文久二年（一八六二）に復興され、明治に一時途絶えて大正八年（一九一九）に再興され、毎年十一月八日のお火焚祭《ひたきさい》の夕に一般にも公開されている。伝統的で国際的なお稲荷さんにふさわしい。

（二〇一一・一〇・一）

亀山異聞

奈良県明日香村で注目すべき調査の成果がつづいた。飛鳥池遺跡の富本銭やいわゆる「天皇」木簡などの検出、キトラ古墳の超小型カメラによる調査、出水《でみず》の苑池《えんち》遺構、さらに平成十二年（二〇〇〇）の二月二十二日に発表された酒船石《さかふねいし》遺跡の第十二次調査の内容がそれである。

版築《はんちく》の酒船石の丘に南面する石英閃緑《せんりょく》岩のきわめてリアルな石造物の大亀（全長二・四メートル、幅二メートル）や天理砂岩を数多く用いた石垣や石敷きの遺構は、『日本書紀』の斉明天皇二年是歳の条に記す「石山丘《いしやまのおか》」に対応する。酒船石遺跡についての私見は、『毎日新聞』（三月二十一日・夕刊）ほかで述べたが、あらためて想起したのは、地名亀山の由来である。

楚の憂国の詩人屈原《くつげん》とその門下などの辞賦《じふ》を集めた『楚辞《そじ》』や中国山東省の沂南《きなん》画像石にもうかがえるように、亀が蓬莱山をはじめとする道教の三神山や西王母を支える神仙思想に、「亀山」の信仰のルーツをみいだすことができる。

亀山の地名は、日本のあちこちにあるが、もっとも有名な亀山はつぎの三つである。伊勢の亀山（現在の三重県亀山市）、京都嵯峨の亀山、そして丹波の亀山（現在の亀岡市）ということになる。丹波の亀岡は、もと亀山で、明治二年（一八六九）に亀山を亀岡に改称した。

嵯峨の亀山は、亀の尾山・嵯峨ノ山ともよばれたが、小倉山の南東の尾根で南に保津川が流れる。後嵯峨天皇の離宮が亀山殿と称されたのも、亀山の地に造営されたからである。天龍寺はこの亀山殿旧地に創建され、康永四年（一三四五）の八月に盛大な洛慶法要がいとなまれた。本年（二〇〇〇）は開山夢窓国師の遠諱《おんき》六五〇年である。

嵯峨の亀山はその形状が亀の尾に似ているので亀山といわれるようになったとか、伊勢の亀山は丘陵のかたちが亀の甲に似ているからだとか、あるいは神山《かみやま》が転じて亀山となったなど、さまざまな説がある。丹波の亀山についてもいろいろな伝えがあって、それぞれに興味深い。

「鶴は千年、亀は万年」のことわざも、前漢の『淮南子《えなんじ》』などの伝説にもとづき、長寿のシンボルとしての亀は、神仙思想と深いつながりをもつ。『古事記』の神武天皇東征伝承では、大亀に乗る槁根津日子《さおねつひこ》はその水軍を先導し、『日本書紀』の雄略天皇二十二年七月の浦嶋子《うらしまのこ》の伝承では、浦嶋子は大亀を得て蓬莱山におもむく。中宮寺に所蔵されている「天壽国繡帳《てんじゅこくしゅうちょう》」の図形の亀は、このたびの酒船石遺跡でみつかった石造の亀と類似する。この繡帳が天武天皇の代に法隆寺に寄進されたものであることは、法隆寺の「資材帳」に明記されている。

酒船石遺跡の丘と亀との配置をつぶさに実見して、亀山のいわれをしみじみと回想した。亀山の信仰もまたさかのぼって古い。

（二〇〇〇・四・一六）

関西の観音信仰

音羽の山に荘厳の霊気《れいき》がみなぎった。平成十二年(二〇〇〇)の三月三日午前十一時から、音羽山清水寺の三十三年に一度の御本尊御開帳の法要が、森清範貫主を導師としておごそかに執行された。前回の御開帳は昭和四十二年(一九六七)であったが、お招きをうけてこのたびの御開帳法要に参列した。

秘仏の本尊十一面千手観音像、秘仏の勝軍地蔵菩薩・毘沙門天の両脇侍像をあおいで、たびたびの兵火や災害のなかで守りつづけられてきた観音信仰の輝きをあらためて実感した。現本尊は鎌倉時代中期の制作とみなされているが、清水寺の創建はさかのぼって古い。

『清水寺縁起』によれば、平安遷都にさきだつ宝亀九年(七七八)延鎮(賢心)上人が観音菩薩の夢告をうけて開基し、坂上田村麻呂《さかのうえたむらまろ》が寄進して清水寺を創建したと伝える。そして十一面観音像が安置されたという。観音信仰は飛鳥時代早くも具体化しており、大和の長谷寺、筑紫の観世音寺、そして清水寺へと、あいついで観音信仰の古刹《こさつ》が造営された。

清水寺の大本願であった坂上田村麻呂は、奈良県明日香村桧前《ひのくま》のあたりを本拠とした、百済《くだら》・加耶《かや》系の渡来氏族東漢《やまとのあやうじ》氏の一族である。そのことは田村麻呂の父である坂上苅田麻呂《かりたまろ》が、宝亀三年(七七二)に朝廷に提出した上奏文《じょうそう》だけをみても明らかである。大和国の高市郡の郡司に同族の者を任命すべき理由を列挙し、高市郡内には「他姓の者は十にして一・二」とまで強調している。

征夷大将軍として有名な坂上田村麻呂は、英智《えいち》の勇将であり崇仏《すうぶつ》の賢者であった。それは政府軍に果敢に抵抗した「蝦夷《えみし》」の主将阿弖流為《あてるい》・副将母礼《もれ》の武勇と器量を高く評価して、戦後の東北経営への登用を進言した行動にもみいだすことができる。平成六年（一九九四）は、建都千二百年の節目《ふしめ》の歳であったが、同年の十一月、清水寺山内に「北天の雄　阿弖流為・母礼の碑」が建立されたのも、いわれあってのことである。

私はかねてから東日本を象徴する民衆の仏教信仰は不動明王の信仰であり、西日本を代表する民衆の仏教信仰は観音信仰であると考えてきた。不動明王といえば、千葉県成田市の新勝寺の成田不動が名高い。もっとも関西にも不動明王ゆかりの寺があり、成田不動のもとは高野山神護寺から勧請《かんじょう》したという伝承もある。しかし比較していえば、西日本をリードしたのは観音信仰であった。

それは西国三十三番札所の信仰のひろがりにはっきりと反映されている。近畿を中心とする観音菩薩の霊場めぐりなどは、関西の民衆信仰のありようを端的に物語っている。江戸時代には西国の巡礼に対して坂東三十三所巡礼などが誕生したが、その大勢はかわらなかった。三十三年ごとの御開帳や三十三番札所も、観音菩薩が三十三身に変化《へんげ》して救済されるという教えにもとづく。清水寺の御開帳は、新世紀に向っての関西の活性化に寄与するにちがいない。

（二〇〇〇・三・一三）

新・世界七不思議

人類の歴史を顧みると、常識では思いもつかない数多くの不思議がある。これを七つの不思議にしぼって、「七不思議」と称する例は内外にある。たとえば日本では古くから越後・信州・遠江などの「七不思議」が有名であり、転じて各地で事物や人についての「七不思議」が形づくられている。

世界でもギゼーの大ピラミッドをはじめとする「古代世界七不思議」が数えられてきた。このたびニュー・セブン・ワンダース財団が、ユネスコやスイスの政府などの協力のもとに、「新・世界七不思議」を選ぶという。

きわめてユニークなこころみであって、オンライン投票（A）・（B）、電話投票（英語による入力）によって決定される。その二十一の候補に、日本からは京都の清水寺が選ばれた。中国からは万里の長城、インドからはタージマハールが候補になっている。アジアの候補として選ばれてよいはずのものは他にもあるが、清水寺が候補のひとつになったことは、日本文化のシンボルとして意味深い。

十一月十四日の清水寺での最終候補認定証の授与式でも述べたところだが、一九七三年の六月から三度にわたってヨーロッパ各地の遺跡を歴訪したにすぎないけれども、ヨーロッパ文化の基調は、石造物を基調とする石の文化と実感した。中国へは一九七四年の五月からたびたび訪問しているが、秦の始皇帝の兵《へい》馬《ば》俑《よう》はもとよりのこと、その多くの遺跡・遺物の基本は土の文化がその前提になっている。

ところが日本の文化は、伊勢神宮の聖なる森と五十鈴川そして簡素にして荘厳な神明造りが代表するように、木と水の文化によってその基層が構成されている。

『清水寺縁起』にはさまざまな種類があり、およそ四種類にわけられているが、その発端としては、僧賢心（延鎮）が音羽の滝に至ったという宝亀九年（七七八）が注目される。清水寺信仰の原点は、聖なる音羽の滝「清水」の信仰にあったといってよい。

そして延暦十七年（七九八）に十一面観音像が安置され、奈良県明日香村桧前《ひのくま》を本拠とする、朝鮮半島南部の百済・伽耶《かや》系の渡来氏族（東漢氏《やまとのあやうじ》）出身の坂上田村麻呂の発願によって、清水寺の宝殿が造営されたと伝える。

あの見事な清水の舞台には、くぎなどの金具は一切使われずに、長い歳月の間ダイナミックな木造建築とあざやかな景観とを保持してきた。「新・世界七不思議」の二十一の候補のなかで、木造の建築物は清水寺のみである。

木と水の保全は地球の汚染を防ぐ身近な課題だ。日本文化の基層を反映する清水寺、その三重塔は田村麻呂の孫（娘の子）の葛井《かどい》親王が建立した（『縁起』）。木と水の文化そしてインターナショナルな清水寺の当選を念じてやまない。

（二〇〇六・一二・二）

三十三所の巡礼

西国三十三所の観音霊場は、四国八十八ケ所の霊場とならんで、今ももっともよく知られている巡礼の聖地である。この観音巡礼は奈良時代の前期、大和の長谷寺の徳道《とくどう》上人によってはじまり、平安時代の中期、花山《かざん》法皇の中興さらに後期の白河法皇を経てひろがったと伝えられている。

平安時代の後期、観音霊場の「聖《ひじり》の住所」として摂津の勝尾寺・播磨の円教寺、「霊験所」として丹後の成相寺が今様《いまよう》に歌われていたとおり（『梁塵秘抄』）、観音霊場の信仰がすでに存在していたことはたしかであった。三十三所の聖地は、観音菩薩が三十三とおりの姿を現《あら》わして人びとを救済するという教えの「三十三身」に由来するが、三十三所の霊場にも時代による変遷があって、現今の三十三所に近い形が完成したのは中世後期から近世初期にかけてであった。

そもそも「西国」という地域名が用いられる初見は、私の調べた限りでは貞永元年（一二三二）の閏九月一日の鎌倉幕府の法令にみえるのが早い。たとえば壬申の乱（六七二）のおり、「東国」という用語が使われていたのとは対照的である。「西国」という地域名は東（東国）からの命名であった。西国三十三所の一番の紀伊・青岸渡寺からはじまって、西限は二十七番の播磨の円教寺、北限は二十八番・二十九番の丹後の成相寺・松尾寺、そして最後の三十三番が美濃の華厳寺という時計廻りの順番になっているのが注意される。伊勢・尾張の観音霊場は登場しない。

西国三十三所についで坂東三十三所・秩父三十三所の霊場が形づくられたが、平成二十年（二〇〇八）の十月四日からの島根県立古代出雲歴史博物館の特別展「出雲・石見の観音巡礼　秘仏への旅」にもうかがわれるように江戸時代には出雲三十三所・石見三十三所の巡礼もさかんであった。

出雲・石見の三十三所にも、それぞれの地域のカラーがあって興味深いが、出雲の三十三所が、杵築大社（出雲大社）のある大社町の長谷寺を第一番として、二番養命寺・三番鰐淵寺というように、出雲の大社の鎮座地を起点として、大社を中心に札所のネットワークが構成されているのをみのがせない。出雲札所の成立の画期としては、天正年間（一五七三〜九二）が注目されている。

そして出雲や石見では、巡礼の簡便化をはかり、島根郡内や那賀郡内の三十三所が、十七世紀後半から十八世紀の前半にかけて開設された。

聖地の巡礼はヨーロッパをはじめインドのバラモンあるいは中国五台山の巡礼など、世界の各地にある。そして昨今の日本では、出雲国神仏霊場二十社寺とか、参加百五十社寺による神仏霊場とか、神も仏もの巡拝が具体化している。西国三十三所一番の青岸渡寺も、熊野三山のひとつである那智大社との神仏習合による霊場であった。たんなる観光の旅ではない。まことの聖地巡礼の行《ぎょう》とこころを三十三所の史脈から学びたい。

（二〇〇八・一〇・一一）

清水寺と田村麻呂公

京都の清水寺では、平成二十一年（二〇〇九）の五月三十一日まで、田村堂（開山堂）が開扉されている。花山法皇一千年御忌にちなむ本尊の特別開帳に合わせての九十九年ぶりの開帳である。四月十九日、清水寺主催の「言《げん》」あ・うんの語りに招かれて成就院で講演した。沖縄や東北・関東からの聴講者もあって盛況であったが、田村堂ではじめて、清水寺の大本願である武官姿の坂上田村麻呂像と夫人の高子命婦《みょうぶ》像（ともに坐像）を拝観した。

須弥壇《しゅみだん》の厨子《ずし》（重文）に安置されているその気高き夫婦像に、田村麻呂公と清水寺との深いえにしをあらためて実感した。そしてその堂内には、開基行叡居士《ぎょうえいこじ》と開山賢心（延鎮）上人の坐像も祀《まつ》られていた。『清水寺縁起』などによれば、宝亀九年（七七八）に僧賢心は音羽の地で観音の化身とする老仙行叡と出会い、滝のほとりで千手観音を奉祀して庵を営む。宝亀十一年妻高子の出産のために薬猟《くすりがり》におもむいた田村麻呂は、賢心の庵に立ちよったのが機縁となって、田村麻呂夫妻は賢心に深く帰依するようになる。田村麻呂は堂宇の建立に協力し、高子夫人も仏殿を建立した。さらに娘の春子と桓武天皇との間に生まれた葛井《かどい》親王も、三重塔を造営する。田村麻呂一族と清水寺とのつながりはきわめて密接であった。行叡像が髭《ひげ》の居士像であり、延鎮像が右手に独鈷《とっこ》を持つ上人像であるのも興味深い。

田村麻呂の父の苅田麻呂《かりたまろ》は、陸奥鎮守将軍ともなったすぐれた武官だが、宝亀三年の四月に、大和国高市郡の郡司には、わが一族を任命すべき旨を言上している（『続日本紀』）。応神天皇の代に坂上氏らの祖とする阿智使主《あちのおみ》が多くの人びとを率いて渡来し、高市郡内では「他姓の者は十にして一・二」であると進言した。実際に高市郡は「今来郡《いまき》」とも称されており、坂上氏は高市郡の桧前《ひのくま》（桧隅）を本拠にした、百済・加耶《かや》系の渡来氏族東漢氏《やまとのあやうじ》を出自とする。日本の壁画古墳を代表する有名な高松塚やキトラ古墳は、この桧隈の地域に所在する。

律令国家の支配者たちは、日本版中華思想にもとづいて、東北や南九州・奄美の地域の人びとを夷狄《いてき》とみなした。そして陸奥・出羽の先住者を「蝦夷《えみし》」あるいは「毛人」とよんだ。八世紀後半から「蝦夷」の反乱が激化し、政府は征夷軍をたびたび派遣したが、大きな成果はなかった。延暦十六年（七九七）の十一月に征夷大将軍となった田村麻呂が、その鎮圧に成功し、同二十一年の四月に、北天の英雄阿弖流為《あてるい》と副将母礼《もれ》が服属する。

田村麻呂は助命を願ったがいれられず、河内の杜山《もりやま》で斬首《ざんしゅ》された。八宗兼学をめざした清水寺にふさわしく、平安建都千二百年にあたる平成六年の十一月、境内に阿弖流為・母礼の慰霊碑が建立された。敵・味方を超えた「怨親平等」のこころざしが輝く。

（二〇〇九・五・一六）

保津川開削四百年

保津川下りやトロッコ列車で有名な保津川は、いまでは観光名所として有名だが、亀岡から嵯峨嵐山までの峡谷を船下りする保津川下りが本格的にはじまるのは、明治に入ってからであり、トロッコ列車は、JR嵯峨野線複雑電化にともなう嵯峨・馬堀間の旧線活用で誕生した。

保津川は古くは葛野川ともよばれ、一般的には丹波高原から亀岡盆地までを大堰川、亀岡盆地から保津峡・嵐山のあたりまでを保津川、以下を桂川とよぶ場合が多い。河川法などでは、上流から淀川に合流するまでを桂川とするが、保津川は丹波からの物資とりわけ用材を運ぶ筏《いかだ》のルートとして重要な役割をはたした。

灌漑《かんがい》用水にも不可欠であり、葛野の地域を開発した秦氏《はたうじ》が、葛野川に大堰《おおい》を築いて治水につとめたのにもとづいて、大堰川とも書かれるようになる。葛野大堰の記事は天平十年（七三八）の「大宝令」の注釈書である『古記』にもみえている。

この保津川を開削して、船を通す大事業を短期間になしとげたのが、角倉了以《すみのくらりょうい》とその子の素庵《そあん》であった。慶長十一年（一六〇六）の三月から開始して、同年の八月には完成している。その記念すべき保津川開削四百年が本年（二〇〇六）である。

嵯峨の土倉（金融業）を営んでいた角倉家は、京都三長者のひとつと称された豪商であったが、角倉了以は慶長八年に安南国（ベトナム）へ角倉船をだして、朱印船貿易に従事するようになる。山間部に住む人びとから、当時「魚に非《あら》ずして水を走る」と驚かれたという船は、幼少のころから保津川の近くで育った了以とのかかわりが深かった。

慶長九年の六月、角倉船は安南国から帰国した。その年、了以は備前と美作《みまさか》の境を流れる和気川に遊ぶ機会があった。そこで、船底の扁平《へんぺい》な艜船《たかせぶね》（高瀬舟）が往来するのをつぶさに観察した。そして保津川の舟運に活《い》かす。慶長十年、了以と素庵の幕府への建議が認められて、丹波の世木（南丹市日吉町世木）から嵯峨までに船を通す難工事にとりくんだのである。

角倉了以らは保津川開削のみにたずさわったのではない。富士川の舟運などにもとりくみ（天竜川の開削は挫折）、「鴨川水道（運河）」さらに高瀬川の開削を成功させている。

京都の発展に「鴨川水道」や高瀬川の開削が大きく寄与したことは多言するまでもない。

角倉了以らは保津川開削の場合にも、豪商らしく通船料や倉庫料も徴収したが、その舟運によって、五穀をはじめとする丹波と京都の流通はさかんとなる。その恩恵は多大であった。

嵐山の大悲閣には、慶長十九年七月、六十一歳でなくなる前に作られたという角倉了以の坐《ざ》像《ぞう》がある。石割斧《いしわりおの》を右手に持ち、眼光するどくみつめる姿が、いまの保津川を見守る。開削四百年記念の有意義な事業の展開が期待される。

（二〇〇六・二・六）

高瀬川開削四百年

京都に生まれ京都を舞台として活躍した豪商である角倉了以（一五五四〜一六一四年）とその子素庵が、京都の二条から伏見までの高瀬川の開削を完了したのは、一六一四年（慶長十九）の秋であった。したがって、今年は高瀬川開削四百年になる。

京都市東山区の茶屋町にある方広寺は、豊臣秀吉が創建し、天正十七年（一五八九）に竣工《しゅんこう》したが、慶長元年（一五九六）の地震によって崩壊した。秀頼は秀吉の意志をついでその再興をめざす。しかし金銅の大仏鋳造中に焼亡、大仏殿のあらたな造営が必要となった。

そのためには巨木を牛馬で運送するよりも、賀茂川の水を「堰分《せきわ》け」て、新運河（高瀬川）を構築して運ぶ方が便利であった。慶長十五年（一六一〇）六月、了以と素庵は高瀬川の工事に着手し、大仏殿はできあがって、三条から鳥羽までの高瀬川が開通した。しかし了以と素庵はさらに申請して、竹田から伏見までの開削にとりくむ。物資の輸送路としての高瀬川の活用である。その創意と工夫はさすがであった。そして慶長十九年の秋、ついに高瀬川は完成する。

高瀬舟といえば、森鷗外の小説「高瀬舟」を想起するが、船底が平らで浅い運搬船であった。慶長九年（一六〇四）、素庵（与一）宛てで保津川開削許可状が大久保長安と本多正純によってだされているが、その保津川に備前（現在の岡山県）の和気川で実見した高瀬舟を活用している。

了以父子の河川開削は、高瀬川と保津川だけではない。大井川や富士川など、ほかの河川にもおよんでいる。（ただし天竜川は中止せざるをえなかった）。

河川の工事には莫大《ばくだい》な費用がいる。作業員の雇用などはもとより、土地の買収や田畑の用水路の補償をはじめとして、よほど財力がなければ、簡単に開削はできない。朱印船貿易による角倉船の利益が、河川開削の財源となった。角倉船は主として安南国（現在のベトナム）と交易したが、その回易大使司となったのは、了以ではなく素庵であった。乗組員は一隻三九七人であったという。

了以は高瀬川の完成をみることなく、慶長十九年の七月十二日、この世を去ったが、その長男素庵のはたした役割はきわめて大きい。海外との交易を継承したばかりでなく、元和元年（一六一五）には淀川転運使・木曽の巨材採運使となり、元和三年（一六一七）の江戸城改築のおり、富士山の材木伐出《ばっしゅつ》にあたったのも素庵であった。高名な儒学者藤原惺窩《せいか》を師とし、惺窩に相談してまとめた「船中規約」には、貿易は「人（相手の国の人）をすてて己《おのれ》を益するに非《あら》ざるなり」と明記し、「異城（外国）」の「風俗言語異なると雖《いえど》も」それを怪しんだり、だましたり、罵《ののし》ったりしてはならぬと定めている。今日でいえば、多文化共生である。素庵は芸術家本阿弥光悦とも親交があって、光悦本を出版した。また師の藤原惺窩と一緒にはじめて保津川下りを楽しんだのも素庵であった。

（二〇一四・四・一）

リヨン回想

一九九六年の六月二十七日の夕（日本時間二十八日未明）からはじまったリヨン・サミット（第二十二回先進国首脳会議）は、二十九日午前（日本時間同日夕）の議長声明で閉幕した。会議で採択された「経済宣言」には、市場経済のグローバリゼーション（世界化）を「未来に対する希望の源泉」と位置づけ、その陰の部分ともいうべき失業や途上国の開発援助に積極的に取り組むことがうたわれた。そして議長声明には、朝鮮半島の情勢にかんする四者会談の支持が明記されていた。

リヨン・サミットにおける問題提起とその課題が、次回のアメリカ・デンバーでのサミットまでに、少しでも解決の方向に向かうことを期待する。フランスの中東部、ソーヌ川とローヌ川の合流点に位置するリヨンは、パリにつぐフランス第二の大都市であり、商業・工業の都市としても注目すべき歴史を保有する。

リヨンは京都の近代化にとって忘れることのできない都市であった。十八世紀にイタリアから技術を導入して絹織物がさかんとなり、一八〇二年のジャカード織機の発明をもとに、特色ある絹工業の要地となった。

遷都の詔も発布されないままに、東京が事実上の首都となって、京都は大きな打撃をうけた。西陣機業も例外ではなかった。その西陣のあらたな復興をめざす佐倉常七・井上伊兵衛・吉田忠七が、リヨンに向かって出発したのは明治五年（一八七二）の十一月であった。明治二年に設立された西陣物産会社は、技術の習得とあらたな織機購入のために、リヨンへの伝習生派遣を京都府に申請した。支出された費用は総計六千四百ドルであった。

船と汽車による長旅であって、外国語をマスターしていたわけではない。紹介の労をとったのは、当時フランス語教師として京都にいたレオン・デュリーであったが、「少々言葉もケイコ之有り候へ共」、「ムチャクチャ」のケイコであったと回想されている。

条約改正のために欧米の視察におもむいた岩倉具視の一行は、明治六年にリヨンで佐倉常七らと面談している。岩倉の日記には、フランスの技師らは「手を揮《ふ》って」教え、「手で示せば直に悟る」というありさまであって、「その熟練に驚愕したり」と記されている。

明治六年の十二月、佐倉・井上はジャカードなどの諸織機（十種）を購入して帰国、翌年から織工場（織殿）に「西洋機械」が設置された。西陣機業の伝統は、佐倉らによって「日本に久しく発達したる工芸に、西洋の機械を与えられて、急速に進歩を示した」のである。明治十一年に率先してジャカード機を採用した佐々木清七は私の曾祖父にあたるが、佐倉常七は勧業場廃止後、佐々木清七の工場に移っている。

昭和四十八年（一九七三）の六月、平安雅楽会を中心とする雅楽訪欧公演のおり、団長としてリヨンに二度おもむいたことがある。当時のリヨンの市長さんに西陣への寄与を感謝した。リヨン・サミットを身近に感じたのは、そうしたえにしによってである。

（一九九六・七・二一）

パリの時代祭

京都市とパリ市との姉妹都市締結四十周年を記念して、七月十四日のパリ祭終了後、毎年七月から八月にかけて執行されているパリ夏の芸術祭に、平安神宮の時代祭行列が公式に参加する。

明治二十八年（一八九五）に、平安遷都千百年を記念して創建された平安神宮では、第一回の例大祭のおりから、動く時代風俗絵巻といってよい時代祭行列を実施してきた。昭和十九年（一九四四）から昭和二十四年までの期間行列の巡行は中断されて、居祭《いまつり》のやむなきにいたったが、平安講社を中核とする時代祭行列は、京都の三大祭の一つとして、秋の風物詩を約百年のあいだ多彩にいろどってきた。

これまでにも各地から時代祭の行列をという招待の要望はあったが、一度も京都以外で巡行したことはない。七月二十五日の行列巡行はカルーゼルの凱旋門を出発、コンコルド広場・オペラ座・ルーブル宮を経て凱旋門までのコースをたどる。総勢約三百名が馬・馬車を列ね、歴代の考証委員が厳密に検討してきた時代衣裳を身にまとってパレードする。

七月二十八日から八月十五日まで、ギャリエラ宮（衣裳博物館）で時代祭衣裳展、七月二十三日の京都デーには、日本の風土や文化について造詣の深いフランス社会科学高等研究院現代日本研究所長のオギュスタン・ベルク教授、日本の神話や歴史に詳しいフランス国立東洋言語文化研究所のフランソワ・マセ教授、平成元年の十二月から時代祭考証委員をつとめている猪熊兼勝京都橘女子大学教授と私とが参加するシンポジウムや、裏千家の協力による茶会が予定されている。

パリで時代祭の巡行といえば意外に思われるむきがあるかもしれない。だが、京都とパリとの関係には予想される以上に深いつながりがあった。明治五年（一八七二）に西陣から佐倉常七ら三名が、絹織物の技術習得と新しい織機を導入するために渡仏するが、その紹介の労をとったのは、当時京都府フランス学校の教授であったフランスのレオン・デュリーであった。明治十年の帰国にあたっては稲畑勝太郎ほか八名の留学生が同行している。西陣機業の復興とフランスは密接なつながりをもつ。

パリは一八五五年の万国博覧会をはじめとして、万博開催をパリの活性化に結びつけてきた。そして一八八九年の第四回万博のおりにエッフェル塔を建設する。京都も明治四年から博覧会を開いて疲弊した京都の再建をはかり、遷都千百年記念として第四回内国勧業博覧会を盛大に挙行した。

京都とパリは伝統ある歴史と文化・芸術の都であったばかりでなく、エッフェル塔に学んで平安神宮に大極殿を造営した。友好都市の盟約もたんなる偶然ではなかった。このたびのパリの時代祭には、それなりのいわれがある。その快挙の成功を期待し、国際親善と交流の輪がさらにひろがるようにと念じている。

（一九九八・六・七）

❦京都とパリ

カルーゼル凱旋門からコンコルド広場へ、そしてマドレーヌ寺院前からオペラ座へ。一九九八年の七月二十五日に実施された時代祭行列のパリ巡行は大成功であった。京都から自費で参加された多くの方々、巡行に加わったパリの若者、五百人以上の時代祭巡行の風俗絵巻は、「日本の大パレード、パリッ子を魅了」などと、フランスのマスコミが大きく報道したように、予想以上の成果をあげることができた。

京都市とパリ市の友情盟約四十周年を記念するシンポジウム・時代祭行列巡行・衣裳《いしょう》展の企画に関係したひとりとして、関係各位のご努力にあらためて敬服する。ティベリ・パリ市長、マルチネ夏の芸術祭協会委員長をはじめとするフランス側の方々も、「千二百年にわたるコスチュームに、京都の歴史と文化の伝統を実感することができた」と称賛された。

七月二十三日の午後二時から、パリ日本文化会館ホールで開催されたシンポジウムには、バカンスの最中にもかかわらず、二百八十人収容の会場に三百名以上のパリ市民が参集された。コーディネーターの磯村尚徳館長もその熱気に感動。討論は白熱した。

フランス社会科学院現代日本研究所のオギュスタン・ベルク所長の「日本の風土と文化」、私の「フランスと日本―パリと京都論」の基調講演を前提に、国立東洋言語文化研究所のフランソワ・マセ教授、京都橘女子大学の猪熊兼勝教授をまじえての討議となったが、聴衆からも貴重な質問があいついだ。

京都とパリには類似する要素がかなりある。首都としての伝統ばかりではない。学問と文化、芸術と観光、ファッションの都パリと織物や衣裳の都京都、近代に入って博覧会を契機に、疲弊した都市を復興させてきた点も共通している。そして京都の近代化はフランスとの密接なつながりをもった。

平安遷都千百年紀念祭の協賛会副会長の佐野常民は、第二回のパリ万国博覧会に参加している。明治五年にリヨンへ西陣から派遣された佐倉常七ら三名の紹介の労をとったのは、当時の京都府フランス学校の教授レオン・デュリーである。ジョゼフィーヌ夫人は女紅場《にょこう》の教師でもあった。明治八年のデュリー帰国のさいには稲畑勝太郎ほか八名が同行し、稲畑は第五回万博審査員をつとめた。第二琵琶湖疏水をはじめとするいわゆる三大事業で財源が不足して、京都市が外債をつのったさい、いち早く四五〇〇万フランの契約締結をしたのは、パリ協和銀行とマルセイユ商工信託預金銀行であった。

日本文化の特色としての木の文化を強調すべきではないか、なぜ東京から京都へ遷都しないのか、時代祭行列に足利尊氏がどうして登場しないのか、伝統と革新のパリと京都でのありようの質問など、パリ市民の日本と京都の文化への関心はきわめて高い。「ポン・デ・ザール」はセーヌ川両岸の芸術施設をつなぐ歩道橋で、橋そのものの芸術性は低い。このたびの時代祭行列パリ巡行こそ、京都からの文化発信の架橋であった。

（一九九八・八・一六）

第4章

出雲と地域の文化

地域からの発信

「地方の自治体が主催して、東京で地方の歴史と文化の展覧会が、このように充実した内容で開かれるのは、今回がはじめてである。文化庁では文化財の保存ばかりでなく、その活用を重視するようになったが、その点でも注目される」

これは平成九年（一九九七）の四月二十四日、東京の東武美術館で盛大に挙行された「古代出雲文化展」開会式のおりの、文化庁代表の挨拶を、私が要約した一節である。その挨拶を聞きながら、「古代出雲文化展」実現の日までのすぎ去った日々が、走馬灯のように浮かびあがってきた。

澄田信義島根県知事の諮問をうけた私どもが、「島根の古代文化活用への提言」をまとめて、その答申を提出したのは、平成二年（一九九〇）の一月であった。いうところの「古代文化」とは、時代区分上の古代を中核としながらも、鎌倉時代以降現代におよぶ島根県の各時代の基層に存在する古代的要素を含めての「古代文化」であった。その提言は多岐にわたるが、私どもがもっとも強調したのはつぎの二つである。そのひとつが県立の古代文化研究機関の設置であり、いまひとつが「古代出雲文化展」の全国主要都市での開催であった。

県ではその提言を誠実に具体化して、同年九月の第一回の古代文化センター運営委員会を発端に、たびたびの討議の結果、平成四年の五月には県立の埋蔵文化財調査センターおよび古代文化センターがオープンした。古代文化センターには考古・風土記・祭礼・芸能などの研究部門があって、現在ではセンター長ほか専任研究員十一名、客員研究員十四名が所属している。

島根県では県外からの観光客の受け入れをめざすさまざまなこころみがなされてきた。しかしそれらは受信のイベント志向であって、県外に発信する姿勢が足りない。昭和五十九年（一九八四）夏の斐川町神庭荒神谷遺跡からの銅剣三百五十八本出土、翌年夏の同遺跡からの銅鐸六個、銅鉾十六本の検出、西谷３号墳をはじめとする独自の四隅突出墳丘墓など、近時の注目すべき発掘成果ばかりではない。原伝唯一の完本である『出雲国風土記』、石川年足《いしかわのとしたり》の墓誌、出雲大社・鰐淵寺をはじめとする貴重な社寺の文化遺産、豊富な神事芸能など、それらの文化財を集約しての展覧会を、県外に「出前」することが必要であると力説しての「古代出雲文化展」の企画であった。

県では毎年関係予算を積みあげ、平成六年（一九九四）の七月、その準備委員会が正式に発足した。この計画に大きないろどりをそえたのが、平成八年の神在月、十月十四日の加茂町岩倉遺跡からの銅鐸三十九個の出現である。本年の四月から東京開催を決定して準備にとりくんでいた関係者にとっても朗報であった。

銅剣三五八本、銅鐸三十九個のほか、神宝の国出雲のあまたの展示はまさしく圧巻である。「地方の時代」などというかけごえには必ずしも賛成できない。「中央」を前提とする「地方」ではなく、それぞれの地域を起点として、地域から全国・アジア・世界に向かって発信する、ローカルでしかもグローバル（グローカル）な視座が不可欠となる。島根県のこのたびの快挙は、各地の自治体からの文化発信のひとつのモデルとなるにちがいない。

（一九九七・五・一一）

加茂岩倉遺跡の謎

平成八年（一九九六）の十月十四日の夜、島根県の古代文化センターから、大量の銅鐸《どうたく》が加茂町の岩倉でみつかったとの連絡をうけて、まず想起したのはつぎの二つであった。そのひとつは、昭和五十九年（一九八四）の夏に、島根県斐川町の神庭《かんば》荒神谷遺跡から銅剣（中細形C）が三百五十八本も出土し、さらに翌年の夏、銅鐸六個、銅矛十六本が検出されたことであり、そのふたつは、加茂町のあたりは、天平五年（七三三）の『出雲国風土記』に明記する神原郷であり、このたびの三十四個におよぶ銅鐸出土地が、岩倉という地名の場所であったことである。

一九八六年の三月、松江で開催された〝荒神谷の謎《なぞ》に挑む〟シンポジウムでもすでに言及したところだが、それまでの全国銅剣の総数約三百本をこえる神庭荒神谷遺跡の銅剣は、出雲で作られた可能性があると考えてきた。そして弥生時代青銅器の一大センターがあったにちがいないと思いつづけてきた。また銅鐸の出土地名には、神庭遺跡の神庭のほか、たとえば神戸市の櫻ケ丘（もとの地名はカミカ＝神丘）、兵庫県夢前町の神種《こうのくさ》などと、不思議にカミ（神）にゆかりのものがあって、加茂町の神原神社古墳には景初三年（二三九）銘の三角縁神獣鏡が副葬されていた。しかも三十四個（あるいは今後もう少しふえるかもしれない）を数える全国最多の銅鐸出土地が、神の降臨を仰ぎみた岩倉（磐座＝いわくら）の地であった。

これまでの銅鐸出土地としてもっとも有名であったのは、滋賀県野洲町小篠原の大岩山遺跡である。明治十四年（一八八二）に十四個、昭和三十七年に十個が出土して内外の注目をあつめた。昭和三十七年のおりの発掘調査の指導をされたのは梅原末治先生であったが、梅原先生から現地を観察するようにとの電話をうけて、発掘現場にかけつけた昔を懐かしく回想する。

加茂岩倉遺跡の重要性は、大岩山遺跡をしのぐ多数の銅鐸が出土したことばかりではない。一つの場所で銅鐸の古段階のタイプ、中段階のタイプ、現在のところそのいずれとも決めがたいタイプなど、銅鐸の変遷をたどりうる手がかりが秘められていること、さらに銅鐸の埋納のありようがかなりわかる状況にあることなど、今後の研究に寄与するところが多い。

島根県では平成六年の七月から、明年東京・大阪・松江で実施する古代出雲文化展の準備をすすめてきた。県の依頼でその準備委員会の委員長をつとめてきたが、その展示内容は加茂岩倉遺跡の出土銅鐸を含めて、ますます充実する。この大量の銅鐸がいったいどこで作られたのか、どのような集団がどの時期になんのために埋納したのか、二世紀のころの出雲で、四隅突出型の西谷3号墓をはじめとする最大級の弥生墳丘墓を築造した政治勢力の登場とどのようなかかわりをもつのか。当時の東アジアの情勢のなかでのあらたな検討が、来る十一月三十日に加茂町で開催される加茂岩倉遺跡公開シンポジウムでこころみられる。すぐれた専門の考古学者をまじえての討議の成果を期待する。

（一九九六・一一・一〇）

神も仏も

「神か仏か」でもなければ、「神と仏と」でもない。あえて「神も仏も」と提言するのには、それなりの理由がある。平成八年（一九九六）の九月一日、亀岡市のJA会館で、かめおか宗教懇話会の設立総会と記念講演会が開催された。亀岡を中心とする地域の神社・寺院・教会のほか、宗教法人大本・天理教・立正佼成会などの関係者有志が発起して創設されたこの懇話会には、約百名の会員が参加して、有意義なスタートとなった。そして九月二十六日には第一回の役員会があった。

全国各地にこの種の組織はおよそ三十ぐらいあるようだが、亀岡の場合は必ずしも亀岡市に在住する者にとどまらず、会員もいわゆる宗教者のみに限定されてはいない。したがって会の名称も「亀岡市宗教者懇話会」とはせずに、「かめおか宗教懇話会」とされている。各教団・各宗派の独自性を尊重しあいながら、教団・宗派の垣根をこえて、祈りと実践の交流をはかり、地域における文化や福祉の向上をめざして、人類の平和に貢献しようとするこころみが、口丹波からはじまった。

「比叡山宗教サミット」をはじめとして、世界の宗教者による平和の祈りの集いは、一九八〇年代から世界のあちこちで開かれてきたが、地域に密着したローカルで、しかもグローバルな活動はまだまだ不充分である。宗教界の首脳が教団・宗派の枠を克服して、協調の方向を具体的に積みあげてこられた、なみなみならぬ努力は、多くの成果を生みだしてきた。

しかしそのこころざしが、各社寺・各教団のすみずみまで浸透しているか、各地域の人びとに共感をもって迎えいれられているかといえば、現実は必ずしもそうではない。かめおか宗教懇話会（宝積玄承会長）の発足は、その欠落を補完するばかりでなく、地域に根ざした宗際活動として、今後の活躍が期待される。

一九九三年十一月、綾部市の大本長生殿で開催された「世界宗教者の祈りとフォーラム」に、助言者として加わり、はからずも大会宣言文の起草委員長をつとめたことがある。キリスト教、ユダヤ教、イスラム教、ヒンズー教、ロシア正教、仏教、神道など、世界各地の宗教界のリーダーたちの熱心な討議のなかで、教義の対話のむずかしさを痛感した。宗教的言語による対話よりも、普遍性につながる宗教的体験や実践の交流とその共有こそ、宗教協力の前提になることを実感した。

宗教懇話会の発会を記念する講演で、延暦寺の小林隆彰執行は、日本の宗教的風土が宗教協力にふさわしい背景になっていることを指摘され、比叡山の教えと行とが「万教同根」につながる所以《ゆえん》を報告されたが、「教」・「信」ばかりでなく、「行」と「証」とが、ほんものとえせ宗教とのちがいをうきぼりにする。

近世国学の大成者といってよい本居宣長自身が「神も仏も」の信奉者であった。それは樹敬寺にはみずからがつけた「高岳院石上道啓居士」の墓をいとなみ、わが家の霊牌《れいはい》には「秋津彦美豆《みず》桜根大人《さくらねうし》」と記すようにと遺言したのにも象徴されている。「神も仏も」の信仰は、共生の思想につながる。

（一九九六・一〇・六）

受容と選択

近時、有名社寺の神職と僧侶による合同の祭儀や法要がとり行われる例が増加している。京都では石清水八幡宮や清水寺をはじめとして、平成十七年（二〇〇五）の三月二十九日の京都東山八坂神社で執行された「祇園社法華八講」などがそうである。こうした動きは全国的に具体化しており、太宰府天満宮では「御神恵千百年大祭」で「神仏御縁祭」がかつての「安楽寺天満宮」にふさわしく挙行された。島根県東部の出雲では、二十社寺が寄り合って「出雲の国・社寺縁座の会」が結成され、この四月二十三日から「出雲国神仏霊場」が開創される。

そもそも慶応四年（一八六八）三月の「神仏分離（判然）令」が、日本文化のありようにふさわしくない「神か仏か」の強要であった。慶応四年の九月八日、慶応は明治に改元され、明治元年九月の「布告」で「破仏の御趣旨には決して之《これ》無く」と弁明されたが、廃仏毀《はいぶつき》（棄）釈《しゃく》の波を押しとどめることはできなかった。大隈重信が往時を回想して「明治初年の廃仏毀釈は、神道者国学者及び漢学者が主唱したもので、彼等が仏教に対する積年の怨《うら》みを晴らさうとしたものだ」と述べているのも、それなりのいわれがある。

仏教受容をめぐって崇仏・排仏の争いが支配層の間であったことはたしかだが、『日本書紀』が仏を「仏神」、『元興寺縁起』が「他国神」、『日本霊異記』が「隣国の客神」と書き、各地に神宮寺ができ、神前読経などが実施されたように、基本的には「神も仏も」の調和と共存の姿勢が、日本宗教史の基層を形づくった。

昭和三十六年（一九六一）十月、長崎県福江島のかくれ切支丹の調査におもむいたおりには、土地の産《うぶ》土神《すなのかみ》の本殿の中に当時は聖母マリアの像がまつられており、「オラショ」（祈禱の言葉）の文に「パライソ（天国）にますイカヅチノカミ」とある、神仏習合ならぬ神基習合ともいうべき融合の信仰にであったことがある。

だがすべてを無原則に受容したわけではない。たとえば平城京や平安京などをみても羅城門は設けられたが、都の周囲に羅城をめぐらすことはなかった。平城京では羅城門の両翼に築地が築かれていたにすぎず、平安京でも十世紀前半の『延喜式《えんぎしき》』に、南辺の一部に築垣が造られたことを記すだけである。

儒教は積極的に受け入れたが、天命革《あらたま》る革命思想の濃厚な典籍は避け、官吏登用試験である科挙《かきょ》や後宮に奉仕した去勢男子の宦官《かんがん》などは全く採用しなかった。戦後六十年の歩みをかえりみれば、あまりにもヨーロッパやアメリカの文明に追随してきたことに気づく。欧米文明を受容するのが進歩であり、流行の先端を生きることだと錯覚してきた。そしてややもすれば東洋の文明を軽視し後進視してきた。

紫式部が『源氏物語』（乙女の巻）で、「才《ざえ》を本《もと》にしてこそ大和魂の世に用ひらるる方《かた》も強《つよ》う侍《はべ》らめ」と語っていることを想起する。「漢才」や「洋才」を「本《もと》」にするためには、受容と選択の知恵が必要である。

（二〇〇五・四・一六）

ミャンマーの軍事政権に対する多数の僧侶の抗議デモは、宗教が生きていることを世界の多くの人びとにアピールした。それとはスケールも内容もくらべものにならないが、近時の宗教法人「紀元会」の傷害致死容疑の事件などは、なんのための救済か、宗教のあるべき本姿をあらためて問い糺《ただ》す。

神と仏の再発見

平成十九年（二〇〇七）の九月二十九日、橿原神宮の神宮会館で第四回の奈良県宗教者フォーラムが開催された。「神と仏と日本のこころ」をテーマとして、荒川公男立正佼成会奈良教会長をコーディネーターに、西山厚奈良国立博物館教育室長・筒井寛昭東大寺執事長・村上太胤薬師寺執事長・古谷正覚法隆寺執事長・岡本彰夫春日大社権宮司が有意義な討論を重ねられた。

基調講演を依頼されて参加したが、平成十六年の十一月二十六日の第一回以来、着実なみのりをあげていることを知って、こころ強いかぎりであった。日本宗教史の基本的な流れは、「神か仏か」ではなく「神も仏も」であった。仏教受容のそのおりから、仏を「仏神」・「他国神」・「隣国の客神」とあがめ、奈良時代から神宮寺が建立され、神前読経が実行されて、社僧が神事に加わる事例がさかんとなった。

もっとも伊勢神宮の神宮寺が、宝亀三年（七七二）に飯高郡の度瀬《わたらせ》山房へ移建され、また延暦二十三年（八〇四）にまとめられた『皇大神宮儀式帳《ちょう》』にたとえば仏教関係の用語が禁忌《きんき》されて、仏を中子《なかご》・経を曽《そ》目加弥《めかみ》・法師を髪長《かみなが》・寺を瓦葺《かわらぶき》などとよぶことが定められたり、あるいは出雲大社で寛文七年（一六六七）

の社殿造営のおりに、神仏分離が断行されたような場合もあった。

しかしそうした動向はまれであって、先に紹介したように、昭和三十六年（一九六一）の十月に調査した長崎県福江島の玉之浦のかくれ切支丹《きりしたん》の例では、かつては土地の産土神《うぶすながみ》の本殿のなかに聖母マリアがまつられ、慶長の「オラショ」（祈禱《きとう》のことば）のなかに「パライソ（天国）にますイカヅチノカミ」と明記されているような神基習合が実際に展開していた。

日本では権力者による宗教の弾圧はあったが、宗論はあっても各宗相互の戦争はなかった。まさに「神も仏も」の共存共栄が実現していた。明治の政府は、神道国教化の前提として、慶応四年（一八六八）の三月十七日には社僧の還俗《げんぞく》を通達し、三月二十八日には神仏混淆《こんこう》の禁止を命令したが、その神仏分離令はあくまでも神社から仏教色を排除する神仏判然令であって、仏教界の一部にはこれを支持する動きもあった。これを契機に平田国学や水戸学を信奉した人びとを中心として、廃仏毀（棄）釈の運動がひろがった。だが日本人の多数は神社の氏子であり寺の檀家《だんか》であって、各家庭では神棚と仏壇が共存してまつられてきた。

奈良の各名刹《めいさつ》で現在もなお法会のなかにうけつがれている神仏習合の報告が貴重であった。日本の宗教の本来のありようを再考する。

（二〇〇七・一〇・二〇）

空中神殿の謎

島根県大社町の出雲大社は、古くから杵築《きつき》大社とよばれてきた。それは天平五年（七三三）の二月に編集された『出雲国風土記』や延長五年（九二七）の十二月に完成した『延喜式』にも明らかである。源為憲《ためのり》が天禄元年（九七〇）にまとめた『口遊《くちずさみ》』には、巨大な建造物の順番を「雲太《うんた》、和二《わに》、京三《きょうさん》」として、その筆頭の雲太とは「出雲国城築《きづき》明神の神殿」と書きとどめている。

なぜ出雲大社と称されずに、杵（城）築大社と伝承されてきたのか。『出雲国風土記』には、杵築郷の由来を神々が「宮処に参り集《つど》ひて杵築《きづき》にまひき」と述べているが、その多年の疑問は、出雲大社境内遺跡の発掘調査で姿を現した、平安時代後期の神殿の巨柱とその柱穴によって氷解した。

昨年（一九九九）の九月一日からはじまった発掘調査は、江戸時代のはじめから鎌倉時代にさかのぼる境内遺構をつぎつぎに検出したが、杉の巨木三本を寄せ合わせた直径約三メートルの巨柱がみいだされたのは、本年の四月に入ってからである。その巨柱がはっきりした翌日に実見したが、その柱穴に土はなく、人頭大の石を数多く用いて埋め固められていた。まさしく「きづき」の掘立柱であった。

この巨柱は千家《せんげ》国造家に伝えられてきた「金輪《かなわ》造営図」の宇豆柱《うずばしら》に相応する。その図を平安時代から鎌倉時代初期までの指図《さしず》と推定されていたのは福山敏雄先生であり、大林組が福山説にもとづいて高さ十六丈（約四十八メートル）の空中神殿の復元をこころみ、その復元作業は十一年前に完了した。福山説については、これを疑問視するむきも多かったが、このたびの発掘成果で、「金輪造営図」の信憑性《しんぴょう》は高まったといってよい。

去る七月八日（二〇〇〇年）、大社町で緊急シンポジウムが開催され、各地から八百名をこえる人びとが参加した。杵築大社はいつごろ創建されたのか、巨大な神殿はいったいだれがなんのために造営したのか。白熱の討論が展開された。そのコーディネーターをつとめながら、痛感したことがいくつかある。

このたびの発掘調査の成果としては、巨柱の検出のみが注目されやすいが、その境内遺跡からは、古墳時代前期の勾玉《まがたま》などの祭祀《さいし》遺物がみつかっている。隣接する命主社《いのちぬし》（命石社とも伝える）の巨石（磐座《いわくら》）の下から銅戈《どうか》と勾玉が出土していることもあわせてみのがせない。巨柱の上部にはベンガラ（赤色顔料）が付着していた。鎌倉時代中期の大社の古絵図の神殿は朱塗りであり、出雲国造が朝廷に参向《さんこう》して奏上《そうじょう》した「神賀詞《かんよごと》」にも「八百丹《やほに》杵築の宮」と記す。かつては朱塗りの宮殿型神殿であったことがたしかとなる。

出雲大社の主祭神はオホナムチ（大国主命）だが、十世紀から十七世紀前半のころまではスサノヲの神にかわる。そして寛文七年（一六六七）の造営のおりには、全国にさきがけて神仏分離を断行した。出雲の古代的精神は形を変えながらも、中世・近世にもうけつがれたのである。

（二〇〇〇・七・三〇）

古代出雲の再発見

小泉八雲（ラフカディオ・ハーン）の松江滞在は、明治二十三年（一八九〇）の八月から翌年の十一月までというきわめて短い期間であったが、出雲を「日本民族の揺籃《ようらん》の地」とうけとめ、「わけても神々の国である」と実感した。

この八雲の実感はさすがである。『古事記』や『日本書紀』の神話のなかでも、出雲系の神話が重要な位置を占め、また天平五年（七三三）の二月にまとめられた『出雲国風土記』に収録されている出雲神話の豊かでたくましい独自性をかえりみただけでも、古代の出雲がいかに日本の文化の形成と発展に大きな役割をはたしていたかを察知することができる。延喜五年（九〇五）から編集がはじまって、延長五年（九二七）に完成した『延喜式《えんぎしき》』に記載されている式内社の数も、出雲は大和・伊勢についで多い。

出雲が古くからの先進地域であったことは、昭和五十九年（一九八四）の夏に、島根県の斐川町の神庭荒神谷遺跡で、それまでにみつかっていた弥生時代の銅剣全国総数の約三百本を凌駕する銅剣三百五十八本が出土し、平成八年（一九九六）の十月に、雲南市加茂町の加茂岩倉遺跡から全国最多の銅鐸三十九個が姿を現したのにもうかがうことができる。

弥生時代のいわゆる二大青銅器文化圏説、すなわち近畿を中心とする銅鐸の文化圏と、北九州を中心とする銅剣・銅鉾・銅戈の文化圏の通説は、あらためて再検討する必要があろう。

　こうした出雲文化の注目すべきありようは、方形あるいは長方形の墳丘で四隅が突きでている四隅突出墳丘墓の出雲を中心とする分布にもみいだされる。そしてその伝統は、形をかえながら方形墳をベースとする出雲の古墳文化へとうけつがれていった。

　天禄元年（九七〇）に源為憲《ためのり》が記した『口遊《くちずさみ》』に、「雲太《うんた》・「和二《わに》」・「京三」とあるとおり、和二（大和の東大寺大仏殿）・京三（平安京の大極殿など）よりも、出雲の「城築明神」（出雲大社）が高さ第一であったことは、平成十一年（一九九九）の九月からはじまった出雲大社境内遺跡の調査で、直径三メートルをこえる巨柱が検出されたのにもたしかめられる。

　島根県では平成二年の古代文化活用委員会の提言にもとづいて、古代文化を研究するセンターを設立し、さらに東京・大阪・松江での古代出雲文化展を実施してきたが、本年（二〇〇七）の三月十日にいよいよ県立の古代出雲歴史博物館がオープンする。

　「裏日本」という言葉は、明治二十八年のころから使われ、明治三十三年のころからは、「後進」の地域的格差を含む用語となったが、展示の国宝の銅剣三百五十八本や加茂岩倉銅鐸、出雲大社の巨柱をはじめとするあまたの遺宝は、山陰「裏日本」観がいかに史実にそぐわぬ偏見であるかを照射する。

（二〇〇七・二・一七）

海の正倉院の国際性

平成十九年(二〇〇七)の七月二十九日の投開票の参院選で民主党が躍進し、安倍政権から福田政権へとめまぐるしく政界は推移した。地域の格差がいちじるしくなったばかりではない。食品の産地や加工の偽装がつぎつぎと露見し、子が親を親が子を殺すという凶悪な犯罪のはてには、散弾銃を乱射して、自殺に友人を道づれにするという予想もしない惨劇がくりひろげられた。

あと二日の後には、二〇〇八年の元旦を迎える。多くの人びとが初詣でして新年の平安を祈願されるにちがいない。

古代日本の神まつりの展開を明確に物語るのは、福岡県沖ノ島の祭祀《さいし》遺跡である。宗像市の神湊《こうのみなと》から五七キロ、対馬の厳原《いづはら》から七十五キロ、韓国の釜山から百四十五キロの玄界灘に浮かぶ孤島が沖ノ島である。

東西約一キロ、南北約〇・五キロの小島にすぎないが、「お言わずさま」ともよばれる沖ノ島は、古来女人禁制で、現在でも上陸のさいには必ずみそぎをする定めが生きている。

宗像三女神のタコ(キ)リヒメをまつる沖ノ島の秘宝の存在は、江戸時代より知られていたが、昭和二十九年(一九五四)から第一次・第二次・第三次の本格的調査が実施されて、現在では四世紀後半から十世紀のはじめにかけての、つぎの四段階におよぶ祭祀遺跡の存在が明らかになっている。

第一段階（四世紀後半〜五世紀）が、磐境《いわくら》の岩上遺跡であり、第二段階（五世紀後半〜七世紀）が岩陰《いわかげ》遺跡、第三段階（七世紀後半〜八世紀前半）が半岩陰・半露天《はんろてん》遺跡、第四段階（八世紀〜十世紀初頭）が露天遺跡であって、これらの遺跡からなんと約八万点もの祭祀遺物（いずれも国宝）が出土している。

海神宗像の神への航海の安全などを願っての奉献品は、日本製ばかりでなく、広くササン朝ペルシャ・中国・朝鮮半島などにまたがっていた。沖ノ島祭祀遺跡が海の正倉院とよばれる理由もそこにある。あらためて注目すべきは、第一・第二段階では、その奉献品がほぼ古墳の副葬品と類似するが、第三・第四段階では、律令《りつりょう》国家の祭祀にともなう奉献品と同質のものへと変化している点である。

葬祭未分化の段階から明確な神祇祭祀への段階へと、四世紀後半から十世紀はじめにかけての移り変わりが、このように見事に検証しうる例は他にない。

去る十月二日、九州国立博物館でアジア史学会の第十六回研究大会が開催されたが、日本・韓国・中国の考古学者・歴史学者をまじえての「沖ノ島と関連遺跡群」をめぐる、国際シンポジウムはきわめて有意義であった。

韓国忠南大学校の禹在柄《ウチェヒョン》百済研究所長が、百済地域の竹幕洞祭祀遺跡と沖ノ島祭祀遺跡の共通点を報告されたのも興味深い。沖ノ島祭祀への奉献品には、海外からの使節の奉献もありうることをかつて指摘したが（『大王の世紀』小学館）、沖ノ島祭祀の国際性は、初春の神まつりにふさわしいテーマである。

（二〇〇七・一二・二九）

よみがえる出雲の息吹

昨年（二〇〇七）三月九日にオープンの記念式典があり、翌日から開館した島根県立古代出雲歴史博物館は、本年の三月九日めでたく一周年を迎えた。出雲大社の東隣に位置する当館は、年間入館者四十三万人をこえる盛況となった。

古代を冠する国公立の歴史博物館は、古代出雲歴史博物館以外にない。昭和五十九年（一九八四）の八月に、斐川町神庭サイダニ遺跡（荒神谷遺跡）から、弥生時代の銅剣三百五十八本が出土した。全国でみつかっている銅剣の総数が約三百本であるから、それをしのぐ三百五十八本が、たった一カ所から姿を現したのは、画期的なできごとであった。

平成八年（一九九六）の十月には、雲南市加茂町の加茂岩倉遺跡から銅鐸《どうたく》三十九個がみつかって、弥生青銅器文化圏における出雲地域の重要性があらためて注目されることになった。それまでの滋賀県野洲市小篠原大岩山遺跡の二十四個を凌駕《りょうが》する全国最多の出土であった。今日では出雲の銅鐸は五十二個（伝三個を含む）を数える。

さらに平成十二年には、出雲大社境内から直径が総計三メートルをこえる岩根の御柱《みはしら》（心《しん》の御柱）・宇豆柱《うずばしら》・東南側柱があいついで検出された。岩根の御柱の底にあった杉の板材の年輪年代測定によって、一二二七年ごろの伐採であったことが明らかとなり、宝治二年（一二四八）造営のおりの巨柱であることがたしかとなった。十三世紀のなかばでも、高さ十六丈（四十八メートル）の神殿が存在したのである。

国宝の銅剣三百五十八本、加茂岩倉の銅鐸三十九個、そして巨柱の宇豆柱などをはじめとする古代出雲歴史博物館の貴重な展示内容に、古代出雲の息吹がよみがえってくる。特別展「神々の至宝」「石見銀山」「弥生王墓」のほか企画展・速報展が実施されてきたが、明治二十八年（一八九五）ごろから使われてきた、山陰イコール裏日本という、裏日本観のゆがみが、史実にもとづいて、入館者ひとりひとりに実感されている。

去る三月九日、大社文化プレイスうらら館だんだんホールで開催された、開館一周年記念の特別講演でも言及したが、平成二年の澄田信義知事への古代文化活用委員会の提言が見事に結実したのを、こころから慶賀する。

提言はまず古代文化を研究するセンターをつくり（平成三年設置）、その成果をもとに東京・大阪で「古代出雲文化展」を開き（平成九年実施）、そしてその前提にたって古代出雲歴史博物館をオープンする（平成十九年開館）ことを骨子とし、そのすべてが実現した。

現在の企画展「幻の染色」でも、出雲の藍《あい》板締めと京の紅板締めとが対照的にあざやかである。出雲と京都の文化のありようを教示するかのようである。

（二〇〇八・三・一五）

伊勢と出雲の遷宮

平成二十五年（二〇一三）の五月には、出雲大社の「本殿遷座祭」があり、同年の十月には伊勢神宮の「遷御の儀」が執行される。二十年に一度を原則とする伊勢神宮の式年遷宮と、昭和二十八年（一九五三）の修神殿遷宮から数えて六十年になる出雲大社の遷宮が、奇しくも同じ年となる。

天《あま》つ神の中心である天照御大神《あまてらすおおみかみ》を主神とする伊勢神宮と、国つ神を代表する大国主大神を主神とする出雲大社との「遷宮に学ぶ」講演とシンポジウムが、平成二十五年四月二十六日に出雲市のビッグハート出雲で開催された。伊勢と出雲の大神とその遷宮をめぐっての講演とシンポジウムは、多年にわたる研究史のなかで、はじめてのこころみであり画期的であった。

そして五月十日、東京の有楽町朝日ホールで、第六十二回式年遷宮記念のシンポジウム「伊勢と日本人」が実施された。両会場とも満席の参加者でにぎわったが、はからずもこの二つのシンポジウムの基調講演をつとめた。ただし出雲市での「遷宮に学ぶ」では、伊勢側の基調講演を担当されたのは、皇学館大学の伴五十嗣郎学長であった。

出雲大社では「特別拝観」実施中であり、高さ八丈（約二十四メートル）の大社造の本殿内部をつぶさに実見することができた。延享元年（一七四四）に造営された現本殿の内部は、巨大な心《しん》の御柱《みはしら》（磐根の御柱）を主軸に下段と上段にわけられているが、天井上段（西側）に二つの雲、下段に五つ雲（下段上の雲のみ西向き）がいまもあざやかに描かれていた。

取材のNHKの記者に「なぜ八雲でないのか」と聞かれたが、上段（東側）は西向きの神座がある御内殿で、神は雲の下ではなく、雲の上に坐《ま》すと信じられていたからであろう。八雲は弥雲《やぐも》で、必ずしも実数とはいえないが、そのおごそかなたたずまいに身の引きしまる思いであった。

「伊勢と日本人」のシンポジウムのおりに、伊勢神宮は内宮・外宮の正宮のほか百二十五社でなりたっており、江戸時代には爆発的な伊勢まいりがあって（文政十三年は最高で年間約五百万人という）、別宮・摂社・末社などの遙拝所が、内宮と外宮それぞれに設けられていたことを説明した。会場からの質問に、江戸時代の伊勢まいりを、なぜ「おかげまいり」とよんだのかという問いがあったが、先祖の御恩を「おかげ」とよんだ例は、八世紀の奈良時代すでにあり、神のめぐみを「おかげ」とひたすらに感謝した信仰は、十世紀の前半の『延喜式《えんぎしき》』に収められている古式の祝詞《のりと》にも反映されている。そこにはいっさいの願いごとが記されていない。

「おかげさま」というすばらしい日本語を多くの日本人は忘れている。式年遷宮の翌年を「おかげどし」と信じたむかしを想起したい。

（二〇〇八・八・七）

どすこい展

平成二十一年（二〇〇九）六月二十二日と二十三日、埼玉県東松山市の大東文化大学で、アジア史学会研究大会が開催された。この学会は一九九〇年の三月に、日本・韓国・朝鮮民主主義人民共和国・中国・モンゴルの歴史学者・考古学者を中心として結成された国際学会だが、このたびのシンポジウムほど、東アジアの古代をめぐって、歴史学と考古学の研究成果が互いにかみあいながら討論されたことはかつてなかった。この学会の設立のため、ソウル・北京・ピョンヤンへと奔走したむかしをなつかしく回想する。

今度の研究大会で、朝鮮半島南部の加耶の文化が、古代の日本列島の歴史に大きな影響をおよぼしていたことが議論された点も注目にあたいするが、日本の国技となった大相撲のルーツが、朝鮮半島北部の高句麗やモンゴルへさかのぼることを、九月二十三日まで開催されている島根県立古代出雲歴史博物館の「どすこい展――出雲と相撲」であらためて実感した。

出雲出身の力士には、陣幕久五郎・稲妻咲右衛門・釈迦ケ嶽雲右衛門など、すぐれたすもうとりが多い。とりわけ松江藩は松平不昧《ふまい》公から松平斉貴《なりたけ》公にかけて、多くの力士を抱えて、江戸をはじめとする各地で勧進相撲を行《おこな》った。もっとも有名なお抱え力士は雷電爲右衛門であり、彼の巡業地は西は長崎から東は東北の青森にまでおよんでいる。松江藩の広報活動としても大きな役割をはたした。

松江藩がなぜ優秀な力士を抱えることができたのか。お抱え力士は御船屋のなかに家を与えられ、引退後は船頭などとしての扶持《ふち》をもらって働くことができた。御船屋は力士養成所を兼ねて、引退後は勧進相撲の頭取（年寄）となって全国各地の優秀力士のスカウトとなった力士もいる。

国公立の博物館で「古代」を冠するのは、県立古代出雲歴史博物館だけである。私はその設立のための委員長をつとめたが、出雲では中世や近世にも、古代的精神が脈々とうけつがれている。地元の中世・近世・近現代の研究者から、「古代」を冠することにはかなりの反対があった。しかしありきたりの時代順に展示する歴史博物館では、県財政のきびしいおりに建設しても成功するはずがない。私はあえて「古代歴史博物館」と命名することにこだわった。

なぜ「どすこい展」を古代歴博で開くことが可能なのか。高句麗の壁画古墳の角抵塚《かくていづか》（五世紀）の力士像をみてもわかるとおり、相撲は高句麗やモンゴルにいち早く存在した。そして古代日本の力士埴輪《はにわ》や装飾付須恵器の取り組みの姿などにもうかがわれるように、倭国《わこく》でも行われて、神事芸能としてのスマヒ（相舞）が演じられた。相撲の祖といわれる出雲の野見宿禰《のみのすくね》と大和の当麻蹴速《たいまのけはや》の角力《すもう》が、『日本書紀』の垂仁天皇七年七月七日の条に記されているのも、古代の朝廷では、七夕《たなばた》のおりに相撲があったからである。「どすこい展」は古代出雲歴史博物館の催しとしてもふさわしい。

（二〇〇九・八・八）

国民文化祭と地域文化

本年の第二十五回国民文化祭は、岡山県の全市町村で開催された。総合フェスティバル・シンポジウムをはじめとする、音楽・舞踊・伝統芸能・文芸・美術・生活文化・歴史文化・提案事業など、あわせて九十六の行催事がその内容である。

私は十一月三日のシンポジウム「古代吉備の風景」の基調講演を依頼されて、岡山の国民文化祭と関わりをもったが、県内はもちろん県外からの来聴者もあって、千二百人をこえる人びとの集いとなった。国民文化祭が国民体育大会と並ぶ、都道府県を単位にした日本最大の文化の祭典になりつつあることを実感した。

古代吉備の歴史と文化には、ナショナルでしかもインターナショナルな要素がある。古代史のなかでも、もっとも注目すべき地域のひとつが吉備であった。吉備がいかに大きな国であったかは、吉備の国がまず備前・備中・備後に三分され、さらに和銅六年（七一三）の四月三日、備前の六郡をあらたに美作としたのをみてもわかる。高志（越）を越前・越中・越後の三つに分けた例はあっても、吉備のように備前・備中・備後・美作のように四分した例はほかにない。

弥生時代後期の全長約八十メートルの楯築《たてつき》墳丘墓と弧帯石《こたいせき》（倉敷市）、吉備でつくられた特殊器台の大和や出雲などへのひろがり、全長二百三十メートルをこえる前方後円墳十八基のなかで第四位の造山《つくりやま》古墳

（岡山市）、第十二位の作山古墳（総社市）など、古墳文化の展開においても、その政治勢力のありようはめざましい。

吉備の海部《あまべ》の朝鮮半島南部との交渉、そのありようは、たとえば造山古墳のそばの榊山《さかきやま》古墳から新羅や高句麗で出土している馬形帯鉤《ばけいたいこう》（ベルトの馬形のとめ具）と同類のものがみつかっているのにも反映されている。

百済あるいは新羅の王子とする温羅《うら》と吉備津彦の戦いの伝承は、『旧三国史』の海慕漱《かいぼそ》と河の神、『駕洛《から》国記』の新羅の脱解と加耶《かや》の首露《しゅろ》の争いの内容に酷似する。総社市奥坂の鬼《き》ノ城《じょう》は、昭和五十三年七月からの本格的発掘調査で、城門四・水門六のほか、倉庫・兵舎・武器工房・管理棟が検出された朝鮮式山城の代表的遺構だが、六六三年の白村江の大敗北のあと、新羅の倭国《わこく》への侵攻にそなえて築城されたとみなす説は再検討を要する。

なぜなら調査の結果、その築造は七世紀後半の末期から八世紀のはじめとされており、六七〇年から七〇三年の間は、新羅は唐と対立して、日本との関係は、新羅使が二十五回、遣新羅使が十回というように友好的であったからである。大宰が置かれていたのは吉備と筑紫だが、日本国の軍事力を唐に誇示するための七世紀後半における大規模な築城であった可能性がある。

地域の文化の伝統に根ざした国民文化祭が望ましい。明年の十月二十九日から十一月六日まで京都でその第二十六回が開かれる。十月二十二日の時代祭をそのさきがけに位置づけたい。　（二〇一〇・一二・一一）

民族芸能・祝祭の魅力

七十カ国におよぶ世界の各地から約三千人の演者が参加して、二〇〇〇年の七月二十八日から八月六日まで、堺市を主会場に、盛大な「世界民族芸能祭」が開催される。この祝祭は、ユネスコが提唱している「平和の文化国際年」の公式行事である。そのプレイベントとして、去る六月四日、大阪のフェスティバル・リサイタルホールで、シンポジウム「響こう！　この星の仲間と」が実施された。

その基調講演をつとめて、作家の若一光司《わかいちこうじ》さん、国立民族学博物館の端《はた》信行教授、神戸大学大学院のロニー・アレキサンダー教授、俳優の黒田福美さんをまじえての討論に加わった。そのおりにあらためて実感したのは、民族芸能の再発見が、二十一世紀の多文化共生の課題に大きく寄与する近道となるにちがいないという方向であった。

二十世紀は第一次・第二次の世界大戦が象徴するように、人類全体が戦いの渦にまきこまれた戦争の世紀であった。そして自然の破壊と環境の汚染がいちじるしく進行した時代であり、民族紛争や宗教対立が激化した世紀であった。冷戦構造の崩壊のあとも、その様相はますます深刻になっている。難民が地球のあちこちにみちあふれた人権受難の世紀であった。

新世紀の重要な課題のひとつは、異なる民族が異なる文化を相互に理解しあって、多文化共生の平和な地球を構築することである。民族の定義には、学説による差異があるけれども、エスニックグループを含めて、言語・文化（とくに信仰や宗教）・生活様式を共有する集団であり、みずからがどの集団に帰属するかという意識が、民族を形づくる大きな要素になっている。

芸能には古典芸能もあれば民俗芸能や現代芸能もある。そしてその内容は、室内芸能・舞台芸能・野外芸能など、さまざまに分類されている。芸能という漢字の用語は、中国の古典にしばしば用例があり、わが国では「大宝令」や「養老令」の医薬にかんする法律（医疾令《いしつりょう》）に記すのが古い。その原義は学問的技能を意味し、順徳天皇の『禁秘抄《きんぴしょう》』や元和元年（一六一五）の「禁中ならびに公家諸法度《しょはっと》」に、芸能の第一として学問をあげているのも偶然ではない。

歌舞音曲などを芸能とする用例は、平安時代後期のころからだが、英語のパフォーミングアーツの意味も、すべて個人ないし集団の行動を前提とする。身をもって表現する芸術が芸能であるといえよう。芸能が言語やイデオロギーの枠をこえて、多くの人びとに共感と感動をよびおこすのも、人間の生命力を体現した芸術だからではないか。

現在の国連加盟国は百八十八（現・百九十三）だが、世界には三千をこえる民族が存在する。単一の民族国家はきわめて少ない。民族芸能はそれぞれの民族文化を反映しているが、民族芸能のなかには他民族の芸能を受容《じゅよう》して発展したものもかなりある。たとえばわが国で集大成された雅楽をみても明らかであろう。十五・十六世紀のアジアの金融センター・情報センターであり、茶道文化の発祥地であった堺を主会場とする世界民族芸能祭は、民族芸能の再発見の場である。

（二〇〇〇・六・二五）

神楽の継承と発展

日本の芸能のなりたちに深いかかわりをもったのが神楽である。かつて折口信夫先生は「芸能はおよそまつりから起《おこ》っている」と説かれたが、大同二年（八〇七）に斎部広成《いんべひろなり》がまとめた『古語拾遺』も記すように、神楽は鎮魂の神あそびに由来するといっても過言ではない。「かぐら」の語源がカミの降臨する神座《かみくら》にあるとみなすのはいまや学界の定説である。

神楽は各地で伝承されているが、古代からの神楽の伝統を継承している宮中の御神楽《みかぐら》もあれば、中世の後期に修験・山伏によって山間のムラムラの先祖祭祀《さいし》として持ちこまれ、霜月神楽として定着した民間の神楽などもある。神を迎え、神がかりによって神の声をきく「託宣」の祭祀と芸能は、江戸時代には、ムラの神主によって執行される託宣と演舞になった。だが明治の神主関与の禁令以後になると、しだいにムラビトやその関係者が神楽をするようになる。

神楽といえば、巫女《みこ》神楽や伊勢の太神楽を想起する人が多い。昨年の九月三十日、世界無形文化遺産に祇園祭の山鉾行事と同時に岩手県の早池峯《はやちね》神楽が登録されたが、日本の神楽の内容は、きわめて多様で多彩である。

平成二十二年（二〇一〇）二月五日から四月四日まで、島根県立古代出雲歴史博物館で「島根の神楽」展が開催されている。全国ではじめてといってよい、画期的なこの神楽展では出雲・石見・隠岐それぞれの地域で、神楽がどのように継承され、いかにして特色を発揮できたか、さまざまな神楽面や衣装・楽器、演目のなかみなどの変遷を通じて、如実にうかがうことができた。死者供養のための神楽を「浄土神楽」とよぶが、隠岐神楽では、明治の初期まで、葬祭・霊祭の神楽が行われていたことを知ったのも、収穫のひとつであった。

全国にはあまたの神楽団体があるが、相互の連携は希薄であり、全国的な組織も全くない。そこで全国神楽協議会設立の懇談会では、昨年の七月から、都道府県の指定・登録・選択の神楽団体五百三十二団体にアンケートをこころみた。六十五・六パーセントの回答があったが、若年の後継者がいると回答したのは六五・四パーセントであり、いないと回答したのは一九・七パーセントであった。これは予想以上に神楽がさかんに行われていることを反映している。しかし指定などを受けてからの変化について、変化がなかったと回答したのはわずかに七・九パーセントで、憂慮すべき変化があったと回答したのは六八・五パーセントであった。

芸能は時代の推移とともに変化する。そのことじたいを批判すべきではない。古きを守りながら創意工夫を重ねてこそ、芸能は伝統として生きつづく。しかし神楽が興行化し、イベントのための演舞のみになったのでは、神楽の本質は喪失する。この四月一日から全国神楽協議会が発足した。そのみのりを期待したい。

（二〇一〇・四・三）

全国神楽マップ

全国の各地に神社の祭礼などで行われている神楽が数多く存在する。平安時代から宮中の神楽を御神楽《みかぐら》とよんでいたのにちなんで、民間で伝承されてきた神楽を里《さと》神楽とよぶのが一般的だが、日本の伝統芸能のなかで、もっとも古い芸能のひとつが神楽であったことはたしかである。

多くの芸能が時代のニーズにこたえて新しい要素を加味して変遷してきたように、神楽にも古典芸能としての神楽ばかりでなく、時代とともに再生してきた神楽も多い。そこには各地でさまざまにうけつがれてきた独自性もあって、その多様性は世界に類をみないものとなっている。

ところが農村・山村・漁村の過疎化と少子化のなかで、神楽の継承が困難となり危機を迎えている神楽団体が少なくない。しかるにそのネットワークはなく、全国にまたがっての連絡組織も結成されていない。

そこで昨年（二〇一〇）の四月、全国神楽協議会が設立され、その最初の事業として「全国神楽マップ」を作製することになった。

まず国・都道府県が指定・選択する無形文化財の神楽団体、市町村指定の無形文化財の神楽団体を中心とする名簿をつくって、アンケートを実施した。その成果にもとづいて約三百五十の神楽団体を地図から検索し、その詳細情報と神楽の内容を伝える写真を掲載し、さらに平成二十三年度に予定されている神楽の公開情報を提供することにした。

それのみではない。神楽の保存団体の方々が利用可能な補助金や助成金などを、全国神楽協議会が調査して、国・都道府県ならびに公益法人などが募集する約五十件の支援事業の募集情報を紹介している。その準備がととのって、「全国神楽マップ」のホームページが完成し、インターネットのほか、チラシや会報などで広報することとなった（文化庁委託事業）。はからずも全国神楽協議会の会長に選出された私としては、ひとりでも多くの人に活用していただき、日本の民衆のくらしのなかに生きつづき、その魅力と楽しさが、人びとの明日への活力となった神楽の息吹を実感していただくよう期待する。

とりわけ神楽の継承者が少なくなり、楽器衣装の破損など、その維持に困惑している神楽団体の方々に多少なりとも役立つことを願っている。

「全国神楽マップ」の作製は、長きにおよぶ神楽研究史のなかでも、はじめてのこころみであって、画期的といってよい。市町村指定の神楽団体までにはひろがっていないが、国および都道府県の指定等の神楽団体のおおよそはこのマップで察知できる。

出来あがったばかりで、なお不充分な点もあるが、全国の神楽団体や神楽愛好者のご理解とご支援によってよりよく充実してゆきたい。神楽支援の募集なども逐次増やす予定である。

（二〇一一・三・一二）

合併の功罪

今年に入って「平成の大合併」とよばれている市町村合併の動きがますます具体化してきた。そして合併後の自治体の名称をどうするか、市役所や町役場をどこに置くかが話し合いの中心になっている例が多い。肝心の行政の効率化をどのように進めるか、地域の歴史や文化の伝統をどう受けついで明日に守り活《い》かすか、地域の伝統産業や文化遺産を後世にどのように継承して発展させるか。それらの重要な課題がとかくなおざりにされている場合が少なくない。

過去における市町村合併の功罪をいま一度ふりかえってみる必要がある。明治四年（一八七一）の廃藩置県以後の「大合併」は少なくとも二度あった。明治五年の大区・小区制や明治十一年の郡区町村編成法などを経て、明治二十二年の市制・町村制の施行の前年に実施された「明治の大合併」、第二次大戦中の国家総動員法にもとづく半強制的な統合もあったが、昭和二十八年（一九五三）公布の「町村合併促進法」と昭和三十一年の「新市町村建設促進法」による「昭和の大合併」がそれである。

歴史的に意味深い地名が消滅し、思いつきの市町村名が多く付けられたその弊害は、すでに柳田国男や吉田東伍をはじめとする多くの先学が指摘したところだが、「平成の大合併」ではさらに深刻化して、ひらがなの市や町がつぎつぎに誕生したばかりでなく、七世紀なかばの孝徳朝の「評《こおり》」に由来するわが国古来の郡名がほとんどなくなるありさまである。

今から三十年ばかり前に、山口県の大和町《やまと》にある朝鮮式山城の岩城山《いわきさん》の調査におもむいた時のことである。この「大和」という地名を古代の石城山城と関係づけた説のあることを知って愕然《がくぜん》とした。この「大和町」の「大和」は昭和十八年の四カ村合併のおりに「大きく和する」という趣旨で付けられた大和村の「大和」からはじまる。「養老令」にみえる奈良盆地の「大和国」の「大和」とはなんの関係もない。

学生時代に志賀島出土の「漢委奴国王」の金印のことを調べるために博多湾周辺を歩いたことがある。博多湾にのぞむ丘陵地に和白《わじろ》という地名が残る（福岡市東区）。この和白には合議の意味があるという伝えがある。あるいは新羅《しらぎ》の貴族の合議制の「和白」とかかわりがあるかもしれない。

安易で気まぐれの市町村名が、歴史の記憶を誤らせた例は枚挙にいとまもない。

金沢市では「加賀百万石」の由緒ある町名を、「歴史を語る文化遺産」として復活し、地域のきずなに役立てる条例を全国にさきがけて制定するという。一九六〇年代に廃止された藩政時代の町名五つを、地域住民の要望によって一九九九年以降すでに復活させた。「町名を後世に伝え、郷土に愛着を持つ」ことを目的とする条例の動向は注目にあたいする。なんのための合併なのか。その本質を見失ってはなるまい。

（二〇〇四・三・二八）

小泉八雲没後百年

島根県東部の出雲への旅は五十回をこえている。おもむくたびに小泉八雲（ラフカディオ・ハーン）の神の国出雲へ寄せた熱いあこがれを想起する。『出雲国風土記』に物語る加賀の神埼《かんさき》すなわち加賀の潜戸《くけど》の鼻の岩穴は、佐太大神の誕生の地と伝えられる。

私がはじめて潜戸を訪れたのは、昭和三十九年（一九六四）の夏であった。『風土記』の描くとおりに、岩穴は「東西北」の三方を貫いており、北ツ海（日本海）の荒波が岩穴にこだましていた。小泉八雲は『知られざる日本の面影』などで、潜戸からうけた強い印象を「いつの日、いずれかのところで、夜深く、わたくしの胸裏にふたたびよみがえってくる時があるだろう」と述べている。

小泉八雲といえば、「雪おんな」や「耳なし芳一」などの『怪談』の著者として有名だが、彼はこよなく日本の文化を愛した作家であった。柳田国男師が「小泉氏以上に理解ある外国の観察者は滅多にない」と評価したのも当然であろう。その八雲が享年五十四歳でこの世を去ったのは、明治三十七年（一九〇四）の九月二十六日であった。したがって本年の九月は没後百年に当たる。

ラフカディオ・ハーンといえば、小泉八雲記念館などのある島根県の松江を連想する。長く滞在したかに思われがちだが、松江での生活は一年二カ月ばかりであった。ギリシアのレフカダ島で生まれ、アイルランドで育って、イギリス・アメリカそしてカリブ海のマルティニーク島などを経て、明治二十三年の四月に横浜に到着した。時にハーンは四十歳であった。

同年の八月三十日に、島根県の尋常中学校（後の松江中）と尋常師範学校の英語の教員となって赴任した。そして翌年、松江藩士小泉湊の娘セツと結婚し、その年の十一月には第五高等中学校（五高）の教師として熊本に向かっている。その後東京帝国大学や早稲田大学で教鞭《きょうべん》をとるが、亡くなるまでの在日はわずか十四年あまりであった。

それなのになぜあれほど出雲の神々の世界に注目し、なぜあのように日本文化を理解することができたのか。それは私の多年の疑問であった。そこにすぐれた小泉八雲の才能があり、実感力と構想力があったことは多言するまでもないが、ハーンの生い立ちと体験が深くかかわっていると思うようになった。

ハーンの父の国はアイルランドであり、母の国はギリシアであった。二歳のおりに父の実家に移った彼は、十九歳でロンドン・ニューヨークへ渡るまでの青少年期をアイルランドで過ごす。アイルランドに残るケルトの民俗や妖精譚《たん》、実母の国ギリシアの多神教、それらがハーンの心をはぐくむ。さらにマルティニーク島で体験した、植民者と原住民の文化が融合して形成されるクレオール文化。その共感があいまって、自然のなかにカミを見出し、自然と共生し、ホトケと習合した日本文化への愛着が結実したにちがいない。


（二〇〇四・九・一二）

近江学の発信

平成八年（一九九六）の五月二一日、近江八幡市の京都新聞八幡支局二階にオープンした「湖灯ホール」の開設記念講演会へ招かれた。各地で取材し情報を提供する新聞社が、地域に密着したホールを開放・提供し、地域文化の発展に寄与しようとする、そのこころみに共感をおぼえた。小規模ながら琵琶湖の灯として、いつまでもキラリキラリと輝いてほしい。

滋賀県ではいま近江学が黎《れい》明期を迎えている。たとえば私自身が参加している八日市市の市民大学の講座内容がそうである。この市民大学はかなり早くスタートして、昭和四十八年（一九七三）の六月からはじまった。当時八日市の市長であった武村正義さんの依頼をうけて、初代学長には末川博先生に就任していただき、副学長としてその運営に協力することになった。

一九七七年度の第五回からは今西錦司先生を学長に迎え、一九八七年度からは微力ながらも学長の任をつとめている。いつのまにか歳月が過ぎて、本年の六月には第二十四回の開催となる。運営委員会の方々の要望で、講座のなかみに近江学が具体化したのは一九九四年度からであった。

地域学はたんなるお国自慢や地域エゴイズムではない。地域の独自性を科学的にみきわめると共に、それぞれの地域が構築してきた政治・社会・経済・文化の空間的なひろがりを再発見する比較の視座が不可欠となる。ローカルであってしかもグローバルである、いわゆるグローカルな視角と展望を創生してゆく必要がある。

関西の原義は、近江国のまわりに設けられた越前の愛発関・美濃の不破関・伊勢の鈴鹿関すなわち三関の西を意味した。したがって前述したように、『吾妻鏡』の建仁三年（一二〇三）の八月の条には「関西三十八ケ国」という表現が登場する。琵琶湖を日本列島のへそにたとえる人もあるが、近江国は東日本と西日本の接点に位置し、北は北ツ海（日本海）、南は伊勢・志摩につながる南北の要域に存在した。

藤原氏の鎌足～武智麻呂の伝記である『家伝』の下巻（武智麻呂伝）には「近江国は宇宙有名の地なり」と記されている。そして近江が東西南北の国富の地であったことを強調する。豊かな自然、歴史と文化の光彩は、延暦寺や園城寺（三井寺）、湖東三山をはじめとする名刹《めいさつ》や日吉大社ほか数多くの古社にも反映されている。『延喜式《えんぎしき》』所収の式内社の数は、大和・伊勢・出雲についで多い。

近江国は古代からインターナショナルであった。朝鮮半島や中国からの渡来文化もきわめて濃厚であり、十八世紀の前半に善隣友好の外交を実践した雨森芳洲のようなすぐれた人物が近江から登場してくるのも偶然ではない。大津宮・天平の紫香楽宮《しがらきのみや》・安土城などを造営されたのも「宇宙有名の地」の認識を背景とする。「湖灯ホール」が近江学発信の拠点のひとつになることを期待する。


（一九九六・五・一二）

おかげさまとおかげどし

日本語にはすばらしい言葉がいくつもある。その代表的な例のひとつが「おかげさま」。「お元気ですか」と問えば、「おかげさまで」という日常の会話は、近ごろはあまり耳にしないようになったが、神や仏の御恩はもとよりのこと、自然の恵みや先祖・親・兄弟・友人・地域などの「おかげ」を実感しながらの「おかげさま」であった。

「おかげ」という考えが、少なくとも奈良時代からあったことは、たとえば、蔭子《おんし》・蔭孫《おんそん》の制度にうかがうことができる。父祖の位階のおかげで、その子孫がそれぞれの位階を与えられたり、税の免除をうけることができるしきたりがそれである。

延喜五年（九〇五）から編纂《さん》が始まって延長五年（九二七）に完成した法典の書を『延喜式』（五十巻）という。その第八巻には、当時、神々へ奏上《そうじょう》した祝詞《のりと》が記載されている。その祝詞には、文章の最後が「と宣《の》る」と「と白《まを》す」で終わる二つのタイプがあって、「と宣る」で奏上が終了する祝詞の方が古いタイプであったとみなされている。

私がその古いタイプの祝詞を読んで感銘を受けるのは、祝詞の文章にはいろいろなお供えものをしますから、どうかこれこれの願いごとをかなえてくださいということが書かれていない点である。

たとえば秋の農作物の豊作を祈る祈年《としごい》の祭の祝詞には供え奉る品々は書かれていても、どうぞ豊穣《ほうじょう》のみのりを収穫させてくださいというような神への要望は一切記されていない。祈念の祭はもともと二月四日に行われ、現代では二月十七日に執行されている予祝《よしゅく》の祭だが、具体的に願いごとが書かれていないのは、神のおかげの感謝のみが中心になっているからである。

昨年（二〇一三）は伊勢神宮の第六十二回式年遷宮の年であったが、参詣者は未曾有の千四百二十万人をこえた。六十一回のおりが八百三十八万人余、六十回の時が八五九万人余であったというのと比較しても、いかに多数であったかがわかる。

江戸時代に人びとは伊勢神宮を「おかげまいり」とよんで、特に慶安三年（一六五〇）・宝永二年（一七〇五）・明和八年（一七七一）・天保元年（一八三〇）は熱狂的であった。国学の大成者本居宣長の『玉勝間《たまかつま》』によれば、宝永二年には五十日間で三百六十二万人と記し、天保元年のおりは、伊勢の山田奉行が、閏三月の一カ月間で二百二十八万人におよんだと報告している。

いかにおかげまいりがさかんであったかがわかる。そして江戸時代の人びとは遷宮の翌年には伊勢大神のおかげに浴することがさらに多いと信じて、前にも述べたように「おかげどし」と称した。

江戸時代であれば、本年はおかげどしということになる。人はひとりで生きているのではない。自然の恩恵をはじめとするおかげのなかで生きている。おかげどしに、「おかげさま」の意味をしっかりとかみしめたい。

（二〇一四・二・一）

第5章

東アジアのなかの日本

アジアの世紀をめざして

人類の歴史はいよいよ二十一世紀に入った。もっとも二〇〇一年は、キリストの伝生誕年を紀元として起算された西暦の年数であって、たとえばイスラム教徒のようにイスラム暦を用いている人びともかなりあり、人類のすべてが西暦を使っているわけではない。

だが世界の多くの地域で西暦が使用されており、たとえばもともとキリスト教とは縁もゆかりもない中国でも、公元と称して西暦が採用されている。日本で西暦が普及するようになったのは、近代化の風潮によってであり、戦後になって急速にひろまった。

真偽のほどはさだかでないが、一休禅師が詠んだという〝門松は冥土《めいど》の旅の一里塚めでたくもありめでたくもなし〟のとおり、新年だからといって、世の中がただちに変化するわけではない。また新世紀に入ったからといって、地球がすぐさま激変するはずもない。まさに〝めでたくもありめでたくもなし〟だが、人生に年ごとのけじめが必要なように、人類の社会にも節目の年代がいる。新時代の夜明けを待望して、決意をあらたにするのも、人間の知恵のひとつといってよい。

二十世紀は世界の政治や経済そして文化を、欧米がリードした時代であった。欧米の発展は人類の進歩と繁栄にとってマイナスではないが、二十世紀はアジアの独自の輝きが評価されなかった時代であった。私などは新世紀がアジアの輝く世紀であってほしいと願っている。

そのアジアの世紀をいろどる二十一世紀最初の大事業が、二〇〇二年の六月一日からはじまるサッカーW杯の日韓共催である。新世紀の冒頭をかざるW杯がアジアではじめて開かれる。そして単独開催ではなく、日韓の共催というのも未曾有《みぞう》のこころみである。そこにはなお多くの難問があり、イデオロギーが絡んだあしき「競催」になるのではないかと心配するむきもあるが、単独ではなしえない共催のプラス面を活《い》かして、充分《じゅうぶん》にその機能を発揮する必要がある。

サッカーW杯史上初の共同開催が、FIFA（国際サッカー連盟）の理事会で決定されたのは、一九九六年の五月三十一日であった。その決定をうけて、同年の十一月八日、「W杯日韓共同開催を成功させよう」第一回シンポジウムが大阪であった。大阪府の要請でその討論に加わったおりのことをあらためて想起する。

参加者のほとんどが、二〇〇二年のW杯は日韓はじめての共同事業とその意義を強調されたが、そうではない。慶長十二年（一六〇七）から文化八年（一八一一）におよぶ朝鮮通信使の善隣友好は、まさに共催の大事業として展開された。本年の四月二十七日から六月三日まで、京都文化博物館で実施される二十一世紀記念特別展「こころの交流――朝鮮通信使」は二〇〇二年のW杯の前提となる催しであり、アジアの世紀をめざす大展覧会である。

（二〇〇一・一・二八）

アジア・共生の二十一世紀

大阪府立中央図書館では、開設以来毎年府民講座ライティ・カレッジを開催している。第一回は司馬遼太郎さんが長年住んでおられた東大阪市に、大阪府立の中央図書館がオープンしたゆかりもあって、「司馬遼太郎の世界」をテーマにシンポジウム「司馬遼太郎の文学と歴史」と三回の講演会を実施した。

第二回は「アジアの中の日本を探る」、第三回は「アジアと日本のルネサンス」と継続してきた。毎年多数の参加者があって好評をえているが（その記録は文英堂から出版）、本年（一九九九）は八月二十九日から「アジアを生きる――共生の二十一世紀」をテーマとするシンポジウムと連続講演会が開かれている。

最初からその企画と運営にかかわってきたが、主題は日本とアジアの再発見を探求するシンポジウムと講演の積み重ねといってよい。日本とアジアをみきわめる動向には、およそ三つのタイプがある。

その第一は、日本を中心とする視座からアジアを認識する見方や考え方である。その場合にはともすれば日本を盟主とする「興亜論」や「脱亜論」になりがちである。その第二は、日本とアジアを区別して、「そと」なるアジアから考察しようとする見地である。「そと」からの視角には学ぶべき点もあるが、海外からの比較や批判のみでは、「複眼」の思索とはなりえない。

なぜなら日本はアジアの「そと」ではなく、地理的にも歴史的にもアジアの「なか」に内包されているからである。アジアの中の日本の過去と現在をみつめ、そして未来を展望する作業をなおざりにすることはできない。

二十世紀は二度にわたる世界戦争に象徴されるように、戦争の世紀であった。冷戦構造の崩壊後も、経済の矛盾にとどまらず、民族や宗教の対立と紛争がつづいている。二十世紀は欧米がリードした世紀であり、人権受難の世紀であった。加うるに自然と環境の破壊も顕著であった。

第四回のシンポジウムには、李元植《イジシク》近畿大学元教授、文楚雄立命館大学教授、タイの松尾カニタ・キャスターをお招きして、私がコーディネーターをつとめた。貴重な提言がなされたが、アジアの共生には、国境やイデオロギーをこえた人と人の交流がなによりも必要であり、文化の共通性とあわせ各国・各民族の独自性に対する相互理解の促進が不可欠であることがそれぞれの立場から提起された。アメリカ追随の姿勢への批判やアジア侵略への歴史認識の不充分さの指摘もあったが、アジアを生きる共生の二十一世紀への有意義な討論となった。

アメリカの政治学者であるサミュエル・ハンチントン・ハーバード大学ジョン・オリン戦略研究所長は、『文明の衝突』のなかで、文明のるつぼであるアジアが「選択できるのは、紛争を対極とした勢力の均衡か、覇権を対価とした平和のどちらかである」と述べているが、アジアの過去に学んで、新世紀の構築をめざしたい。

（一九九九・九・一二）

東アジア古代史の解明

斑鳩町の町制施行五十周年といかるがホールの完成を記念して、平成九年（一九九七）の九月十四日、奈良県斑鳩町のいかるがホールで古代史の国際シンポジウムが開催された。昨年の夏にアジア史学会との共催の要請があって、アジア史学会から中国社会科学院考古研究所の王仲殊教授、韓国忠南大学の尹武炳《ユンムヒョン》名誉教授、アメリカユタ大学の李廷冕《イヨンミョン》教授、九州大学の西谷正教授と私が記念講演と報告をそれぞれ担当し、報告をめぐる討論には作家の杉本苑子さんが参加された。

斑鳩町といえば法隆寺（斑鳩寺）で有名であり、聖徳太子の斑鳩宮が造営された場所としても、多くの人びとに知られている。あまたの聖徳太子論や法隆寺論があって、学界でもいろいろと論議されてきたが、斑鳩町が古代史のなかであらためてクローズ・アップされたのは、昭和六十年（一九八五）の九月に、斑鳩町藤ノ木（ミササキ）で、六世紀後半の藤ノ木古墳の内容が、学術調査の結果明らかになったためであった。

記念講演「聖徳太子とその時代」のなかでも言及したが、このたびのシンポジウムの特色は、従来とかく藤ノ木古墳の問題と聖徳太子・斑鳩寺の問題が別々に検討されてきたのを、飛鳥時代の前期および後期の東アジアにつながる時代背景のなかで、統一的に討議されたことにある。あわせて一九七一年の七月に、韓国の忠清南道宋山里で発掘調査された武寧王陵（王妃と合葬）と藤ノ木古墳との副葬品の比較検討がなされたことも、シンポジウムを特色づけた。

尹武炳名誉教授は武寧王陵の発掘調査を指導された方でもあり、藤ノ木古墳の副葬品との共通性とその相違点について詳細に報告されたのは貴重であった。西谷教授はあらたな視点から古墳と寺院（とくに陵寺）についての見解を発表されたが、討論のなかで藤ノ木古墳出土の馬具類が、渡来系工人の技術を反映したのではないかとする認識でほぼ一致したのは収穫である。

王仲殊教授は、中国の史料にもとづいて隋の側から遣隋使の実相を解明され、李廷冕教授は、聖徳太子をめぐる渡来人についての見解を発表された。アメリカの学界でも、古代の日本における渡来人と渡来文化の研究がしだいに注目されつつある状況を紹介されたのが印象的であった。杉本苑子さんは、かつての「皇国史観」によるゆがめられた歴史認識を史実にもとづいて問いただすことの重要性を指摘されたが、〝日出づる処の天子の実像をさぐる〟シンポジウムにふさわしい討論となった。

約七百名の参加をえての国際シンポジウムとなったが、六・七世紀の古代史が東アジアの動向のなかで検討され、大和川および龍田道で河内・難波につながる古代斑鳩の国際性が大きく浮かびあがった。俗説とは異なって、斑鳩宮は聖徳太子が隠棲した宮ではなかったのである。

（一九九七・九・二九）

アイヌ新法の制定

一九九六年四月一日、内閣官房長官の私的諮問機関である「ウタリ対策のあり方に関する有識者懇談会」が、梶山静六官房長官に報告書を提出した。

この報告書では「少なくとも中世末期以降の歴史の中でみると、アイヌの人びとが北海道に先住していたことは否定できない」として、アイヌの人びとが先住民族であったことを明記した。一九九一年に政府が国連に報告した人権報告書が、アイヌの人びとを「独自の宗教及び言語を有し、また文化の独自性を保持している」少数民族としてのみ認めていた段階と比較すれば、はるかに前進した内容となっている。

そして懇談会の報告書は、和人の「進出」によってアイヌ社会や文化の破壊が進んだことを強調し、従来の福祉対策のなかでアイヌ民族の生活は向上したが、格差は依然として解消されていないことを指摘している。和人の「進出」というよりも、和人の「侵略」という方が実相に近いと考えられるが、一八九九年制定の「北海道旧土人保護法」が、今日も生き続いてきた現実を忘却するわけにはいかない。

懇談会の報告書は「民族的な誇りが尊重される社会の実現」を基本理念とする、①アイヌに関する研究の推進、②アイヌ文化の振興、③伝統的生活空間の再生、④人権擁護に向けた理解の促進——を柱としたあらたな施策を提言し、アイヌ新法の必要性と新法制定の促進を求めている。

「先住権」についての判断は「国際的な論議が固まっていない」ことなどを理由として、さき送りにされており、懇談会の報告書の内容には、なお検討すべき課題があるけれども、旧態依然の現行「旧土民保護法」の「廃止のための措置を講じることが適切」とし「可能な限り新たな立法措置」の実施を答申したことは注目にあたいする。

遅きにすぎるとはいえ、国のアイヌ民族に対する政策が、抜本的に見直さるべき時を迎えていることは、懇談会の報告書にも明らかである。

一九九三年は、一九九〇年の国連総会が決議した「世界先住民のための国際年」であった。地球上には三千数百の民族が存在し、数百にのぼる先住民族が生活を営んでいる。自然に依存し、自然とともに生きる智恵と文化をはぐくんできた多くの先住民族が、みずからの自由な意志によってではなく、また合意の確認もないままに、森林を伐採され、資源乱開発の渦のなかで苦しんできた。アイヌの人々も例外ではない。先日もアイヌの聖地がダムの開発で埋没する報道があった。地球の汚染と環境破壊の嵐のまっただなかに、多くの先住民族とその文化があえいでいる。

先住民族が「未開」であり「野蛮」であるというような誤れる「夷狄《いてき》」観を克服せずして「国際化」などと叫ぶわけにはいかない。アイヌの人々の問題も、けっして他人事ではない。

（一九九六・八・一二）

新時代の夜明け

「誠信の交《まじわ》りと申す事、人々申す事に候へども、多くは字義を分明に仕《つか》えまつらざる事これ有り候、誠信と申し候は実意と申す事にて、互いに欺《あざ》むかず争はず眞実を以て交り候を誠信とは申し候」。

この名言は、朝鮮通信使の応対責任者として、第八次（一七一一年）・第九次（一七一九年）の真文役《しんもんやく》をつとめた、滋賀県高月町雨森出身の雨森芳洲《あめのもりほうしゅう》が、その実践を前提に享保十三年（一七二八）の十二月、朝鮮外交のあるべき見解を五十二項目にわたって記述した『交隣提醒《こうりんていせい》』のなかの一節である。

一九六八年の秋、高月町におもむいて、芳洲先生の文書や記録を実見し、すぐれた思想家・教育者であり、善隣友好の実践者であった雨森東五郎（芳洲）の生涯に学んだ。以来、「芳洲だましい」の顕彰に協力してきたが、平成十年（一九九八）十月八日の「日韓共同宣言」および金大中大統領の国会演説は「互いに欺かず争わず、真実を以て」まじわる、日韓新時代の夜明けを告げるかのようであった。

十月十七日、東京国際フォーラムのホールで開催された、東京・ソウル友好都市締結十周年記念の「東京・ソウル合同シンポジウム」の記念講演は、韓国側を代表して、元駐日大使・前外務部長官である孔魯《コンノ》明《ミョン》東国大学校教授、日本側は私が担当した。討論の主題は、「日韓共同宣言」をめぐっての、今後の新時代をどのように構築するかに集中した。慶長十二年（一六〇七）から文化八年（一八一一）まで十二回におよぶ朝鮮通信使がはたした役割、そして雨森芳洲の思想と行動もまた論議された。

室町時代にも通信使による外交は行われたが、江戸時代の朝鮮通信使の意義は、室町時代とは質・量ともにそのおもむきを異にする。なによりも注目すべきは、豊臣秀吉らの朝鮮侵略（壬申・丁酉の倭乱）の戦後処理としてその善隣友好がはじまったことであり、第三次とりわけ第七次から朝鮮通信使と日本の民衆がまじわる民際交流がくりひろげられたことである。

このたびの十一項目にわたる「日韓共同宣言」には、重要な指摘がいくつかあるが、なかでも「両国国民、特に若い世代が歴史への認識を深めること」を強調し、「市民サークル等の多様な国民各層間および地域間の交流の進展」の促進が表明されていたことが注目される。

金大中大統領の国会演説も意味深い。二十五年前の東京拉致《らち》事件、一九八〇年の死刑宣言をはじめとする命がけの民主化闘争の回顧をその冒頭に語り、「人権と平和の尊厳さを悟った」ことを述懐する。十月十日午前の大阪における金大統領との懇談会に出席したが、「文化鎖国主義」の弊害を東アジア史のなかから力説された。高邁《こうまい》な理想と不屈の自信と勇気が、二〇〇二年のW杯サッカーを成功にみちびく。

だがその夜明けの前途には、いくたの困難があることを忘れてはならない。

（一九九八・一〇・二五）

内なる民際化

平成七年（一九九五）二月二十七日、高知県の橋本大二郎知事は、二月の定例県議会の冒頭で、県人事委員会の決定を待って、今夏の職員採用試験から国籍条項を撤廃し、永住外国人に受験資格を認める考えを明らかにした。司法警察に関するものなど、一部の職務は除かれているが、都道府県や政令指定都市レベルでは初のケースであり、今後の動向が注目される。

いわゆる国籍条項とは、公務員の採用試験において、受験者を日本国籍の人びとに限定する条項である。この条項が日本の「国際化」の進展と矛盾あるいは背反する現実は、これまでにもたびたび指摘されてきた。

あらためて想起するのは、国公立大学の外国人教員の任用等に関する運動とその成果としての法制定の歩みである。一九七二年の十月に結成された在日韓国・朝鮮人大学教員懇談会の（徐龍達《ソヨンダル》代表）は、ねばり強く政府ならびに関係諸機関との交渉を積み重ね、一九八二年の八月、「国立又は公立の大学における外国人教員の任用等に関する特別措置法」が衆・参両院で可決された。そして同年九月一日には法律第八九号としての公布・施行をみた。

この法律の施行以前には、大学の「国際化」が叫ばれながら、日本の国公立大学では、正規の教授会メンバーとしての外国人専任教員はいなかった。そこには国籍条項が大きな障壁として横たわっていたからである。「外国人教員の任用等に関する特別措置法」の「任期制」については、国会の付帯決議で「大学管理機関の自主的判断に委ねること」と明記されていたが、実際には「三年任期」を導入しているところが多い。そこにはなお検討すべき課題があるけれども、現在では国公立大学の教授・助教授・講師の外国人教員数は三百名に近い。そして国籍をこえた教育・研究の成果が着実に積みあげられてきた。

一九七九年の六月には「国際人権規約」を批准し、昨年の十二月には「人種差別撤廃条約」に加入するなど、日本の「国際化」が内外からますます要請されている。その「国際化」のたてまえを内実化するためには、民族際化・民際化が不可欠である。

一九九一年に神奈川県（私学課）は、「外国籍の県民が国籍、民族、文化の違いを越え、同じ県民として生き生きと暮らせる地域社会作りを目指す〝内なる民際外交〟を推進する」との見解を表明したが、各地の自治体のこうした方向こそ、「地方分権」の実体を確立してゆくのにふさわしい。

一九九三年九月の岸和田市議会の「定住外国人に対する地方選挙への参政権など、人権保障に関する要望決議」をはじめとする、各都道府県市町村議会の注目すべき動きや、一九九一年三月に日本高等学校野球連盟が在日外国人の高級学校の公式加盟を承認するなど、スポーツ・芸術・教育の各分野における国籍をこえた内なる民際交流の輪は、たしかにひろがりつつある。高知県のことあげの内実化をめざしたいと願うのは私ひとりではあるまい。

（一九九五・三・三）

今に生きる芳洲だましい

フランスでのサッカーW杯で、あらためて世界の平和と友好につながるスポーツのありようが注目をあつめている。日本と韓国は残念ながら緒戦《ちょせん》で敗退したが、日本がはじめてW杯に出場し、世界の実力をつぶさに体験したことは貴重であった。二〇〇二年のW杯にその反省をみのらせてほしい。

日本と韓国が共催する二〇〇二年のW杯は、二十一世紀最初のW杯であるばかりでなく、アジアではじめて開催されるW杯である。しかもこれまでのW杯が一つの国での単独開催であったのに対して、世界初の日韓両国の共催となる。サッカーW杯史上の画期的なこころみといってよい。

一九九六年の十一月八日、大阪商工会議所の国際会議ホールで、「二〇〇二年のW杯日韓共同開催を成功させよう」第一回シンポジウムが開かれたおりに、パネリストとして参加したが、韓国サッカー協会の代表も日本側の代表も、はじめての共催の意義を強調された。W杯についてはたしかにそのとおりだが、討議のまとめの最後に、日本と韓国・朝鮮の共同事業は、江戸時代にその先例があることを指摘した。前に言及した慶長十二年（一六〇七）から文化八年（一八一一）におよぶ、十二回の朝鮮通信使をめぐる大規模な善隣友好の史実がそれである。

私が朝鮮通信使の重要な意味を考えるようになったのは、桑原武夫先生と日本の名著『新井白石』（中央公論社）を執筆した時であった（一九六八年）。たまたま滋賀県高月町の雨森におもむいて、第八次

（一七一一）・第九次（一七一九）の朝鮮通信使外交に活躍した雨森芳洲《あめのもりほうしゅう》の文書・記録を実見した。

そして十八世紀の前半に、東アジアのなかの日本を真剣に思索し実践した雨森芳洲の存在と出会った。とりわけ朝鮮外交のこころがまえを説いた『交隣提醒《こうりんていせい》』に感銘した。豊臣秀吉の朝鮮侵略を「豊臣家無名の師《いくさ》」すなわち大義名分のない戦いであったと断言し、「誠信の外交」とは「互いに欺《あざむ》かず争わず、真実をもって交《まじわ》る」ことだと明記している芳洲だましいが、わが胸にこだました。

芳洲との出会いから朝鮮通信使の研究にもとりくむようになる。大名や知識人のみではない。民衆が実際に朝鮮通信使とまじわった民際交流の史脈があざやかに浮かぶ。滋賀県や高月町など、多くの皆さんの理解と協力によって、東アジア交流ハウス雨森芳洲庵がオープンしたのは、昭和五十九年（一九八四）の十一月三日であった。

本年は芳洲先生の生誕三三〇年であり、記念の公開講座が開かれて、七月十一日には「芳洲魂」の顕彰碑の除幕式があった。一九九五年の十一月に結成された朝鮮通信使ゆかりの市町村や関係団体による縁地連絡協議会の第四回大会が、十一月二十二・二十三日に高月町で開催される。芳洲だましいは二〇〇二年のＷ杯にも生きるはずである。芳洲は封建社会を越えた思想家であった。


（一九九八・七・一二）

こころの交流

京都文化博物館で、二十一世紀の冒頭を飾る特別展「こころの交流――朝鮮通信使展」が開催されている。慶長十二年(一六〇七)から文化八年(一八一一)まで、十二回におよぶ朝鮮通信使をめぐっての、善隣友好の歴史とその文化の実相は、まだまだ知られていない。

江戸時代は鎖国の時代であったという誤った先入観と重なって、朝鮮通信使のまことの姿は、明治以後長い間にわたって消されてきた。韓国の中央博物館・宮中遺物展示館をはじめとする内外の協力による逸品(二〇六件、約四〇〇点)によるこのたびの特別展は、その実像を史実にもとづいてよみがえらせ、多くの人びとの認識の不充分さをあらためて問いただす。歴史教科書における日韓・日朝関係史の記述の当否が問題となっているおりがら、展示品のひとつひとつが、友好の史脈《しみゃく》を照射する。

寛永十二年(一六三五)五月の日本人の海外渡航禁止などの幕府の通達を「鎖国令」とよんだり、寛永十六年七月のポルトガル船来航禁止などの断行を「鎖国の完成」と称したりする例は、現在もなおかなりある。

当時の法令などに鎖国という用語が使われていたわけではないし、幕府はもとより各藩が、貿易の統制とキリシタン禁圧の状態を鎖国と考えていたわけでもない。

鎖国という言葉の登場は、すでに指摘されているように、長崎の通詞《つうじ》(通訳)の志築忠雄《しづきただお》が、エンゲルベルト・ケンペルの『日本誌』の一章を「鎖国論」と訳した時（一八〇一年）がその最初である。通商の国（オランダ・清）、通信の国（朝鮮・琉球）と明記されていたように、朝鮮王朝とは外交と貿易を行った。したがって釜山の倭館には、商人たちを中心に約五百名ほどの日本人が常駐していた。壬申《じんしん》・丁酉《ていゆう》の倭乱《わらん》（文禄・慶長の役）の戦後処理の具体化としてはじまった朝鮮通信使は、四百二十八名から五百四名という大文化使節団であったが（対馬までとなった第十二次でも三百二十八名）、幕府・大名や知識人ばかりでなく、三十年ばかり前から注目してきたように、民衆が通信使とまじわる民際外交を展開した。そしてその動きは第七次のころから活発化する。

国家と国家の関係はもちろん重要だが、善隣友好の基礎となり前提となるのは、民衆と民衆のまじわりである。民際とは何か。その交流を陳列の絵巻物などがはっきりと物語る。

いまなぜ京都で朝鮮通信使展かと、いぶかるむきもあるかもしれない。明年の日本と韓国の共催サッカーW杯の成功をめざしての特別展である。共催はW杯がはじめてではない。通信使外交はまさしく徳川幕府と朝鮮王朝との共催であった。戦後処理にあたって徳川家康との直接の交渉がなされたのは京都であり、朝鮮通信使と京都とのえにしは、京都五山の僧が、朝鮮外交の事務を掌《つかさど》った対馬以酊庵《いていあん》の輪番僧となったようにきわめて深い。この特別展に学ぶことはたくさんある。

（二〇〇一・五・一三）

文明間の対話

台風十一号は大型であったが、その被害は予想されたよりも少なかった。しかし、死者・行方不明者・けが人があり、床上浸水などがあいついだ。台風・地震・洪水のたびごとに、自然の力の脅威を肌で実感する。

日本列島に人類が居住するようになってから、われわれの祖先は数万年もの間、たびたび台風に見舞われ、大地震や大洪水をくり返し体験してきた。そのこともあって、日本人は自然と対決するよりも自然と調和してくらしをいとなむ智恵《ちえ》を積み重ねてきた。

日本人ばかりではない。アジアの人びとの多くが、自然の威力のなかに神や仏の存在をみいだし、自然と共生する宗教を信奉してきた。

二十一世紀は文明の衝突の世紀であると警告され、あらためて文明間の対話の必要性が強調されている。文明間の相互接触はますます増大し、その軋轢《あつれき》は激化する。それだけに、文明の衝突を対話に置き換えてゆく、寛容の精神と行動をしっかりと培うことが要請されている。

だが自然の破壊と地球の汚染がいちじるしく進行しているなかで、文明間の対話ばかりでなく、自然と文明の対話を忘れるわけにはいかない。人間は自然に依存して生活をいとなんできた。そして文明を構築したその人間が、自然を破壊し、環境を汚染してきたのである。地球が滅んで文明の繁栄があるはずもない。

八月二十五日、ワールド・パートナーシップ・フォーラム「文明間の対話と日本」が、日本国際問題研究所と姫路市の共催で開催された（於姫路市国際交流センター）。基調講演は東京大学の山内昌之教授が、特別講演は私が担当することになった。

その特別講演で、文明間の対話の前に、自然と文明の対話が必要であって、アジアそして日本の本来の自然観のなかには、現在もなお学ぶべきものがあることを指摘した。

文明の衝突といえば、とかく欧米と非欧米の衝突のみが注目されやすいが、アジアのなかの文明間の対話もなおざりにはできない。その相互理解はまだまだ不充分であり、たとえば近・現代史における日本のアジア侵略とその評価ひとつをとりあげても、その歴史認識には大きなずれとへだたりがある。したがって、最近の歴史教科書をめぐっても、きびしい矛盾と対立が生じている。

アジアにおける歴史認識をアジア人相互がどのように共有するか。他国・他民族の歴史の学習のみでなく、自国・自民族の歴史を史実にもとづいて正確に認識することが前提となる。そして侵略の歴史ばかりでなく、友好の歴史を照射することを軽視してはならない。国家間の対話はむずかしい。学界・自治体を含む市民サイドの対話が期待される。アジアとりわけ東アジア共通の歴史教科書をつくる作業は、アジアのなかの文明間の対話に寄与するにちがいない。

（二〇〇一・八・二六）

日韓文化フォーラム

古代における日本列島と朝鮮半島の関係史の研究は、ややもすれば、朝鮮半島からの文物の導入や渡来集団の移動とその活躍に重点がおかれてきた。その関係史の究明は交渉史が多く、真の意味における交渉史の内実をあざやかに浮かびあがらせてきたとはいえない。

ところが最近の発掘成果やあらたな史実の解明によって、日本列島からも朝鮮半島に文物が伝播《でんぱ》し、さらに人間の移住のあったことがいくつも検証されてきた。関係史の考察は、一方的な交渉史ではなく、相互の交流史へとあらたな研究の段階に入ったといってよい。

二〇〇一年の十一月十七日、「コリア・スーパー・エキスポ2001」の一環として、インテックス大阪で開催された「日韓文化フォーラム」でも、交渉史から交流史への前進を実感した。

日本からは九州大学西谷正教授・滋賀県立大学田中俊明助教授、韓国からは東国大学李基東《イギドン》教授・釜山大学申敬澈《シンギョンチョル》教授が参加され、私はその基調講演をつとめたが、その発表のすべてがなんの打ち合わせもなしに、たんなる交渉史ではなく、人間のまじわりを中心とする交流史であったことは貴重であった。

たとえば申教授は三世紀末から四世紀はじめのころの加耶《かや》（朝鮮半島南部）では、出雲や北陸でつくられた土器が生活遺跡から多数出土し、出雲人などの倭人が渡来して、その子孫が加耶の国家建設に協力した状況を報告された。李教授は古代の日本と新羅との関係史の研究が主に政治史や外交史が中心であったことをかえりみ、政治的には敵対関係にあっても、文化的な面では密接な交流があり、八・九世紀の新羅と日本の交易には注目すべき動向のあったことを指摘された。

文物の伝播はもとより軽視できないが、文物イコール文化ではない。たとえば仏教の伝来については、五三八年説と五五二年説とが対立するけれども、両説ともに百済《くだら》から大和《やまと》の地域の朝廷へ仏像や経典などが伝来したことをそのメルクマールとしている。だが大和の地域よりも朝鮮半島に近い北九州や北ツ海（日本海）沿岸地域に、より早く仏像などは伝わったにちがいない。ヘリコプターなどで、仏像や経典が運ばれたわけではないのである。

かねてから私が仏教公伝年についていだいてきた疑問は、仏教の伝来を具体的に物語る指標は、仏教や経典という「モノ」の伝来ではなく、仏教の教えを説く僧尼が、いったいいつ渡来したのかという点にこそ求めるべきではないかという点にあった。いまもし仏像のみを重視するなら、仏像を鋳造した仏獣鏡の出土をもそのメルクマールにしなければなるまい。

「モノの歴史」よりも「人間の歴史」が肝要である。人間不在の交渉史から、人間が相互にまじわった交流史の内実をみきわめたい。アジアではじめての明年のサッカーW杯も、人間交流の友好の場であってほしい。

（二〇〇一・一〇・九）

アジアのなかの日本

二十世紀の世界の政治や経済そして文化をリードしたのは欧米であった。アジアの輝きはあまり評価されなかった時代であった。アジアを見直し、アジアを再発見すべきではないか。そうした動きがしだいにたかまりつつある。

アジアの再発見は必要だが、そうした論調を手放しで礼賛するわけにはいかない。一九三〇年代から一九四〇年代前半の日本の支配者層は、「八紘一宇」の名のもとに、アジアの盟主を自称して「大東亜共栄圏」を幻想した。こうした日本を中心とする「興亜論」は、いかなる名目があるにせよ、いつかきた道の「おとし穴」に陥落するおそれがある。

アジアとひと口にいっても、東アジアばかりでなく、中央アジアもあれば西アジアもある。東北アジアと東南アジアとの歴史と文化の間にもかなりのひらきがある。「アジアはひとつ」などと称するのは、空論にすぎない。

その批判として、日本はアジアとは異質であり、むしろヨーロッパ的であるとして、アジアと日本を対比する見方や考え方もある。そうした比較はそれなりに有意義であり、効果的であるが、そのような見方や考え方は、あらたな「脱亜論」を用意しやすい。

アジアと日本の異質性がいちじるしくなるのは、日本が近代化のプロセスのなかで、欧米の文明を積極的に受容したからであって、近代以前にさかのぼればさかのぼるほど、アジアとりわけ東アジアの文明と連動して展開してきた日本の姿があざやかに浮かびあがってくる。

たとえば昭和四十七年（一九七二）三月の高松塚壁画古墳の検出以後における主要な発掘調査の成果を見ても明らかである。その多くがなんらかの意味で、東アジアとのかかわりをもって具体化していった遺跡であり遺物であった。東アジアとの密接なまじわりのなかで、渡来の文物を受容して日本独自の文明を構築してきたのである。

紫式部が『源氏物語』の乙女の巻のなかで、「才《ざえ》を本《もと》にしてこそ、大和魂の世に用ひらるる方《かた》も、強う侍《はべ》らめ」と述べているのはさすがである。ここにいう「才」は「漢才《からざえ》」で漢詩、漢文学を指すが、私なりにいえば、渡来の文化をベースにしてこそ、日本人としての教養や判断力は、より強く世のなかに作用してゆくということになる。

文明の比較はややもするとルーツ論（起源論）のみになりやすいが、ルート論（形成論）もなおざりにすることはできない。アジアの文明の内容は多様であり複雑であって、アジアの友好と連帯には数多くの障害が山積する。楽観よりも悲観が先立つ。しかしその曙光《しょこう》もある。たとえば二〇〇二年のサッカーW杯や釜山で開かれたアジアスポーツ大会などにおける若者たちの国境やイデオロギーを越えたまじわりがそれである。アジアのなかの日本を再発見することが肝要ではないか。

（二〇〇三・一・一九）

アジア史学会と江上先生

アジア史学会第十一回研究大会が島根県立大学で開催されたのは、二〇〇二年十一月の十二、十三日であった。この国際学会には、日本のほか韓国・中国・モンゴル・アメリカ・フランスなど、アジアの古代史を中心に研究している歴史学者や考古学者が参加している。朝鮮民主主義人民共和国の研究者も加盟し、このたびの研究大会では二名の研究者が発表される予定であった。その報告論文も事務局に届けられていたが、直前になって参加中止になったのは残念である。

歓迎講演三人、基調講演一人、研究報告中国二人、韓国二人、アメリカ一人、そして日本三人のそれぞれの講演と発表は充実していた。討論の総括の中で王仲殊中国社会科学院考古研究所教授（元所長）が「第十一回研究大会は大成功」と批評されたとおりである。

とりわけ王巍考古研究所副所長の古代出雲における青銅器の埋納と長江流域・湖南省寧郷一帯の青銅器埋納のありようの類似性の指摘や全榮來韓西古代学研究所長の鏡の背面に二個以上の鈕《ちゅう》がある多鈕鏡の形式とその変遷についての考察は興味深かった。また島根県立古代文化センターの松本岩雄・丹羽野裕両氏の弥生青銅器文化および弥生時代山陰の鉄器研究にかんする報告も示唆にとむ発表であった。

アジア史学会第十一回研究大会を終了して帰宅したところへ、江上波夫先生逝去の悲報が入った。聞けば大会前日の十一日にあの世に旅立たれたという。江上先生は北方ユーラシアから西アジアを含む地域の調査と研究を積み重ねられた碩学《せきがく》であった。痛恨の極みである。

江上波夫先生といえば騎馬民族征服王朝説で有名な先学である。その最初の問題提起は、昭和二十三年（一九四八年）の五月四日から六日まで、東京御茶の水で行われた「対談と討論」であった。そしてその内容が公にされたのが翌年二月の『民族学研究』（第十三巻第三号）である。当時京大の二回生であった私も誌上の「対談と討論」を読んで興奮したことをいまでもはっきりと覚えている。

その内容を再録した江上波夫編の『日本民族の源流』（講談社学術文庫）の「解説」は、江上先生の依頼で私が執筆しているが、その中でも言及したように、騎馬民族征服王朝説も江上先生みずからによって、第一次から第二次へと修正されていることを見逃してはならない。

江上先生と懇談するようになったのは、三十年ばかり前の高松塚壁画古墳検出のころからであった。昭和六十一年（一九八六）に実施された高句麗文化展の東日本の代表委員を江上先生が、西日本を私が担当してからは特に密接となり、平成二年（一九九〇）三月設立の前述のアジア史学会の会長には江上先生が就任された。たびたび国際学術会議の江上団長の副団長をつとめたが、第六回研究大会（北京）で私がその後任の会長となった。あらためてアジア史学会のえにしをかえりみ、後学の責務を痛感する。

（二〇〇二・一一・一五）

日本海の呼称

日本海沿岸地帯とりわけいわゆる山陰の弥生文化が脚光をあびている。鳥取県青谷町の上寺地《かみじち》遺跡、同県大山町から淀江町にかけての妻木晩田《むきばんだ》遺跡、鳥取県斐川町の神庭荒神谷遺跡、同県加茂町の岩倉遺跡、そして松江市の田和山遺跡など、その発掘調査の成果には眼をみはるものがある。

弥生時代の歴史と文化を論ずるさいに、丹後・但馬を含めての山陰の文化を軽視することはできない。山陰はたんなる「裏日本」ではなかった。平成十四年（二〇〇二）の八月二十四日、東京の九段会館大ホールで、鳥取県と島根県の共催による「山陰弥生文化再発見」のシンポジウムが、盛大に開かれたのは、時宜をえて有意義であった。聴衆は千百名をこえた。

その基調講演でも若干言及したが、最近再び「日本海」の呼称が国際水路機関（ＩＨＯ）や国連地名標準化会議で論議をよんでいるのに注目する必要がある。数年前からの論議の再燃だが、そこには「日本海」のよび名についての誤解がある。

「日本海」の呼称は、日本の植民地主義に起因するのではない。「日本海」というよび名は、すでに指摘されているように、十七世紀のはじめにさかのぼる。イエズス会のイタリア人宣教師マテオ・リッチが一六〇二年に北京で作製した『坤輿《こんよ》万国全図』に、漢字で「日本海」と書いているのが古い。

そして「日本海」の呼称は、宣教師を媒介としてだんだんとヨーロッパに伝わり、十八世紀のころには定着して、国際的に公海のよび名として広く通用するにいたった。日本人で「日本海」を地図に明記したのは、享和二年（一八〇二）の蘭学者山村才助の『訂正増訳菜覧異言』が古い。しかし「日本海」という名称はヨーロッパ人の使用からはじまる。

日本列島に居住する人びとが「日本海」を「東海」とよぶわけにはいかない。日本の古典ではたとえば『日本書紀』の垂仁天皇二年是歳の条の別伝や『出雲国風土記』あるいは『備後国風土記』逸文《いつぶん》では「北海（北ツ海）」と記している。私があえて「日本海」の呼称以前を「北ツ海」と称してきたのには、それなりの理由があった。

国名を公海に用いてはならぬという意見もあるが、インド洋など国名にちなむ公海名もある。正当な批判は充分に傾聴すべきだが、誤解にもとづく批判は中傷と同類であって、中傷に迎合してよいはずはない。

そもそも日本海側の地帯を「裏日本」と称するようになるのは、先に指摘したように明治二十八年（一八九五）のころからであり、地域的な格差を含んで、さげすむようになるのは明治三十三年に入ってからであった。日本海文化圏の的確な認識を欠落して、日本海の呼称の変更を決めるのは、あまりにも不合理である。「真実」をもってまじわる「誠信」の善隣友好をめざしたい。

（二〇〇二・九・一）

アジアの光――鑑真和上

唐の高僧鑑真和上を主人公とする井上靖さんの『天平の甍《いらか》』は、多くの人びとに親しまれ、映画・演劇にもなって内外の反響をよんだ。その鑑真和上らが五度におよぶ渡航の失敗に屈することなく、六度目には失明しながら来日したその年（天平勝宝五年）から数えて、本年（二〇〇三）がちょうど千二百五十年になる。

その千二百五十年を記念する講演会や展覧会が全国各地で開催され、前進座による『天平の甍』の公演が大阪そして東京で行われる。去る一月二十五日、メルパルク大阪で実施された第十二回全日空歴史シンポジウム「鑑真和上」もそうしたこころみのひとつであった。

毎年の実行委員長は中西進さんがつとめ、その基調講演は毎回私が分担しているが、今回もっとも強調したかったのはつぎの三点であった。鑑真和上といえば、天宝元年（七四二）揚州の大明寺におもむいた遣唐留学僧・普照《ふしょう》の熱誠をこめた戒律の師僧の来日要請に、弟子たちが黙然と無言するなか、鑑真和上みずからが「是《これ》、法事のためなり、何ぞ身命を惜しまん、諸人去《ゆ》かざれば、我即ち去かんのみ」と渡日の決意を披瀝《ひれき》したエピソードを想起する。

その日からあしかけ十二年、苦難の渡航計画がはじまるわけだが、第一回はまがりなりにも渡日の船を日本側が用意し、第六回は天平勝宝四年（七五二）の遣唐副使大伴古麻呂《おおとものこまろ》の船へ密航さながらの乗船であったとはいえ、第二回から第五回までの渡航の船は、すべて鑑真和上みずからが買い求めたものであった。そして毎度用意された数多くの仏像・仏具・経典・薬物ほかの日本への持参の品々はもとよりのこと、同行者の費用も自前であった。それらの渡航費には、たびたびの出講や授戒会などの収入があてられたにちがいない。

鑑真和上は揚州生まれの揚州育ちであった。揚州が陸路の要衝であったばかりでなく、水運にめぐまれた国際商業都市・宗教都市であったことは、近時の発掘調査の成果をみても明らかだが、「山川域を異にすれど、風月天を同じうす」との長屋王《ながやおう》が唐の僧らに贈ったという袈裟《けさ》の繍句《しゅうく》に共感した鑑真和上の国際性は、揚州の風土がはぐくみ、その渡日を支えた力も揚州の気風にあった。

揚州の仏教を学んだ僧がわが国へ渡来した例は、鑑真以前にもある。推古天皇三十三年（六二五）に三論宗を伝えた高句麗僧の恵《え》（慧）灌《かん》は、揚州の吉蔵（三論宗の創始者）に学んだ人であった。

「山川異域、風月同天」は私の好きな言葉のひとつで、わが書斎を「同天居」と称しているのも、それに由来する。渡航の苦難ばかりではない。来日してからの鑑真和上の日々も決して平穏ではなかった。政変もたびたび、和上を誹謗《ひぼう》し中傷する人もあいついだ。それでも和上の初志は変わらなかった。その不惜身命の生涯がアジアの光として今日も輝く。

（二〇〇三・二・二）

草の根の民際交流

さきごろ大阪府の羽曳野市のＬＩＣはびきのホールで、「河内飛鳥と武寧王」の講演とシンポジウムが開催された。武寧王といえば、二〇〇一年の十二月、二〇〇二年のサッカーＷ杯日韓共催に関連して、「桓武天皇の生母が、百済の武寧王の子孫であると『続日本紀』に記されていることに、韓国とのゆかりを感じています」とのいわゆる「天皇のゆかり発言」を想い起こす人びとが多い。

『日本紀』（『日本書紀』）につぐ『六国史《りっこくし》』二番目の勅撰の史書『続日本紀』は延暦八年（七八九）十二月の条に、桓武天皇の生母である高野新笠が亡くなったことを記して、翌年の正月十五日、大枝山陵（京都市西京区大枝沓掛）に葬ったことを述べ、新笠皇太后の祖先が「百済の武寧王の子の純陁（陀）太子」であると明記する。

このことは歴史学界ではかなり早くから注目されていたが、なぜその武寧王と河内飛鳥が関連するのか。その講演とシンポジウムのテーマをいぶかしく思う方があるかもしれない。

羽曳野市の飛鳥から柏原市の国分にかけての地域が飛鳥戸評《あすかべのこおり》（後の安宿郡）で、この郡は明治二十九年（一八九六）に南河内郡へ編入されるまで存在した。この河内飛鳥の地域には武寧王の父と伝える昆支《こんき》（琨伎）王の子孫が居住していた。

河内飛鳥が大和飛鳥と共に重要な地域であったことを、三十二年前（昭和四十六年）の六月に指摘したが、延喜《えんぎ》式《しき》内の飛鳥戸神社（もと名神大社）の本来の祭神が昆伎王であったように、河内飛鳥と百済王家との間には深いつながりがあった。

講演とシンポジウムには趙万済韓日伝統文化交流協会会長・任東権《イムドンコン》韓国民俗学会名誉会長・文暻鉉《ムンギョンヒョン》慶北大学名誉教授・地元の笠井敏光生活文化情報センター館長と私が参加したが、六百名をこえる聴講の皆さんの顔ぶれが多彩であり、関東から九州におよぶ各地から来会された方が大勢なのに驚いた。

『日本書紀』の雄略天皇五年六月の条には、嶋《しま》（斯麻）すなわち武寧王が、筑紫の各羅嶋《かからじま》で誕生したことが記載されているが、この記事の信憑性は、一九七一年に韓国忠清南道公州で武寧王陵が発掘調査され、王陵内にあった五二三年の五月、六十二歳で崩じたと記す武寧王の墓誌石（買地券石）によって高まった。

この各羅嶋が現在の佐賀県東松浦郡鎮西町の加唐島である。講演とシンポジウムの当日、加唐島からも三名の「武寧王交流鎮西町実行委員会」の方々がみえていたが、千五百有余年のいにしえにさかのぼる日本列島と朝鮮半島との交流のきずながよみがえり、逆行する時代の波のなかで、まさしく草の根のみのりとなって、前進しつつあるのに感銘をうけた。国際の制約とその限界をのりこえて、民衆と民衆とがまじわる、民際交流の成果が期待される。

（二〇〇三・一一・二三）

島嶼連合と東アジア

イラク問題の報道があいついだことによって、あまり大きくとりあげられなかった、日本にとっての注目すべき国際的な動きがあった。それは二〇〇三年の十二月、東京で開催された日本と東南アジア諸国連合の特別首脳会議である。

一九六七年の八月八日、バンコクで設立された東南アジア諸国連合（ASEAN）は、いまや十カ国会議へ発展し、さらに日本・ニュージーランド・オーストラリア・カナダ・アメリカ・韓国・中国・ロシア・インドを加えた国々が域外対話国・機構を構成している。

地域的協力組織としてはヨーロッパ連合（EU）が有名だが、東南アジア諸国連合も大きな成果をあげている。このたびの日本とASEAN特別首脳会議は、日本が開催をよびかけ、東南アジア域外での初めての開催という画期的なこころみであった。そして日本が東南アジア友好協力条約（TAC）に加盟する意向を表明したばかりでなく、その「東京宣言」のなかで、経済はもちろんのこと、政治と安全保障においても関係を強化することを明記し、さらに「東アジア共同体（コミュニティー）」の構築に向かって協力を深めることを提起した。

島国である日本が南島の国々との協力を強化することは、島嶼《とうしょ》連合の形成において有意義であるにとどまらず、東南アジア諸国連合との協力のなかで、「東アジア共同体」の方向づけをしたことは貴重であった。

東アジアは古くから共通の文化圏を形づくっている。漢字は中国にはじまって渤海・朝鮮半島・日本列島さらにベトナムへもひろがった。稲作・青銅器・鉄器の波及はもとより、儒教・仏教・道教も東アジアを中心に展開した。古代の日本に教団道教が存在した確証はないが、道教の信仰が流伝していたことはたしかであり、道教はベトナム・カンボジアにも伝播した。律令制や都城のしくみも中国を核として東アジアの各地に受容された。

もっとも各国や各民族によって独自に変容した場合もあった。たとえば日本の古代の都は基本的に中国の都をモデルとしたが、都をとりまく羅城《らじょう》（城壁）はつくらなかった。官吏登庸の試験というべき科挙《かきょ》は実施しなかったし、後宮に奉仕した去勢男子の宦官《かんがん》の制や「革命」思想などは受け入れなかった。日本では漢字を媒体に片仮名・平仮名が作られ、また契丹《きったん》文字・モンゴル文字・ハングル・西夏文字・チベット文字などが創出されていったように、漢字文化圏の内容もさまざまに変貌していった。

このように東アジア文化圏といっても、その実相は多様だが、差異よりも共通の要素が多年にわたってつづいたことは否定できない。「東アジア共同体」を具体化してゆく前提には、多くの障害と困難が横たわっているが、ＡＳＥＡＮにつながる島嶼連合を強化しながら、日本がアジアの有力なパートナーとして、どのように貢献するかが問われている。その流れに逆行する行為はつつしみたい。

（二〇〇四・一一・一五）

韓流の表と裏

本年（二〇〇五）は日韓国交正常化の十周年であり、「日韓友情年２００５」が強調されてきた。しかし、日本政府と韓国政府との関係は、歴史認識や竹島（独島）のような靖国問題などをめぐって、きびしい対立がつづいている。

国家と国家のいわゆる国際関係ばかりでなく、いわゆる民際の関係の大切さをあらためて痛感する。民際とは三十年ぐらい前から主張してきた国境やイデオロギーを越えた民衆と民衆の相互のまじわりである。国家間の制約や限界とは異なる時点にたっての、互いの交流が大きなみのりをあげてきた。

「冬のソナタ」のカン・ジュンサン役をつとめたペ・ヨンジュンはヨン様として人気を集めたが、最新作の「四月の雪」でも、観客動員数はすでに百万人を突破したという。ヨン様ばかりでない。十六世紀初頭の朝鮮王朝時代を舞台とした実在の医女チャングム（長今）をモデルとしたドラマ「宮廷女官チャングムの誓い」も大きな反響をよんでいる。

韓国料理をはじめとするいわゆる韓流は、一時的な現象ではなく、人びとの間に広く浸透してゆく。「日韓友情年」にちなむ民間サイドの日韓共同の企画イベントもつぎつぎに展開されてきた。学術交流の分野でも、たとえば二〇〇三年に釜山で朝鮮通信使の行列の再現とシンポジウムが開催され、二〇〇五年には社団法人の朝鮮通信使文化事業会が発足した。そして本年九月には国際学術シンポジウムが実施された。

慶長十二年（一六〇七）から文化八年（一八一一）まで、十二回にわたった日本と朝鮮王朝の善隣友好の歴史が、いまの民際交流のなかでよみがえっている。ここで、想起するのは、古代の征韓論のなかでの民際交流である。

「古代の征韓論」とは？と怪訝《けげん》に思われるむきもあるかもしれないが、七世紀の後半から新羅《しらぎ》（朝鮮）を「蕃国」視する傾向が強まり、養老五年（七二一）のころから新羅との外交関係はしだいに悪化してくる。そして天平七年（七三五）二月には新羅の使節を放還し、翌年四月に派遣された日本側の新羅使は常礼と異なるとして拒否された。そして天平九年の二月からは出兵して新羅を征討すべしとする征韓論が具体化してくる。天平宝字五年（七六一）には船舶約四百隻、兵士約四万、水手《かこ》約一万七千の陣容がととのえられた。

この新羅征討計画は、淳仁天皇と孝謙太上天皇との対立が激化し、淳仁天皇を擁立する藤原仲麻呂政権への反発が強まってついに挫折した。

『万葉集』には、新羅から渡来してきた尼の理願が、朝廷で征韓論が論議されはじめる天平七年に亡くなったのを、痛切に嘆き悲しんだ大伴坂上郎女《さかのうえのいらつめ》の歌が収められている。その悲嘆の背景には、政府間の対立とはおもむきを異にする民際交流の人間愛がみちあふれていた。

（二〇〇五・一一・一二）

若者の共同発掘

近・現代の歴史教科書の内容があらためて論議をよんでいる。とりわけ日韓・日朝・日中関係の近・現代史における侵略と加害、差別と抑圧の実相をめぐる叙述のありようが賛否両論にわかれている。日本の近・現代史をどのように認識するか、歴史観の差異がこうした論争に拍車をかける。だがもっとも肝要なことがらは、史実の正確な検証であり、左右のイデオロギーによって、史実をねじ曲げるわけにはいかない。

一九六七年の七月三十日から八月七日までの間に、日本と韓国の学生らを中心とする若者が、北海道北部の幌加内《ほろかない》町・朱鞠内《しゅまりない》のクマザサの下から、四体の遺骨を発掘したとの報道があった。

この発掘作業を主催した市民グループ「空知民衆史講座」の皆さんによると、ダム建設や鉄道延長工事などに強制連行・強制労働をしいられた朝鮮人・日本人のなかで、少なくとも二百四人が犠牲となり、朱鞠内のあたりに数十人が埋葬されたとみなされている。

約百五十人の人びとがその発掘作業に従事したが、韓国の学生たちが日本の学生と一緒になって、発掘にとりくんだ。四体の遺骨がみつかり、二体は日本人、一体は朝鮮人、もう一体の身元の判定は困難とのこと。

私が深い感銘をうけたのは、韓国の若者が日本の若者と共同でその発掘に参加したことである。韓国・

西江大学の金英丸《キムヨンファ》さんは「ここで日本を知ることで、隣人の感情がもてた」と語り、韓国側の代表である鄭炳浩《チョビョンホ》・漢陽大学教授は「こうした作業で相互の信頼が生まれ、民族単位にとらわれない人間のつきあいが深まれば」とその実感を述べられている（『朝日新聞』八月十三日付夕刊）。

日韓の政府間による歴史教科書のありようの検討がすすめられているようだが、こうした民衆相互の民際化の実践こそ、過去に学んで現在と未来を展望し、東アジアの将来をみつめる貴重な作業となる。日韓の若い人びとが一緒に発掘作業に従事し、冷厳なる史実のなかから、善隣友好のきずなをかためる意味は、きわめて深くかつ重い。

ここで想起することがある。一九四五年の七月二十五日、大阪府の多奈川町（現在の岬町）の軍需工場が米軍機による空爆をうけた。地元の先生方による調査によって、二十八人の死者と三十二人の重軽傷者のあったことが判明した。そしてその大半は朝鮮半島から強制連行された人たちであった。岬町の正教寺にまつられている四体の遺骨は趙永植さんたちであった。引きとる人もないままに正教寺の住職をはじめとする方々が守ってこられた。戦後五十年の節目にあたる一九九五年の七月二十五日、日本人ばかりでなく、韓国・朝鮮の人びとも参加して追悼集会が開かれた。多くの高校生・中学生が加わっての集いであった。若者の歴史への共通認識こそアジアの明日を開拓する。

（一九九七・八・二四）

東アジア共同体の基盤

二〇〇五年の十二月十二日には、ＡＳＥＡＮ（東南アジア諸国連合）十カ国と日・中・韓の三カ国との首脳会議が、ついで十四日には、これにインド・オーストラリア・ニュージーランドを加えたはじめての東アジアサミットが、マレーシアのクアラルンプールで開催された。

東アジアの共存と繁栄を目指す「東アジア共同体」の構想は、二〇〇一年のころからその具体化が提唱されてきた。そして漸く第一回の東アジアサミットで、「サミット宣言」が採択された。

ＥＵ（ヨーロッパ連合）が民主主義と人権さらにキリスト教などの共有を前提として、その共同体構想が実現したのとは異なって、東アジアでは立憲君主制から社会主義まで、その政治・経済の体制もさまざまであり、価値観にもずれがある。さらに大国もあれば小国もあって、儒教・仏教・イスラム教・ヒンドゥー教・キリスト教などと多様である。

ＥＵと比較すれば東アジアが共有する条件はあまりにも少ない。しかしこの地域は、政治的・経済的にも世界最大級の役割をになっている。しかもその文化には、二十一世紀の課題に寄与しうる内容が豊かに内包されている。東アジアの地域連合がまがりなりにもスタートしたことはきわめて意義深い。

サミットは「東アジアにおける共同体の形成に重要な役割を果たし得るとの見方を共有」することを宣言したが、東アジアの平和と安定、経済的利益を含む友好と連帯の促進が期待される。しかし、韓・中の首脳会談はあったが、日・韓、日・中の首脳会談は拒否され、東アジア共同体の主要な核となるべき日・韓・中の首脳会談も実現しなかった。

ここであらためて実感するのは、政府間の交渉がゆきづまっていても、民衆相互のまじわり、私のいう民際交流はたしかに前進しているということである。「日韓友情年２００５」の本年（二〇〇五）には、四百万をこえる人びとが訪韓・訪日し、自治体をはじめとする日中友好の事業も民間を中心にさかんに展開されている。

二〇〇五年の十一月十九・二十日に、九州国立博物館で開かれたアジア史学会第十四回研究大会でも、全くの偶然であったが、二〇〇四年の十月に、中国・西安市東郊でみつかった日本の遣唐留学生井真成の墓誌について、中国の王仲殊考古研究所教授と鈴木靖民國學院大学教授がそれぞれ報告して、日・中はもとより韓国・朝鮮の研究者をまじえての討論が展開するという場面があった。

井真成の墓誌の存在が明らかになったその直後から、大阪府藤井寺市では、市民みずからが井真成市民研究会を組織し、その熱意は中国の関係者を動かして、ついに墓誌の「里帰り」を実現させた。「里帰り」記念講演会に招かれて、十二月四日、市民会館におもむいたが、会場は満席で、東は千葉・西は福岡からの来聴者という盛況であった。「東アジア共同体」構想を支える基盤は、やはり民際交流にあるのではないか。

（二〇〇五・一二・二四）

日韓神話の比較

二〇一〇年の十月四日、韓国の国立ソウル中央博物館で、日本列島と朝鮮半島の建国神話の比較をめぐるはじめての国際学術研究大会が開催された。京都産業大学の井上満郎教授と共に招かれて、私は「日韓天孫神話の比較」の特別講義をした。

日韓の建国神話については、岡正雄、三品彰英両博士をはじめとする示唆にとむ研究があるが、日本列島と朝鮮半島の建国神話の間には、明らかな違いがある。たとえば高句麗の建国の始祖鄒牟《すうむ》（朱蒙）や新羅の始祖赫居世《かっきょせい》あるいは加耶《かや》の始祖首露《しゅろ》などは卵から生まれる卵生型であるのに、日本の場合は卵生型と異なるという差異ばかりではない。天孫ニニギノミコトは葦原《あしはら》の中つ国を平定するために天降るが、新羅の赫居世は降臨を仰ぐ村々の首長たちの合議によって天降り、加耶の首露は村の長たちが村の人びとと「集会」して始祖を迎える祭儀を行なっているおりに降臨し、村人が「歓喜踴躍《ゆうやく》」するというような相違がある。

にもかかわらず、『古事記』や『日本書紀』が物語る天孫降臨の神話には、軽視することのできない類似点がいくつかある。たとえば、ニニギノミコトが天降った高千穂の峰を、『古事記』は「久士布流田気《くしふるたけ》」と明記し、『日本書紀』は「槵触峰《くしふるたけ》」（第一の「一書」）、「添山峰」（第六の「一書」）などと表記する。しかも「添山」をわざわざ「曾褒里能耶麻《そほりのやま》」と訓《よ》むべきことを本文で特筆している。

「クシフル」のクシは、首露が降臨した「亀旨峰」と関連し、「ソホリ」は古代朝鮮語の「ソウル」・「ソフル」・「ソプリ」に由来する。『三国史記』が百済最後の王都泗沘《しぴ》（扶余《ふよ》）を「所夫里《そふり》」と書いているのもけっして偶然ではない。

さらに降臨したニニギノミコトが「此地《このち》は韓国に向ひ」「いと吉《よ》き地」とことあげ（発言）しているのもみのがせない（『古事記』）。『日本書紀』もその伝承を無視できなくて、「空国《からくに》」と記しているが、実相は韓国であった。

『古事記』の大年神《おおとしのかみ》の神統譜に「韓神《からかみ》」がみえるが、『延喜式《えんぎしき》』がはっきりと書きとどめているとおり、平安京の宮内省には、韓神社が奉斎されていた。この韓神は大江匡房《まさふさ》の『江談抄《ごうだんしょう》』をはじめとする記録が伝えるとおり、秦氏《はたうじ》ゆかりの地主神であり、少なくとも天平神護元年（七六五）以前からまつられていたことは、大同元年（八〇六）の上中の書（牒《ちょう》）によってたしかめることができる。

平安時代以来宮中の神楽を御神楽《みかぐら》とよんでいるが、いまも執行されている御神楽のなかの「韓神」の人長舞《にんじょうまい》に、韓神のまつりの伝統をうかがうことができる。その神楽歌の〝からおぎせんや〟のからおぎは「韓招《からお》ぎ」であった。一衣帯水のつながりは建国神話の類似性にもみいだせる。

（二〇一〇・一〇・三〇）

日本と百済のえにし

六六三年の八月二十七日、唐の水軍百七十艘《そう》が白村江（朝鮮半島の錦江）河口のあたりで、百済の復興軍を援《たす》ける日本（倭《わ》国）の水軍を待ちうけて戦い、翌二十八日再び会戦となったが、唐の水軍は倭国の水軍を挟み撃ちにして、死者多数・約四百艘が焼失した。この両日の戦いが世にいわゆる白村江の戦いで、日本は大敗を喫した。今年（二〇一三）はその白村江の敗北から数えて千三百五十年になる。

旧制中学に私が入学したのは昭和十五年（一九四〇）の四月であり、歴史教育で日本は神国で一度も外敵に負けたことはないと教えられた。太平洋戦争で敗北したおり、その教えを信じ責任を痛感して自決した戦友もいるという。虚偽の歴史教育の恐ろしさをあらためて想起する。

唐は六五一年、新羅と結んで百済を滅ぼしついで高句麗を討伐する方針をうちだす。実際に唐・新羅の連合軍によって六六〇年に百済は滅び六六八年に高句麗は滅亡する。そして百済の義慈《ぎじ》王らは唐へ連れ去られた。百済の遺臣たちは倭国の人質となっていた義慈王の豊璋《ほうしょう》王子を帰国させて百済の復興を計る。六六一年日本の政府は前軍・後軍を編成し、豊璋の帰国を百七十艘で援護した。六六三年三月の新羅との戦いには日本軍二万七千人が加勢し、百済の復興を支援した日本の兵力は約五万人におよぶ。

なぜこれほどまでに百済を支援したのか。朝鮮半島における日本の政治力を維持しようとする企図があったことは多言するまでもないが、古くからの百済との深い交わりのあったことをみのがすわけにはいかない。たとえば一九七一年の七月、韓国忠清南道公州の宋山里で武寧王陵《ぶねい》が検出されたが、その墓誌石によって五二三年の五月七日に六十二歳でなくなり実名は斯麻《しま》（武寧は諡《おくりな》）で、その木棺は高野槙《まき》であったことがわかった。

『日本書紀』が嶋（斯麻）が各羅島《かからしま》（佐賀県唐津市加唐島）で誕生したと記載し、『三国史記』が武寧王二十三年（五二三）に薨《こう》じたとする記事と一致した。そして勅撰《ちょくせん》の史書『続日本紀』が、桓武天皇の生母である高野新笠《たかののにいがさ》について「后の先（先祖）は百済の武寧王の子純陁《じゅんだ》太子より出づ」と書いている史実とのかかわりもさらに明確になった。

崇峻《すしゅん》天皇元年（五八八）には善信尼《ぜんしんに》が記録にみえるはじめての海外留学尼として百済へおもむき、蘇我馬子が法興寺（飛鳥寺）の建立に着手する。その年に百済僧のほか百済の寺工・鑪盤《ろばん》博士・瓦博士ら多数が渡来して、法興寺の造営に参加した。近時、百済最後の都泗沘《しぴ》（扶余《ふよ》）の王興寺の発掘調査がなされて、舎利容器が出土したが、飛鳥寺の舎利容器と酷似していたのも偶然ではない。

聖徳太子の師のなかには百済の僧慧聰《えそう》・学者覚哿《かくか》がおり、百済僧観勒《かんろく》は暦《こよみ》・天文地理・道教の遁甲方術《とんこうほうじゅつ》の書を伝えた。現在の日韓関係の緊張化のなかで、過去の百済とのえにしが浮かびあがってくる。

（二〇一三・八・三一）

百済との絆

二〇〇五年の十二月には、マレーシアのクアラルンプールで、第一回の東アジアサミットが開催され、本年の一月にはその第二回が、フィリピンのセブ島で開かれた。ASEAN（東南アジア諸国連合）十カ国と日・中・韓の三カ国にニュージーランド・オーストラリア・インドを加えた十六カ国の総人口は三十億九千万人を数える。二〇〇三年十二月のASEANと日本の首脳会議で提案された、東アジアコミュニティー（共同体）構想がしだいに具体化しつつあることに注目したい。

去る六月十四日、大阪のホテルニューオータニで韓国の忠清南道が主催したシンポジウム「百済と飛鳥」があった。その基調講演で、李完九《イワング》知事が、東アジア共同体の架け橋としての忠清南道の役割を強調された。朝鮮半島の中央部に位置する忠清南道は、東京、北京、上海、ウラジオストックなどの二千キロ内の中核に存在し、東北アジア中心軸のひとつといってよい。

百済の最初の都は漢城（ソウル）にあったが、四七三年に熊津（公州）へ、さらに五三八年に泗沘（扶余）へ都が遷されたが、その第二・第三の都は忠清南道内で、桓武天皇の生母高野新笠の系譜は、五二三年に亡くなった百済の武寧王につながる。

一九七一年七月から発掘調査のはじまった公州の武寧王陵を、ソウル大学金元龍《キムウォンヨン》教授（当時）の招きで、実地に視察したおりの感動は、いまも忘れることができない。扶余の落花岩、百済王陵苑、宮南池など、旧都のおもかげが懐《なつか》しい。主催者の依頼で記念公演を担当したが、シンポジウムが大阪で行われたので、「大阪と百済の文化」について語った。

応神朝に百済から倭国へ渡来して学問を伝えたという王仁博士は、『古今和歌集』の仮名序で〝難波津に咲くやこの花冬ごもり今ははるべと咲くやこの花〟の作者とされた。大阪市と王仁伝承との関係は深く、大正十年（一九二一）三月制定の大阪市歌に〝東洋一の商工地咲くやこの花さきがけて〟とうたわれ、大正十四年に「此花区」が設けられたのも偶然ではない。枚方市の藤坂に伝王仁墓があるのも、それなりのいわれがある。

飛鳥といえば大和飛鳥が有名だが、昭和四十六年の六月一日に河内飛鳥の重要性を指摘したとおり（『朝日新聞』）、その地域は羽曳野市の飛鳥から柏原市の国分にかけて実在した飛鳥戸評《あすかべのこおり》（安宿郡）であった。そしてそこには百済の飛鳥戸公《きみ》（君）をはじめとする渡来集団が居住した。延暦九年（七九〇）の二月には、「百済王らは朕《ちん》が外戚《がいせき》なり」の詔がだされている。その百済王とは、百済最後の王であった義慈王の王子禅広（善光）を祖とする。摂津の百済郡から河内の交野郡に本拠を移した百済王氏は、長岡京・平安京の桓武朝廷から信任をえた。

百済と日本の絆《きずな》は古く、その息吹は現在も忠清南道にうけつがれている。

（二〇〇七・七・七）

保存と開発

一九九五年の九月二十日から七日間の日程で訪中した。一九七四年五月の第一回の訪中から数えると、今回が十二回となる。西安の訪問は八回におよぶ。昨年の十二月、中国の重点大学である西安市の西北大学から、名誉教授の称号を授与する旨の連絡があり、今春にその授与式と記念講演を実施したいとの申し出があった。

大学の公務などで、多忙のために調整がつかず、ようやく九月二十二日に記念講演をする運びとなった。そのことを新聞などで知られた郷里亀岡の市民の方々を中心に、東京・京都・奈良・大阪の有志の人びとが自発的に参加したいとのこと。すぐに中国側に連絡したところ、大いに歓迎するとのファックスが入って、訪中団（団長山田三郎亀岡商工会議所会頭）六十五名の皆さんとご一緒した。まさに草の根の民際交流の実現であった。

記念講演の「古代日中交流史とその問題点」では、三〜九世紀の日中関係史を中心に、若干の問題を提起し、中国側研究者への要望も率直に表明した。北京では北京大学の郝斌副校長、沈仁安日本学研究センター教授、鄭必俊婦女学研究センター教授をはじめとする先生方と今後の学術交流などについて意見を交換したが、北京大学では三十番目の学部系として国際宗教学部（系）を設置する構想が具体化したとの話をうかがうことができた。

秦始皇帝兵馬俑博物館の袁仲一館長とは二十年ぶりに再会できたし、陝西省博物館の周天游館長はもと西北大学の教授であって、一九七九年五月の京都市学術友好代表団の団長として訪中したおりのことを熟知しておられた。

このたびの訪中で、現在もつづいている兵馬俑の発掘現場を実地に観察し、西安市における最近の発掘調査の成果をいろいろと教えていただけたのは、大きな収穫であった。とりわけ保存と開発をめぐる行政の立場や研究者としてのさまざまな苦労などを説明されたのが印象的であった。

荒巻禎一知事のメッセージをもって、陝西省人民政府を訪問したが、外事弁公室主任の張開琛対外友好協会会長は、秦始皇帝陵の北側に環状道路を建設するため、試掘調査をしたところ、あらたな遺跡が確認されたため、遺跡を保存しながら建設を進める工夫を計画しているとの見解を示された。そして保存と開発をいかにすべきかについての意見を求められた。

出発前に陝西省テレビからのインタビューの依頼があったが、その三時間におよぶ面談のなかでは、京都の社寺が世界文化遺産に登録されたことをめぐっての保護と活用の質問、村山政権の今後、オウム真理教への疑問などがあいついだ。そしてここでも保存と開発のありようが問題となった。

いわゆる開発によって文化遺産が一方的に破壊されるようでは、それは文化的な開発とはいえない。保存で開発という姿勢も軽視してはなるまい。保存か開発かの二者択一ではなく、両者の調和をどのように具体化するか。中国の文化遺産は同時に人類の文化遺産でもある。それは京都の文化遺産のありようにもつながる。

（一九九五・一〇・一五）

平成の遣隋使

遣隋使の派遣は、西暦六〇〇年から六一四年まで、少なくとも五回におよぶ。そのなかでもっとも有名なのは、『日本書紀』と隋の歴史書『随書』が共に記す六〇七年の小野妹子を代表とする遣隋使である。

本年（二〇〇七）は小野妹子らが難波津を出発して、中国におもむいてからちょうど千四百年となる。時あたかも日中国交正常化三十五周年であり、大坂では関空二期滑走路が供用開始され、アジア主要都市サミット、世界陸上、世界華商大会などがあいついで開催される。

大阪府ではこの遣隋使千四百年を記念して、青年遣隋使を公募し、八月七日に隋の都でもあった西安（長安）に派遣する。さらに八月二十日には中国の青年による隋使（答礼使）を迎えて、特別講演会と日中友好の未来に向かっての提言を内外に発表する。

倭《わ》の五王（讃・珍・済・興・武）の南朝宗への遣使は四七八年で終わるが、その朝貢はまぎれもなく、中国の皇帝から安東将軍（最後には安東大将軍）の軍号を賜与された、冊封《さくほう》体制にもとづくものであった。

ところが、六〇〇年から再開された倭国の対中外交は、『隋書』の東夷伝倭国の条が明記するように、「日出《い》づる処の天子」による自主対等の国交をめざした画期的なこころみである。『隋書』はこの国書をみた煬帝《ようだい》が激怒したと伝えているが、煬帝が激怒したのは、倭国の王が自国を「日出づる処」と称し、隋帝国を「日没する処」と述べた箇《か》所ではなかった。それは遣唐使が唐帝国を「日入国」と呼んだ例などによってもたしかめられる。

煬帝は東夷の倭国の王が「天子」を名乗ったのに激怒したのである。当時の倭国の執政者たちはそれを承知の上でこの国書を記した形跡がある。そしてその大胆な外交は成功して、煬帝の激怒にもかかわらず、隋からの答礼使（隋使）裴世清《はいせいせい》らが飛鳥の宮に到《いた》り、わが朝廷で再段再拝の最高の敬礼を行っている。

そこには埼玉県行田市の稲荷山古墳でみつかった鉄剣銘文や熊本県菊水町の江田船山古墳太刀銘文にもはっきりとみえるように、中国皇帝のみが使った「治天下」を倭国王が使用し、倭王武（雄略天皇）のころから冊封体制からの自立をめざしてきた前提があった。

小野妹子の出身地と伝える大津市小野では、その千四百年を記念する油絵展など記念事業が行われているが、去る三月十九日に京都で設立された「茶の来た道　人の行く道」のグループでも、茶の来た道のルートを求めて、明年には平成の遣唐使を派遣するという。自治体をはじめとするこうした民際外交は「国際」の限界を乗り越えてゆく。

（二〇〇七・四・二八）

義と愛と東アジア

世界的な経済危機のなかの新年であった。きびしい不況の現実、自殺者の増加ばかりではない。子が親を殺し、親が子を殺す悲劇の続出、いまの世にこそ義と愛の復活が求められている。

アメリカ流のグローバリゼーションの破綻《はたん》をいかに克服するか。ユーラシアをはじめとする各地域で、地域に根ざした、ローカルでグローバルな、私どものいうグローカルな社会・経済・文化の構築が必須の課題となっている。

平成二十一年（二〇〇九）のＮＨＫ大河ドラマ「天地人」の主人公、戦国の世をたくましく生き抜いた義と愛の武将直江兼続の生涯は、偽装と暴利の当世に、多くの示唆と教訓を与えるにちがいない。

慶長三年（一五九八）、会津百二十万石へ国替えしたが、慶長六年には米沢三十万石に減封、苦境の上杉家を支えた兼続は、地域に根ざした政治・経済・文化を創出した。兜《かぶと》の前立《まえだて》に「愛」の一字をつけた兼続の愛とは、たんなる愛欲の愛ではなかった。まことの義にもとづいた仁愛であった。正室お船《せん》の方ばかりではない。家臣・領民への愛にも、そのありようをうかがうことができる。

昨年は源氏物語千年紀でさまざまなイベントが実施された。『紫式部日記』の寛弘五年（一〇〇八）十一月一日の条に、藤原公任が紫式部を光源氏の妻紫の上になぞらえて、「このあたりに若紫はおいででしょうか」とからかったと記すのにちなんでの千年紀で、委員会は十一月一日を「古典の日」と定めた。

平成二十年の十一月一日、京都アスニー（京都市生涯学習総合センター）で開催された「古典の祭典」の基調講演「源氏物語と平安京」でも述べたが、紫式部の文学そのものが和魂漢才のみのりであり、『源氏物語』がいかに当時の東アジアの世界と深いつながりをもっていたかをあらためて再認識する必要がある。

あとで河添房江東京学芸大学教授が、私と同じような視座から、『源氏物語と東アジア世界』（ＮＨＫブックス）で力説されていることを知って意を強くしたが、東アジアに共通する文化圏が、唐代の九世紀半ば以後には、東アジア交易圏へと発展していった。そしてそれは紫式部の異国観や『源氏物語』の唐物《からもの》（舶来品）にも反映されている。

二十一世紀は人権の輝く世紀であり、アジアの世紀をめざすべきではないかと提唱してきたが、その著「文明の衝突」で世界的に有名となったアメリカの政治学者サミュエル・ハンチントン博士が、二〇〇八年十二月二十四日に逝去された。享年八十一歳であった。

そのハンチントン博士は、やがてアジアの覇者に中国がなると予見した。中国とアメリカの関係がアジアの動向を左右する。日本はそのなかでどうパートナーシップを発揮するか。東アジアのなかの文化の過去に学んで、さらに現在と未来をみきわめたい。

（二〇〇九・一・一〇）

新春三題

二〇一〇年最初の「天眼」である。新春にふさわしい話題が望ましい。昨年の秋、奈良県桜井市の纏向《まきむく》遺跡で四間（約七・二メートル）四方の大型建物跡が検出されて、邪馬台国の所在をめぐる論争が再燃した。一部では、いわゆる畿内説が決まったかのように報道されたが、遺跡の範囲の部分的な発掘成果で、決定的な確証とは断言できない。今後の全面的な調査の進展が待望される。

邪馬台国所在論は、古くは『日本書紀』や『隋書』にさかのぼり、論議は江戸時代以来、今日におよぶが、その本格的な論争は、明治四十三年（一九一〇）の東大・白鳥庫吉博士の九州説と京大・内藤虎次郎（湖南）博士の畿内説との対立からはじまる。したがって本年は邪馬台国論争百年ということになろう。

和銅三年（七一〇）の三月十日、都は藤原京から平城京に遷《うつ》った。今年はまさしく平城遷都千三百年の年であり、中国では上海万博が開催される。天平文化の実相ばかりでなく、本格的な条坊制の大藤原京を、たった十六年でなぜ棄都したのか、その謎《なぞ》をみきわめたい。さまざまなイベントが展開されるが、上海万博に呼応して遣唐使船の再現航海が計画されている。その実現は遷都千三百年に大きないろどりをそえる。この画期的な試みは、天平文化の結実にはたした遣唐使の再評価にもつながってゆく。日中の研究者によるシンポジウムのみのりに期待したい。

明治四十三年の八月二十二日、日本の政府は「日韓併合ニ関スル条約」の調印を強要して、朝鮮半島を日本の植民地にした。いわゆる韓国併合から数えて、二〇一〇年は百年になる。『まんが朝鮮の歴史』（全十六巻、ポプラ社）の解説でも言及したが、「集会取締令」で朝鮮の人々の言論・出版・集会・結社の自由を奪い、「朝鮮教育令」を公布して、日本語の学習を強制した。いわゆる「皇民化」政策がますます顕在化する。

そればかりではない。「土地調査事業」や「林野調査事業」を実施して、「土地収用令」や「墓地等取締規則」などによって、朝鮮人の土地を奪い、創氏改名を迫った。さらに「徴兵令」「徴用令」を適用して、多くのいのちを奪った。

土地を奪い、言葉を奪い、名を奪い、いのちを奪う。私はこれらを「四奪」とよんでいるが、その具体化は一九一〇年の韓国併合からであった。石川啄木が〝地図の上朝鮮国にくろぐろと墨をぬりつつ秋風を聴く〟と詠んだのはそのおりである。たんなる懺悔《ざんげ》や告発だけでは、善隣友好の明日の扉を開くことはできない。

マイナスの遺産をどのようにプラス志向へと転じてゆくか。京都を中心に平和の通信使の派遣が計画されているが、江戸時代の朝鮮通信使とは逆に、日本からソウルへの「真実を以《も》って交わる」通信使がいまこそ肝要となる。

（二〇一〇・一・九）

遣唐使船の再現と航海

二〇一〇年の五月一日から上海万博が開幕する。日本では時あたかも平城遷都千三百年に当たっている。天平文化のみのりに遣唐使がはたした役割はきわめて大きい。権力者の野望や武力を背景としない外交が、奈良・平安時代の遣唐使による文化交流であった。

角川文化振興財団が中心となって、このたび日中文化の懸け橋となった遣唐使船を史実にもとづいて再現した。五月十五日に大阪港を出港、遣唐使船が航行したとおりに、瀬戸内海を自力で航海し、二十二日に長崎県五島列島の福江港に寄港する。福江港から上海までは、安全上の理由から輸送船に積載し、上海万博の「ジャパンデー」である六月十二日前後に上海に入港して、入港式典などを挙行する予定になっている。

四月二十四日、二十五日には、遣唐使が御蓋山《みかさやま》（三笠山）の南で祈願したゆかりにちなんで、春日大社で、日中の代表的な学者が遣唐使のシンポジウムを実施し、入港式典のあとは、上海万博の日本館〈つながり〉に再現遣唐使船を展示するという。

船の大きさは約三十メートル、幅約十メートル、帆には竹や麻を使うなど、最近の研究成果にもとづく。漕《こ》ぎ手の二十人あまりには日中の青年諸君が参加する。日本側のゼネラルプロデューサーは角川歴彦財団理事長であり、中国側は上海万博公式ＰＲ映像監督の陳凱歌映画監督である。

遣唐使は舒明二年（六三〇）から承和五年（八三八）まで十五回入唐しているが、そのほかに任命されたが中止となった遣唐使が三回、難波津を出航したが遭難したり、唐使を百済まで送ったのにとどまったりした例が二回ある。

とかく一括して遣唐使というけれども、第六回の天智八年（六六九）までと、第七回の大宝二年（七〇二）以後とではおもむきが大いに異なる。舒明四年にはじめての唐使高表仁が入京したが、遣隋使以来、倭国《わこく》の王者が中国王朝からの官爵や軍号をうけず（使節は拝受）、唐はそれを不満として臣下の「礼」を要求した。しかし「礼を争って朝令を宣《の》べず」に帰国した。

遣唐外交はその当初から緊張関係にあったといっても過言ではない。第二回（六五三年）・第三回（六五四年）と遣唐使があいついで派遣されたのはなぜか。すでに早く『藤原不比等』（朝日選書）で指摘しておいたように、唐の高宗は新羅を授《たす》けて、百済・高句麗を討つという政策をうちだしていた。実際に六六三年には最終的に百済が滅び、六六八年には高句麗が滅ぶ。第六回までは朝鮮の情勢をめぐる政治的かけひきの要素が強い。

第七回からまさしく日中の懸け橋の文化交流がはじまるのである。学問はもとより仏教・美術工芸などそのなかみは多彩であった。日本からの朝貢品や文物はほとんど注目されていないが、その内容もみのがせない。

（二〇一〇・二・二〇）

日韓関係の光と影

日韓新時代の夜明けがたしかにはじまっている。先月の二十四日、ソウルのプレスセンター国際会議場で開かれた韓国の韓日文化交流政策諮問委員会主催の「二十一世紀に向かう韓日文化交流」シンポジウムに参加しての実感であった。

二月の上旬に池明観《チミョンウァン》委員長から、その第一セッション「東アジアの伝統と日韓関係」の基調報告をしてほしいとの依頼があった。当初は三月二十日の予定であったが、小渕恵三首相の訪韓があって、二十四日に変更された。金大中《キムデジュン》大統領が小渕首相との会談で「第二段階の開放」を表明されたのをうけての報告と討論となった。

韓国側からは政策諮問委員をはじめとする韓国の政府関係者、財界・学会・演劇・報道など各界の人びと、約二百名の方々が出席され、日本側からは山田洋次監督、そして在日の金守珍《キムスジン》新宿梁山伯代表（俳優・演出家）と私が招かれた。

これまでにも日韓文化交流のシンポジウムはたびたび実施されてきたが、韓国政府の機関が主催し、しかも日本と韓国とのまじわりばかりでなく、東アジアの動向のなかに日韓の文化交流が位置づけられていたのが新鮮であった。

私は与えられたテーマにそくして、古代以来、漢字・稲作・金属器、さらに儒教・仏教・道教、律令制・都城制・芸能など、「東アジア文化圏」の特色を指摘し、その共通性ばかりでなく、民族や地域によって独自に形成されてきた異質性の要素を確認する必要性を強調した。伝承文化と伝統文化を混同してはならない。受容した文化をあらたに創造していった東アジア各地域の伝統文化、その独自性を共通性にあわせて認識することが、東アジアの友好と連帯に寄与する。

日本の神話や雅楽を例として若干の問題を提起したが、日本列島と朝鮮半島の神話の類似点と相違点を述べたことに対する反応は微妙であった。日韓の学術会議で神話にかんする私見を発表したこともあって、今回がはじめてではない。

しかし日韓の神話の共通性が、かつて植民地統治の正統化に悪用されたこともあって、日本の神話は、韓国の人びとのなかの反日アレルギー源のひとつになっている。日本帝国による植民地支配の影をどううけとめるかという質問があった。影の正体をみきわめることは肝要だが、たとえば飛鳥文化や江戸時代の朝鮮通信使などにも明らかな善隣友好の光を消してはならない。過去の史実を正確に認識して、未来への教訓とすることが大切である。

討論は自由であり有意義であって、新世紀に向かっての文化交流の胎動が反映されていた。二〇〇二年のサッカーW杯の成功が、文化交流のみのりとして輝くことを期待する。

（一九九九・四・二五）

松雲大師と通信使

江戸時代は海外との交易を制限した時代ではあったが、鎖国の時代ではなかった。それは徳川幕府みずからが交易のあったオランダや中国を「通商の国」、貿易ばかりでなく実際の外交関係を保有した朝鮮王朝や琉球王朝を「通信の国」と称していたのにうかがわれる。

そしてその実相は、慶長十二年（一六〇七）から文化八年（一八一一）までの十二回におよぶ朝鮮通信使のありように明確である。本年は第一回の通信使来日から数えて四百年となり、朝鮮通信使四百年にちなむ記念事業が日本の各地や韓国でさかんに実施されている。

いわゆる文禄・慶長の役（壬申・丁酉の倭乱）は、近江の生んだすぐれた思想家・教育者であり、対馬藩の藩儒であった雨森芳洲《あめのもりほうしゅう》が指摘したように、大義名分のない「無名の師《いくさ》」であった。その戦後処理として具体化したのが、朝鮮通信使の来日である。

徳川幕府と国交回復に大きく貢献したのが、朝鮮王朝の高僧で、朝鮮侵略軍と、義僧軍を率いて果敢に戦った松雲大師であった。徳川家康ら徳川政権の意向が「講和か再侵か」をたしかめ、日本の状況を正確に探知する（探賊）ことなどの任務をおびて対馬藩主宗義智《そうよしとし》と面談した松雲大師らは、慶長九年十二月十七日に入洛して、徳川家康と直接交渉するため京都の本法寺で待機した。そして翌年の三月四日、伏見城で家康らとの対面となった。

この「謁見《えっけん》」が徳川幕府と朝鮮王朝との講和のスタートとなり、松雲大師の帰国に前後して千三百九十余人の被虜人の刷還《さっかん》が行われた。その被虜人の帰国に要する兵糧米を幕府が対馬藩に給付していることもみのがせない。第一回から第三回までの朝鮮王朝からの使節は回答兼刷還使で、朝鮮通信使を正式に名乗るのは第四回からであった。

いまはその若干をかえりみたにすぎないが、松雲大師の思想と行動はあまりにも知られていない。韓国のソウルで四溟堂《サミヨンダン》（松雲大師）記念事業会が設立されたのは一九九七年の二月十二日であり、日本ではじめて「徳川家康と松雲大師」の国際会議が開催されたのは、京都新聞社などが主催した「こころの交流朝鮮通信使」展開期中の二〇〇一年の五月十三日であった（於京都）。

その後、東京・岡山・福岡で松雲大師をめぐる国際シンポジウムが開かれ、去る九月八日には大阪で「松雲大師の渡日と戦後処理・平和外交」についての国際シンポジウムが実施された。昨年からそのおりの基調講演を依頼されていたが、日本側の研究者三人、韓国側の研究者六名による研究報告と討論が、呉《オ》在熙《ジェヒ》元駐日韓国大使・仲尾宏京都造形芸術大学客員教授をコーディネーターとして、みのり豊かに展開された。この十年間における研究の前進には注目すべきものがある。朝鮮通信使四百年にふさわしい有意義な集いであった。

（二〇〇七・九・一四）

通信使の縁地

慶長十二年（一六〇七）から文化八年（一八一一）まで、十二回におよぶ朝鮮通信使の来日、それをめぐる善隣友好の歴史と文化は、過去と現在の日韓・日朝関係史の「影」の正体を問いただす、民際交流の「光」であった。

平成七年（一九九五）の十一月十八日、長崎県対馬の嚴原町で、朝鮮通信使ゆかりの二十三市町、関係十三団体の代表が参加して、朝鮮通信使縁地連絡協議会が盛大かつ有意義に開催された。この協議会結成の準備は、平成四年（一九九二）度から進められて、昨年十月一日の大阪での「朝鮮通信使縁地自治体サミット」の実現となり、本年の縁地連絡協の結成大会へと前進した。

朝鮮通信使ゆかりの都府県は十八にまたがり、静岡県清水市から長崎県対馬の二十三市町がこの協議会に正式に加盟した。

結成記念の大会では、「新時代の交隣に蘇《よみがえ》る通信使」をテーマに、パネリストとして鄭永鎬《チョンヨンホ》韓国文化史学会会長、ロナルド・トビ・イリノイ大学教授、阿部孝哉外務省アジア局調整官、海野福寿明治大学教授、仲尾宏京都芸術短期大学教授、通信使の研究に多年取り組んでこられた映像作家の辛基秀《シンギス》さん、コーディネーターとして対馬の芳洲会会長である永留久恵さんが参加された。

基調講演の「朝鮮通信使の現代的意義」でも言及したが、いまに蘇る通信使の最も注目すべき点は、幕府や藩の禁令をのりこえて、通信使が宿泊した各地の民衆が、みずから直接に通信使のメンバーとまじわりをもったことである。そうした第七次以降のありようには、国境やイデオロギーにとらわれない民際交流の輝きがきらめく。まさしくキラリと光る民際の実践であった。

したがって岡山県牛窓の唐子《からこ》（韓子）踊りや三重・津市の唐人踊りなどをはじめとする祭礼芸能が現在も伝承され、神社への奉納絵馬や名刹の寺額あるいは玩具や民具などにも、朝鮮通信使にちなむ交流が反映されたのである。歌舞伎や浮世絵の題材にもなったものの史実には、いまもなお学ぶべき点が多い。私見では博多の祇園山笠が練りこむ櫛田神社境内の「清道」の旗も、朝鮮通信使の「清道旗」に由来するのではないかと思っている。あのようにすばらしい善隣友好のあかしをなぜ構築することができたのか。その大きな理由のひとつは、当時の為政者が、豊臣秀吉らの朝鮮侵略後の戦後処理を、第三次の通信使までの間に完了したことであった。そのこともまた軽視するわけにはいかない。

結成記念のシンポジウムのなかで、あらたな民際交流の実相がつぎつぎと明らかにされたが、韓国側を代表して祝辞を述べられた李元淳《イウォンスン》国史編纂委員会委員長が、雨森芳洲の思想と行動をあらためて強調されたのも印象に残る。「互いに欺かず争わず」、真実をもってのまじわりこそ「誠信の交」であると力説した雨森芳洲の芳洲だましいが、あらたな民際交流のスタートに復活した。

（一九九五・一二・二四）

W杯共同開催

一九九六年の五月三十一日、国際サッカー連盟（FIFA）理事会は、欧州サッカー連盟（UEFA）が提案した二〇〇二年ワールドカップ（W杯）の日本・韓国の共同開催案を満場一致で決定した。これまでの「一つの国」で開催するというルールをはずれての共同開催の決定であった。

日本と韓国それぞれが単独開催をめざして激しい招致活動を展開した。足掛け八年にわたる日本の招致活動資金は約七十億円におよぶという。

単独開催を期待していた日本・韓国の関係者の失望・落胆は多言するまでもない。しかしこの共同開催は、ベストではないにしても、ベターであったのではないか。韓国におけるサッカー熱は、日本の比ではない。一九七二年の七月、韓国の武寧王陵などの実地観察のため、はじめて訪韓したおり、韓国の研究者が懇談の最中に、これからサッカーの応援をしなければならないのでと中座されたので驚いたことがある。W杯出場経験があり、FIFA副会長国である韓国が、僅少差でその招致で日本に敗れたということになれば、竹島（独島）領有権問題、従軍慰安婦問題、閣僚・閣僚経験者の妄言問題など、韓国の反日・日本の嫌韓感情に火を放つことになる。

開会式や優勝決定戦をどこで開催するか、両国の開催地、両国間を移動する選手・役員などの交通や安全の確保、基軸通貨の問題、収益の配分など、さまざまな難問が山積している。共同開催を成功にみちびくプロジェクトチームの慎重な計画の具体化に期待したい。日韓の共同開催は、南北の分断を固定化するという批判もあるが、南北を含めた共催案もあらたに提言されている。

スポーツの問題はあくまでもスポーツの問題であるべきだが、現実には国家権力の威信や膨大な利権がからまりあう。共同開催を安易に楽観する論調にはくみしがたい。二〇〇二年の共同開催までのプロセスには、いくつも山があり谷があるにちがいない。韓国の友人も楽観は禁物という。きれいごとではすまない断層がはっきりと存在する。日本のエゴと韓国のエゴとの対立と摩擦のなかから、未来志向の実験モデルともなるW杯共同開催の実現が可能となることを期待する。

世間ではあまり注目されてはいないが、本年の七月、オランダで開催される第一回世界民族芸能祭につづいて、二〇〇〇年には堺市を中心にその第二回が開かれることになっている。その企画に顧問として携わっているが、スポーツや芸能の交流が国境やイデオロギーをこえて、世界の平和と善隣友好に寄与してきた実例はきわめて多い。スポーツや芸能で、国家権力がメンツをかけて戦うなどというのは、あまりにも愚かなことである。

世界民族芸能祭（ワールドフォークロリアーダ）は、国家ではなく、民族の芸能そして民俗の芸能を前提とする。日本で開催される第二回では、アジア・太平洋の芸能を中核にするよう要請している。スポーツや芸能の本来のありようを再発見したい。

（一九九六・六・一六）

民族和解の輪

冷戦構造が崩壊して、人類の平和は前進したかにみえたが、世界の各地で民族の対立と紛争がつづいている。第二十七回のオリンピック大会が、新世紀に向かっての民族の和解と融和を強くアピールする場になったことは、今世紀最後のオリンピックにふさわしい動向であった。

国家の権威と民族の優劣を誇示した一九三六年のベルリン大会とは質を異にする五輪の姿をかいまみることができた。国家と国家の威信をかけた競技の要素が濃厚となり、商業主義の色あいがますます強まるオリンピックのなかで、シドニーの五輪スタジアムに、民族和解の笑顔がきらめいて、さわやかであった。

本年六月の金大中大統領と金正日総書記による、朝鮮半島の自主的平和統一をめざす、画期的な共同宣言を前提として、南北の分断を克服する動きがしだいに具体化しつつあるが、大韓民国と朝鮮民主主義人民共和国の「統一旗」がかかげられ、南北をこえての「統一の歌」が応援歌として高らかに歌われたのも、第二十七回オリンピックのありようを象徴する。

約三十八万といわれる先住民族アボリジニー出身のキャシー・フリーマン選手が、聖火の最終ランナーとして聖火台で点火し、彼女が女子四百メートルで優勝したさいに、オーストラリアの国旗とアボリジニーの旗を手に、「この国を故郷とよぶあらゆる生いたちの人々の幸福」を静かに語ったのが印象的であった。

史上最多の百九十九の国と地域、そして国連暫定統治下の東ティモールが個人として参加したオリンピックの選手たちは、二十八競技・三百種目で競い合ったが、その成果はメダルの数だけではない。女子マラソンの東ティモールのアギタ・アマラル選手は完走者四十五人中四十三位、男子マラソンに参加した東ティモールのカリスタ・ダ・コスタ選手は完走者八十一人中七十一位であった。国旗ではなく五輪旗を立てて参加した東ティモールの選手は「これからも走りつづける。それが私たちの国づくりに役立つ」と述べたという。

高橋尚子選手をはじめとする金メダルの快挙に拍手喝采《かっさい》しながらも、シドニー五輪のなかに花咲いた国境やイデオロギーをこえた民族の和解と融和のきざしをみのがすわけにはいかない。初参加のエリトリアの選手は、飢餓と国境紛争のつづく祖国へと帰っていった。民族の和解と融和の輪をシドニー五輪の場だけの一過性にしてよいはずはない。前途には多くの障害があるけれども克服したい。

二〇〇二年には、二十一世紀最初のサッカーW杯がはじめてアジアで開催される。しかも日韓が共催するのは、サッカーW杯史上未曾有《みぞう》のできごとである。これまでの単独開催以上の成果が期待される。スポーツや芸術・学問は、本来国境やイデオロギーをこえて発展した。二〇〇四年のオリンピックは近代五輪発祥の地アテネで開かれるが、新世紀五輪の原点のなかみが問われている。

（二〇〇〇・一〇・八）

W杯と朝鮮通信使

二〇〇二年のサッカーW杯は、二十一世紀最初のW杯であるばかりでなく、アジアではじめて開催されるW杯である。しかもそれまでの一つの国での単独開催ではなく、世界初の日・韓共同開催としてその準備が進んでいる。

平成八年(一九九六)の十一月八日、大阪商工会議所の国際会議ホールで、「二〇〇二年ワールドカップ、日韓共同開催を成功させよう」の第一回シンポジウムが開かれた。韓国側からは金潤河《キムドンハ》韓国サッカー協会元会長、呉在熙元駐日大使、申熙錫《シンヒソク》アジア太平洋政策研究院院長が出席され、日本側からは賀川浩サンケイスポーツ元編集局長、吉本晴彦大阪マルビル社長と私が参加した。コーディネーターは、外務省から出向しておられる津守滋大阪大学教授であった。

W杯のパネリストとして私が招かれるのは不適当であると固く辞退したが、大阪府の強い要請もあって、その討論に加わった。そして多くのことを学ぶことができた。一九九六年六月十六日の「天眼」のなかでも、二〇〇二年の共同開催までのプロセスには、いくつもの山があり谷があるにちがいないとその問題点を思いつくままに言及したが、十一月六日、チューリッヒの国際サッカー連盟(FIFA)本部の日韓共催検討委員会は、開会式と開幕試合を韓国、優勝決定戦を日本とすることを明らかにした。ともかくもその第一関門は通過したといってよい。会場問題その他なお多くの課題が残されているが、その発表のあとの第一回シンポジウムであった。

W杯の観客数はオリンピックよりもはるかに多く、世界に中継されるテレビの視聴もオリンピックを凌《りょう》駕《が》し、単独開催とは異なる、共催の外交的、経済的、文化的効果など、詳細なデータにもとづく報告と討論が展開された。

サッカーはいまやたんなるスポーツではなく、世界をつなぐ文化になっていることを実感した。反日・嫌韓の壁をのりこえるチャンスであることが強調されたが、私どもはとかく日本と韓国との共催という側面のみにW杯のありようを狭小化して考えがちである。世界のサッカーを日韓が共催するのであり、世界注視のなかでの共同開催であることを忘れてはならない。その成否に、両国民の質と国際・民際感覚が問われている。

W杯の共催成功は、アジア・太平洋の友好親善の新しい光として輝くはずであり、人類の平和と連帯に貢献するはずである。朝鮮民主主義人民共和国のサッカーとのかかわりについても論議されたが、日韓はじめての共同事業というけとめ方を単純に支持するわけにはいかない。慶長十二年（一六〇七）から文化八年（一八一一）におよぶ朝鮮通信使の善隣友好事業は、まさに日本と李朝の共催であった。朝鮮通信使ゆかりの地域が中心になって組織している縁地連絡協議会の第二回大会が十一月二十三日、下関市の海峡メッセで開催された。韓国国史編纂《さん》委員会李元淳《イウォンスン》委員長の基調講演をうけて、W杯と通信使の意義を指摘したのも、過去の栄光を語るだけでは、問題は前進しないと考えているからである。国境やイデオロギーをこえた民衆と民衆のまじわりこそ国際化の前提となる。

（一九九六・一二・一五）

W杯と民際交流

二〇〇二年のサッカーW杯は、二十一世紀最初のW杯であり、アジアではじめてのW杯である。サッカーW杯の長い歴史のなかで、一国の単独開催ではなく、日本と韓国という二カ国の共同開催となったのも、未曾有のこころみであった。

激しい招致運動の妥協の結果であって、一九九六年の五月三十一日に、サッカーW杯史上例のない両国開催が決定されたそのおりから、はたして共同開催が成功するか、国益や利権もからまりあって、これを危惧《きぐ》する声がかなりあった。

しかし、関係者のなみなみならぬ努力と、多くの関係者の理解と協力によって、予想された以上の成果が結実しつつあるのは、日韓の友好はもとよりのこと、アジアの評価を高めるこころみとしても貴重である。日本がチュニジアに勝ってH組一位となり、ついで韓国がポルトガルを破ってD組一位となって、ホスト国がともに決勝トーナメントに進出したことは、アジアにとっての快挙であった。

第八回W杯で朝鮮民主主義人民共和国（北朝鮮）、第十五回W杯でサウジアラビアが決勝トーナメントに進んだことはあるけれども、同じ回にアジアの二チームが決勝トーナメントに出場したのは、今回がはじめてであった。日本は残念ながらトルコに惜敗したが、韓国はイタリアに勝って八強入りをはたして（十八日現在）、第八回（六六年）の「北朝鮮の奇跡」を再現した。あのすさまじいねばりと勝利への執念は見事であった。

サッカーW杯の勝敗の影に国家の威信や民族の誇示がつきまとってきたことは、その歴史に明らかである。だが地球のグローバル化は、W杯のありようを変えつつある。韓国チームには、日本のJリーグで活躍する五名の選手が名を列《つら》ね、ポルトガル戦で先制ゴールしたのは、京都パープルサンガの朴智星選手であった。日本の中田英寿選手がイタリア、小野伸二選手がオランダというように、世界の各チームの代表的な選手の活躍の場は、国家や民族を越えている。

そして日本の多くの若者が、韓国チームを心から応援し、韓国の若いサポーターが、惜敗した日本の分もがんばると、日本の若者と手を取りあっていたのが印象的であった。国境やイデオロギーをこえたW杯の基本理念「平和と和合」の姿をかいまみる思いであった。

本紙「天眼」（一九九六年十二月十五日）で、日本と韓国の共催はサッカーW杯がはじめてではなく、たとえば慶長十二年（一六〇七）から文化八年（一八一一）におよぶ朝鮮通信使の善隣友好の外交は、徳川幕府と朝鮮王朝の共同事業であったことを指摘しておいたが、とくにその七回からさかんとなる民衆の参加をあらためて想起する。W杯は選手のまじわりにはとどまらない。サポーターの交流をはじめとする民衆と民衆がまじわる民際交流の場となっている。

（二〇〇二・六・二三）

遣唐留学生の墓誌

二〇〇四年の十月十日、西安市の西北大学が発表した日本の遣唐留学生の墓誌は、翌日わが国でも大きく報道された。報道によれば、西安市内の工事現場でみつかっていたものを、西北大学博物館が収蔵、この墓誌を検出したという。

一辺三十九・五チセンの方形の石に、十二行・百七十一字が刻まれていたが、そこには「国は日本を号す」井真成が、開元二十二年（七三四）正月に三十六歳で亡《な》くなり、玄宗皇帝がその死を傷《いた》んで、「尚衣奉御」の職を贈ったことが記されていた。

「井真成」については「葛井真成《ふじいのまなり》」を中国風に三字で表記したとみなす説が有力であり、「尚衣奉御」の職とは、皇帝の衣服を管理して仕えた尚衣局の責任者のポストである。玄宗皇帝がその功績を評価していたことがわかる。そしてその墓誌には同年の二月四日、万年県の滻水のあたりに埋葬したと述べられている。

一九七四年（昭和四十九）五月、京都市と西安市とが友好都市を締結したおりには、西安南郊の何家村で一九七〇年の十月にみつかった和同開珎（五枚）が、日中友好の古代のあかしと騒がれたが、それよりはたしかな物証といってよい。

井真成の亡くなる前年（七三三）には、多治比広成《たじひのひろなり》を大使とする遣唐使が長安（西安市）におもむいており、もし生きておれば天平六年（七三四）の十一月（第一船）あるいは天平八年の七月（第二船）に乗船して帰国できたかもしれない（ただし第三・第四船は遭難）。七三三年の遣唐船に、鑑真和上来日の実現に粉骨砕身した榮叡《ようえい》・普照《ふしょう》が乗っていたこともみのがせない。

「国は日本を号す」とあるので、「日本」表記の最古とみなす見解もあったが、中国史書の『新唐書』や朝鮮史書の『三国史記』によって、国号日本使用の上限が六七〇年であり、下限が「大宝律令」完成の七〇一年であることはすでに指摘されており、高句麗僧道顕が書いた『日本世記』も、天武朝には書かれていたと推定されている（私説は『私の日本古代史』（下）新潮選書に詳述した）。七世紀後半における国号日本の使用を、このたびの墓誌が傍証するひとつとなった。

一隻平均百二十人ぐらい、多い時には四隻の遣唐使の人名は、高官・高僧などしか記録に名を残さず、まれに入唐した羽栗臣吉麻呂と唐の女性との間に生まれた翼《つばさ》や翔《かける》のような人物の活躍が史料にみえるにすぎない。阿部仲麻呂や藤原清河をはじめとして井真成のごとく、異国に没した人はあまた存在した。

さきごろ北京の社会科学院第一学術報告庁で第十三回のアジア史学会研究大会でも、斉明五年（六五九）派遣の遣唐使が、唐の皇帝による冬至の郊祀に参列したことが言及された。遣唐使によって唐の文明がつぎつぎに導入されたが、そこには選択もあった。たとえば『日本書紀』の編者も郊祀の重要性を認識していたが、日本で初めて郊祀が実施されたのは、長岡京における桓武天皇によってであった。あらためて日中友好の史脈のありようを顧みる。

（二〇〇四・一〇・二四）

正倉院と新羅物

昭和二十一年（一九四六）の十月から十一月にかけて開催された正倉院展は、断続しながら本年の秋で第五十八回を迎える。そのかかわりもあって、平成十八年（二〇〇六）の八月十九日、福岡で正倉院フォーラムが開催された。あいにく台風十号が九州に停滞し、聴講者の参加が危惧《きぐ》されたが、予定の約九百名は満席であった。

私がその特別講演で強調したのは、天平文化がいかにアジアの文化と深いつながりをもっていたかについてであった。神亀という年号を天平に改元したのは、七二九年の八月五日であり、その十日には藤原不《ふ》比等《ひと》（鎌足の二男）と県犬養《あがたいぬかい》（橘）三千代《みちよ》」との間に生まれた安宿媛《あすかべひめ》（光明子）を皇后とした。皇后には皇女でなければなれないという定めを破っての立后であった。「天王貴平知百年」の瑞亀が光明皇后の母の故郷である古市郡でみつかり、その吉報をとりついだのが京職大夫の藤原麻呂《なろ》（藤原不比等の四男）であった。天平改元の背景には藤原氏の策謀が渦巻く。

天平の年号は天平感宝・天平勝宝・天平宝字・天平神護とつづくが、藤原広嗣の乱・橘奈良の変・藤原仲麻呂（恵美押勝）の乱などに象徴されるように、その実相は「非天平」であった。

天平十五年（七四三）の毘盧舎那《びるしゃな》大仏建立の詔をうけて、天平勝宝四年（七五二）の四月、めでたく東大寺大仏開眼の供養会となる。それは未曾有の盛儀であった。大仏建立の発願そのものが、「非天平」の代のなかでの「天平貴平」への希求を反映していた。

東大寺正倉院の宝物は、①聖武太上天皇の遺愛の品および光明皇太后の献納品、②大仏開眼供養会をはじめとする法要関係の品々、③東大寺の造営関係など、約九千件にのぼる。織物やガラス類では、一件数十点をこえるから、あわせると数万点におよぶ。

中国ほかの東アジアはもとより、遠く西アジアの貴重な宝物が正倉院に収蔵されている。シルクロードの終着点と称される所以《ゆえん》だが、その数多くの宝物のなかで、とかく軽視されがちなのは、八世紀を中心とする朝鮮（新羅）の関係品である。

正倉院の宝物は唐使や遣唐使ばかりでなく、新羅使や遣新羅使などによってもたらされた。舒明天皇二年（六三〇）から承和五年（八三八）までの間の遣唐使は十二回（ほかに迎入唐使一回・送唐客使二回）であり、正式の唐使はわずか八回にすぎない。『日本書紀』などの史書によれば、遣新羅（統一新羅）使は天智天皇七年（六六八）から元慶六年（八八二）までの間に三十四回、新羅使は天智天皇七年から承和七年（八四〇）までの間に五十回を数える。

正倉院の宝物には、新羅の村落文書や「買新羅物解」などの古文書のほか、佐波理《さほり》（銅・錫《すず》・鉛の合金）の鋺《わん》や匙《さじ》・新羅琴など、かなりの新羅物がある。最近八世紀前半の新羅の「大方広仏華厳経」が検出されたのも偶然ではない。正倉院展はアジアのなかの日本のありようを如実に物語る。

（二〇〇六・九・九）

古代日中外交の実相

一九七二年の九月二十九日、いわゆる「日中国交回復」にかんする共同声明が発表されてから早くも三十年を数える。それを機会に、日中関係の過去と現在、そして未来があらためて検討されている。去る七月二十一日、大阪厚生年金会館芸術ホールで、ＪＴＢ主催の「日中交流の歴史に学ぶ」講演会が開催された。猛暑にもかかわらず、約千百名の参加者があった。山折哲雄さんと私が講師に招かれたが、私の演題は「遣隋使と遣唐使の実相」になっていた。

古代の日中関係といえば、多くの人びとが遣隋使と遣唐使を想起する。だがその歴史に対する記憶は必ずしも正確ではない。率直に私見を申し述べることにしたが、好評であった。

遣隋外交を「自主対等」の外交であったという説がある。したがってわが国を旭日昇天の「日出ずる処《ところ》」と称し、隋をおとしめて「日没する処」とよんだのであると。それは誤解である。仏典の『大智度論』にも「日出ずる処は是《こ》れ東方、日没する処は是れ西方」と述べるとおり、倭国は東方に位置するから西方の隋を「日没する処」と記したにすぎない。先にも述べた天平五年（七三三）の遣唐使に贈る歌に（『万葉集』）、唐を「日入国」と詠んでいるのと同様の用例である。

倭国の王者がなぜ「天子」を称し、しかも無礼にも書を「致す」と表現したのであろうか。そこには五世紀後半以降の倭国の王者が、東夷《とうい》のなかの「中華」をめざし、中国皇帝の使用する「治天下」を標榜《ひょうぼう》して、中国を頂点とする支配の秩序から離脱しようとする動向が前提になっていた。四七八年から中絶していた中国との国交を、六〇〇年に再開したわが国の王者は、五世紀の倭の五王とは異なって、中国皇帝から称号を授けられることはなかった。だが遣隋使も遣唐使も朝貢使であったことにかわりはなかった。そのゆえに、たとえば遣唐使の有力メンバーたちには、唐の官職が与えられたのである。

わが国の王者のそうした態度を唐が歓迎していたのではない。六三二年の第一回唐使である高表仁のように「礼を争い、朝命を宣《の》べずして」帰国した使節もあった。遣唐外交がたえず友好的であったわけではない。

別に詳述したように（『藤原不比等』朝日選書）遣唐使の任務にも時代による推移があった。遣唐使をたんなる文化使節とみなすのはあやまりである。

遣唐使は六三〇年から八三八年まで十五回派遣されたが、正式の使節はわずかに十二回であった。この時代を遣唐使時代とよぶ研究者もいるが、唐よりもはるかに渤海や新羅との交渉の方がさかんに行われていたことを軽視してはならない。

過去の日中関係史を史実にもとづいて検証する作業は、現在そして未来のあるべき友好関係の構築に必ずや寄与するはずである。

（二〇〇二・七・二八）

誠信のまじわり

「誠信のまじわりと申す事、人々申す事に候《そうら》へども、多くは字義を分明に仕えまつらざる事これあり候。誠信と申し候は実意と申す事にて、互に欺かず争わず、真実をもってまじわり候を誠信とは申し候」

この文章は対馬藩の傑出した思想家であり、すぐれた教育者であり、善隣友好の外交を実践した賢明な儒学者雨森芳洲《あめのもりほうしゅう》が、享保十三年（一七二八）十二月二十日に、対馬藩主に上申した、朝鮮外交のこころがまえを五十四カ条にわたって述べた『交隣提醒《こうりんていせい》』の最後の条の一節である（原文をわかりやすく読み下しにした）。

私が『交隣提醒』をはじめて読んだのは、昭和四十三年（一九六八）の九月であった。そのきっかけは、中央公論社企画の日本の名著シリーズ『新井白石』を桑原武夫先生の依頼で分担執筆することになったからである。

新井白石には『古史通』『古史通惑問《わくもん》』をはじめ古代史にかんする著作がかなりある。さすがの桑原先生も困惑されて、湯川秀樹先生に相談された。湯川先生とは岩波の『図書』で新井白石や本居宣長をめぐって対談したことがあり、湯川先生の推挙で協力することになった。

福沢諭吉の『福翁自伝』とならぶわが国の代表的な自叙伝に、新井白石の『折たく柴の記』がある。執筆にあたって『折たく柴の記』をひもといたが、白石ほどの碩学《せきがく》が「対馬国にありつるなま学匠」として、雨森芳洲をライバル視していることを知った。木下順庵の弟子木門《もくもん》五先生のひとりとしての芳洲に関心をいだいて、長浜市高月町の出身地雨森へでむいた。

そして芳洲先生ゆかりの蔵のなかで、『朝鮮風俗考』をはじめとする直筆の文書や記録と出合った。日がしだいに暮れて、元小学校長の吉田達《とおる》先生が用意してくださった大型の懐中電灯で懸命に『交隣提醒』を読みふけった。

豊臣秀吉らの朝鮮侵略を大義名分の全くない「無名の師《いくさ》」と断言し、さらに「両国無数の人民を殺害」した暴虐を批判する見識に、眼《め》から鱗《うろこ》がおちる想いであった。江戸時代にも貝原益軒など幾人かの批判者はいるが、十八世紀の前半に雨森芳洲ほど的確に指摘した人物は少ない。

しかも芳洲は正徳元年（一七一一）と享保四年（一七一九）の朝鮮通信使に同行、対馬―江戸間を往復して応接にあたった。享保（第九回）のおりの朝鮮王朝の製述官であった申維翰《シムユハン》がその日本紀行録『海游録』で「日東」（日本）の翹楚《ぎょうそ》（抜群の人）と批評したのは正当である。

享保十二年九月からの韓語司（朝鮮語の学校）の創設や五度におよぶ釜山への渡航など、最近雨森芳洲の評伝をまとめて、あらためてナショナルでインターナショナルな先覚者であることを再認識した。善隣友好のあるべき姿が浮かびあがる。

（二〇一一・九・三）

戦争と〝海行かば〟

私がはじめて訪中したのは、昭和四十九年（一九七四）の五月であった。京都市が西安市（長安）と友好都市を締結したおりに、船橋求己市長の要請で、訪中団に参加した。当時はまだ北京直行の航空便はなく、香港から深圳《しんせん》・広州へと列車で入国し、行く先々で熱烈な歓迎をうけた。

国際という漢字の熟語は、明治六年（一八七三）にインターナショナルを国際と訳したのにはじまる。国際はもとより必要だが、国際を内実化するのは、自治体と自治体・民衆と民衆の交わり、私のいう民際であることを実感したのは、その時からであった。

翌年の五月、中国側の招聘《しょうへい》で京都市学術代表団の団長として訪中し、西北大学・交通大学などで講義をした。遣隋使・遣唐使を中心とする日中の関係史を語ったが、そのさいに中国政府の要人が、今は遣倭使《けんわし》の時代だと強調されたのをあらためて想起する。

これまでに十五回訪中し、西北大学名誉教授や中国社会科学院古代文明研究センター学術顧問など、私と中国との関係はかなり深いが、尖閣諸島の問題をめぐって、戦後の日中関係がこれほど悪化した時期はなかった。残念ながら対話よりも、決裂前夜のおもむきさえがただよう。

唐突のようだが、太平洋戦争中、大本営発表とりわけ日本軍玉砕のラジオ放送で、さかんに前奏曲として使われた〝海行かば〟の由来がよみがえってくる。

天平二十一年（七四九）二月、当時陸奥守であった百済王敬福が、黄金を小田《おだ》郡内で掘りだしたとの報告が朝廷に届けられた。東大寺大仏完成のためには黄金は不可欠である。敬福は総計九百両となる黄金を献上するが、同年の四月一日、聖武天皇の「金《こがね》を出《い》だす」宣命《せんみょう》が大仏の前殿で奏された。

その吉報が越中守であった大伴家持へも入る。そこで家持が詠んだ「長歌」（『万葉集』四〇九四）のなかに〝海行かば水漬《みず》く屍《かばね》　山行かば草生《む》す屍　大君《おおきみ》の　辺《へ》にこそ死なめ　顧《かえり》みはせじと言立《ことた》て〟の歌詞がある。昭和十二年（一九三七）の国民精神総動員週間のラジオ番組のため信時潔《のぶときききよし》によって作曲されたのが、あの〝海行かば〟であった。

初演奏は同年十月二十二日の国民総動員中央連盟の結成式であり、その後国民歌謡として放送されるようになる。同時に思いだす戦争標語がある。それは「鬼畜米英撃ちてし止まむ」だ。この出典は「古事記」と「日本書紀」に記す歌謡の久米歌《くめうた》にある。その久米歌八首のなかの〝我は忘れじ　撃ちてし止まむ〟ほか三首に「撃ちてし止まむ」がある。

年配の方はそれぞれの暗い思い出があるにちがいない。戦争は最悪の人権侵害であり、自然を破壊し、文化遺産を地上から抹殺する。そしてなによりも数多《あまた》のいのちを奪う。言うべきことは主張すべきだが、決して戦争の道を再び歩んではならない。

（二〇一三・三・二）

国際と民際

英語のインターナショナルを国際と訳した例は、明治六年（一八七三）が早い。和製の国際という漢字の熟語は、漢字のふるさと中国でもさかんに使われている。国際のイメージとしては、国家と国家の関係が浮かびあがってくるが、国家の権力者は国益をおろそかにすることはできない。とりわけ領土問題における譲歩は難しい。

日韓の竹島（独島）、日中の尖閣諸島をめぐるきびしい対決は、戦後の友好関係の積み重ねを崩しかねないほど、憂慮すべき現状となっている。

私が民際という言葉を使いはじめたのは、一九七四年の五月、京都市訪中団のメンバーとして訪中したおりからである。主たる目的は京都市と陝西省西安市との友好都市締結のためであったが、西安市側のご厚意で日中ゆかりの史跡もかなり見学することができた。

当時は北京への直行便はなく、香港から列車で深圳《しんせん》に入り、ついで広州へという列車の旅がつづいた。自治体と中国の都市との親善が、国際ではできないことをなしうることを、中国市民の熱烈歓迎の渦のなかで実感した。民衆と民衆のまじわり、私のいう民際の深まりが国際をほんものへと導いてゆくのではないか。

国際の外交ほどめまぐるしく変化する。時代はさかのぼるが、舒明天皇二年（六三〇）から承和五年

（八三八）まで遣唐使は十五回派遣されている。だが前にも言及したように、第六回（六六九年）までと第七回（七〇二年）以後とではおもむきが異なる。その内容はいくつかあるが、たとえば第二回（六五三年）、その翌年が第三回、その五年後が第四回というように、第七回からのおよそ二十年に一度の派遣とは大きく違っていた。第六回までの遣唐使はより政治的であり、第七回からはより文化的要素が強い。

唐は六五一年に新羅と連合してまず百済を滅ぼし、ついで高句麗を征討する政策を明らかにした。そして実際に百済、ついで高句麗が滅亡する。ところが唐と新羅との関係は六六七年のころから悪化し、唐は六七一年に日本（倭《わ》国）も新羅を攻撃するよう要求した。

しかし日本は新羅の朝鮮半島統一を黙認し、第六回から第七回までの三十二年ばかりは遣唐使の派遣を中止する。その空白の期間に新羅からの使節の日本への派遣は、記録によればなんと二十五回におよぶ。唐に対抗するための日本への朝貢外交であった。だが、六八六年のころから唐との外交関係が修復すると、新羅は日本に対等の外交を要望してきた。

これは古代東アジアの外交史のありようの側面を物語る国際のあやうさだが、それでも唐や新羅との民際は断絶することはなかった。その一端は先にも述べたとおり新羅から日本へ渡来していた尼の理願と日ごろから親しくしていた坂上郎女《さかのうえのいらつめ》が、理願の急死に〝言はむすべ　せむすべ知らに〟（『万葉集』）と歎《なげ》き悲しんだまじわりにもうかがわれる。

（二〇一三・七・六）

沖縄からの視座

沖縄研究第三回国際シンポジウムが、一九九七年の五月十六日から十八日まで、沖縄県立芸術大学と那覇市および名護市の市民会館で盛大かつ有意義に開催された。復帰十周年の第一回国際シンポジウムのテーマは「沖縄文化の源流を考える」であり、復帰二十周年の第二回は「環太平洋地域の中の沖縄」がその課題であった。第一回・第二回の記念講演をつとめ、そしてこのたびは企画顧問として参加したが、回を重ねるごとに、海外からの報告書が増加し、その研究分野と発表のなかみも広がりと深まりを示す。

第三回の統一テーマは「世界につなぐ沖縄研究」であった。韓国・中国・台湾・オーストラリア・インドネシア・アメリカなどからも研究報告があって、人文・社会科学のみならず、自然科学におよぶ多彩な内容となった。沖縄発世界へ、という新しい沖縄学創造のこころざしは、着実にみのりつつある。大会初日の研究者代表挨拶《あいさつ》のなかでも言及したが、ヤマト（本土）とウチナワ（沖縄）という限られた視座からではなく、第二回・第三回と、アジア・太平洋地域、さらに世界のなかの沖縄へと研究の輪の拡充が具体化しつつある。

この八月には沖縄大会につづくシドニー大会が実施され、第四回の国際シンポジウムはドイツでの開催が予定されている。駐留軍用地特別措置法が新たに可決されて、復帰二十五周年の第三回大会は、はりつめた状況のもとでの報告と討論になった。市民からの研究者への要望もあった。

いまではあまり行われなくなったが、農村の年中行事のひとつに虫送りがある。田畑にわざわいをもたらす虫を、村さかいに追放する民俗がそれである。山口県のあたりでは、この虫の神をサバエとよんでいる。おのが村の災害を村のそとに追いだすのはよいが、他の村々の災害にたいする配慮は皆無といってよい。

延長五年（九二七）に完成した『延喜式《えんぎしき》』に収める祟神《たたりがみ》を遷却する祭の祝詞《のりと》や『同』陰陽寮のところに記載する疫病の鬼神を追い払う儺《な》の祭の詞《ことば》もそうであった。宮中のそとや国ざかいへとわざわいをしりぞけるのである。沖縄の人びとの労苦をわがこととしてかえりみない姿勢には、こうした信仰のゆがみに共通するところがあると思われてならない。

首里城正殿にあったいわゆる「万国津梁の鐘」の鐘銘は、沖縄の歴史と文化のありようを象徴する。一四五八年のその鐘銘には、三韓（朝鮮）・大明（中国）・日域（日本）の中間蓬莱《ほうらい》の嶋と明記する。琉球そして沖縄は日域との関係のみでその伝統を保持してきたわけではない。まさにアジア・太平洋の中間蓬莱の嶋であった。沖縄からの視座に立てば、アジア・太平洋がみえてくる。

（一九九七・六・一五）

アジアのなかの沖縄

琉球の首里城正殿にあった戊寅《ぼいん》（一四五八年）のいわゆる「万国津梁《しんりょう》」の鐘には、琉球国は南海の勝地であり、「三韓」（朝鮮）・「大明」（中国）・「日域《にちいき》」（日本）の中間、蓬莱嶋《ほうらいのしま》と明記されている。そして万国の津梁（港の橋）すなわちよろずの国の架け橋の要地と述べる。

私が沖縄にはじめておもむいたのは、復帰前の一九七一年の八月であって、本島および先島（宮古諸島・八重山諸島）の民俗調査のおりに、首里の博物館でこの鐘銘に深い感銘をうけた。沖縄研究は柳田国男・折口信夫・伊波普猷《いはふゆう》をはじめとする先学によって構築されてきたが、沖縄学はウチナワ（沖縄）とヤマト（本土）との関係ばかりでなく、万国津梁の勝地として広くアジアとのつながりのなかで究明すべきではないかと痛感してきた。

そしてそのことは岩波書店の文化講演会が那覇市で開かれたおりにも言及した。そうした研究動向はしだいに具体化して、一九九二年十月の復帰二十周年にちなむ沖縄研究国際シンポジウムは「環太平洋の中の沖縄」をテーマとして実施された。

一九九〇年の三月に日本・韓国・朝鮮・中国の歴史学者・考古学者を中心に結成されたアジア史学会は、第六回の研究大会（北京大会）で、第九回大会は沖縄で開催することを決定した。大会実行委員長の外間《ほかま》守善《しゅぜん》法政大学名誉教授をはじめ関係各位のご協力で、一九九九年の十一月二十七日・二十八日、「アジアの中の沖縄」を主題とする沖縄大会が、県立沖縄芸術大学で有意義に行われた。
韓国・中国・アメリカ・日本ほか多数の研究者が参加した報告と討論によって、アジアのなかの沖縄の実像があざやかに浮かびあがってきた。基調講演「アジア史のなかの琉球王国」(外間守善委員長)のあと、「開元通宝から見た古代相当期の沖縄諸島」の高宮廣衛沖縄国際大学名誉教授と「琉球列島・奄美諸島各地出土の開元通宝」の王仲殊中国考古研究所教授の報告講演があった。つづいて現地の研究者三名をふくむ日本・韓国・アメリカの発表をまじえての熱気あふれる討論となった。

沖縄での「アジアの中の沖縄」の国際学術会議は感慨ひとしおのものがあった。アメリカ・ユタ大学の李廷冕《イヨンミョン》教授が「沖縄のアジアにおける位置」を論じて、「世界が望むのは軍事強化ではない、沖縄の人びとに平和的な生活と正しく位置づけることが至上の命題」と指摘されたのが印象的であった。唐の武徳四年(六二一)に発行された銅銭(開元通宝)が沖縄で七十六枚も出土している。討論のなかで貨幣として流通したのではなく交易用であること、さらに貿易船の碇石《いかりいし》の調査報告や高麗瓦の編年研究など、十四〜十六世紀の大交易時代の実相が発掘成果を前提に深められたのも大きな収穫であった。議長としてのまとめでも述べたところだが、いまの沖縄学は豊かな広がりを示す。

(一九九九・一二・二六)

沖縄学の展開

日本の歴史と文化はけっして単一ではない。いわゆる「中央」からの単眼の歴史観では、とかく「ひとつの日本」観になりがちである。「中央」から「地方」へと文化がひろまり、「中央」の歴史が「地方」に波及したと思われやすい。そしてそのような「中央史観」は、各地域を「周辺」とよび、あるいは日本列島の南と北を「辺境」とみなす。

「中央」を前提とする「地方」ではない。各地域に立脚して、各地域から日本をみつめ、アジアさらに世界を考える、ローカルでしかもグローバルな地域学の見地からは「さまざまな日本」があざやかに浮かびあがってくる。そうしたグローカルな地域学を代表するのが沖縄学である。

沖縄の研究は沖縄学の父といってよい伊波普猷《いはふゆう》をはじめとする先学によって積み重ねられてきたが、一九八〇年代から飛躍的な前進を示すようになる。それを象徴するのが、沖縄研究国際シンポジウムの歩みである。

一九八二年に「沖縄文化の源流を考える」をテーマとする第一回大会（沖縄・東京）、一九九二年に「環太平洋地域の中の沖縄」を中心に第二回大会（沖縄・東京）、そして一九九七年に「世界につなぐ沖縄研究」としての第三回大会（沖縄・シドニー）がそれぞれ開催されてきた。第一回は人文・社会科学の研究報告を主としたが、第二回からは自然科学の分科会も設けられ、ヨーロッパ・アメリカ・アジア・オーストラリアの諸地域からも研究者が参加するようになった。したがって第三回はオーストラリアのシドニーでも大会が開かれたのである。

二〇〇一年の九月二十二日・二十三日、第四回の沖縄研究国際シンポジウムが、名護市の万国津梁館《ばんこくしんりょうかん》と沖縄県立芸術大学で実施された。第一回からその企画顧問をつとめているかかわりもあって、万国津梁館の大会に参加した。今回の発表および討論を担当した内外の研究者は百三名で、質・量ともに最大のもりあがりをみせた。

万国津梁館は沖縄サミットの会場となって有名だが、その館の名は首里城正殿にあった一四五八年の鐘の銘文に、琉球国は三韓（朝鮮）・大明（中国）・日域（日本）の中間にある蓬莱《ほうらい》の嶋であり、前述の「舟楫《しゅうしゅう》（船と楫《かじ》）を以て万国の津梁となす」と記すのに由来する。

「津梁」は船着き場の橋であり、琉球はすべての国のかけ橋であると明言したその文は、沖縄の過去ばかりでなく、その未来をも象徴する。ヤマト（本土）とウチナワ（沖縄）との関係ばかりでなく、東アジア・東南アジア・南太平洋との密接なつながりのなかで沖縄の歴史と文化は展開した。

沖縄文化をどのように定義するか、「古琉球」というあいまいな時代区分は是正すべきではないか、沖縄学の根底に迫る討論があいついだ。明年の三月にはドイツのボンでひきつづきヨーロッパ大会が開催される。その成果を期待する。

（二〇〇一・九・三〇）

本土復帰三十周年

二〇〇二年の五月十五日は、沖縄が本土に復帰した一九七二年から数えての三十周年となる日であった。三十年前の本土復帰運動のたぎる情熱を、沖縄の現地で実感した私にとっても、山もあれば谷もあったその三十年が、つぎつぎに浮かびあがってくる。

アメリカ世《ゆ》から「平和憲法の本土」へ！　だがヤマト（いわゆる本土）の現実はきびしく、「平和憲法」はゆるぎ、基地の整理・縮小も進まない。戦後二十七年間のアメリカ統治下に構築された膨大な基地は、その大半が復帰後もそのままに引きつがれて現在におよぶ。

沖縄の基地問題は沖縄県民のみの問題ではない。アメリカの軍事と外交の問題であり、日本国の問題である。それなのに米軍基地は沖縄だけの地域問題に狭小化されがちである。

ヤマトからのウチナワ（沖縄）ではなく、ウチナワからアジア・太平洋を探求する新しい沖縄学の創造への歩みは、そうした基地問題の矛盾のなかで積み重ねられてきた。その軌跡を象徴するのが、沖縄研究国際シンポジウムである。

復帰十周年に第一回、二十周年に第二回、そして二十五周年に第三回が開催され、昨年の九月（沖縄・名護）と本年の三月（ドイツ・ボン）に第四回が実施された。その実行委員会の顧問として、毎回のシンポジウムに参加してきたが、回を重ねるごとに着実にその内容は充実し、参加者もアジア・太平洋、アメリカ・ヨーロッパの諸地域へとひろがってきた。

沖縄の歴史と文化は、ヤマトとの間だけで展開してきたのではない。朝鮮・中国・東南アジア、さらに南太平洋の人びととの間にも密接なつながりをもった。アジア・太平洋のなかの沖縄、世界につながる沖縄の見地から明日の沖縄のありようをみきわめてゆく必要があろう。

沖縄の独自性は首里の王城ひとつをみてもわかる。東アジアの宮城あるいは王城の多くは、天子南面の思想にもとづいて造営された。中国はもとよりのこと、高句麗・新羅・百済などでも例外はない。ところが首里城は西向きに建設された。なぜ西面の王城ができあがったのか。

首里城創建の年はさだかでないが、尚巴志《しょうはし》王（在位一四二一～一四三九年）の代に内郭が整備され、尚真王（在位一四七七～一五二六年）の代に北側外郭、歓会門、久慶門などが造られた。「もと南北に向く」という伝えもあるが、完成した首里城は西向きであった。そしてその正殿《せいでん》は、中国（明・清）の皇帝宮殿（紫禁城）の太和殿をモデルにした。

十五世紀なかばのころからは琉球王らは「望闕《ぼうけつ》の礼」（紫禁城遙拝）を行うようになる。私見では首里城は紫禁城を意識しての西面であったと推測している。こうしたウチナワの独自のありようを無視してはなるまい。沖縄の未来は、アジア・太平洋のなかに輝く。

（二〇〇二・五・一九）

中間蓬莱の嶋

「琉球国は南海の勝地にして、三韓の秀を鐘《あつ》め、大明を以って輔車《ほしゃ》となし、日域を以って唇歯《しんし》となす。此の二つの中間に在りて湧出せる蓬莱《ほうらい》の嶋なり」。

これは先にも述べた戊寅《つちのえとら》（一四五八年）の六月に制作された、いわゆる「万国津梁《しんりょう》」の鐘の冒頭の銘文である。この鐘はもと首里城の正殿にあったが、沖縄県立博物館に保存されている大型の梵鐘である。私がはじめて沖縄本島・先島《さきしま》（宮古・八重山諸島）の調査におもむいたのは、昭和四十六年（一九七一）の八月であった。そしてそのおりにこの銘文を読んで感動したことを想起する。

ヤマトの側からのウチナワ（沖縄）の理解では、とかくヤマトとの関係がその大部分であったかのように錯覚しがちだが、そのあやまりをこの銘文が見事に指摘している。三韓（朝鮮）・大明（中国）とのかかわりは密接であり、日域（日本）とのつながりは琉球の対外関係の部分であった。たとえば十四世紀から十六世紀はじめの琉球王国は朝鮮・中国をはじめとする東アジアばかりでなく、東南アジアの諸国ともさかんに交易した。まさしく琉球の大交易時代であったといってよい。

なぜ「舟楫《しゅうしゅう》を以って万国の津梁」となすと銘記するこの鐘銘が、私の脳裡にあらためて浮かびあがってくるのか。日本のユーラシア外交の現在は、北朝鮮はもとよりのこと、韓国・中国・ロシアなどとの関係においても悪化の一途をたどっているからである。他方、中国とロシアが中心となって、二〇〇一年には中央アジア四カ国と上海協力機構を結成し、これにモンゴル、イラン、インド、パキスタンが準加盟国となり、経済を中心とする結束を強化している。

東アジアでは二〇〇五年の十二月、マレーシアのクアラルンプールで、第一回の東アジアのサミットが開催されたが、その前途はなお多難である。ASEAN（東南アジア諸国連合）十カ国と日・中・韓のほか、その加盟には反対の動きもあったが、オーストラリア、ニュージーランド、インドが参加した。

オーストラリア、ニュージーランドが、東アジア首脳会議に参加した意義は大きい。私はかねがね、朝鮮半島・中国大陸との善隣友好ばかりでなく、日本列島の南に連なる地域・国家との島嶼《とうしょ》連合の具体化が必要であると考えてきた。ゆきづまりつつあるユーラシア外交を再構築するためにも、ASEAN加盟のインドネシア、フィリピンとオーストラリア、ニュージーランドなど、海洋の島国相互の友好と連帯は、日本の未来にとっての有効な力となるはずである。

東海の島国日本は、琉球の「万国津梁」の鐘銘が明記するような中間蓬莱の嶋をめざすべきではないか。あらたな島嶼連合の連帯が、ユーラシア外交の再構築と東アジアの友好に寄与することを期待する。

（二〇〇六・七・二九）

虫送りの思想

今は昔、かつて各地の農村では、稲作に害をもたらす虫を追い払う虫送り行事が行われていた。等身大の藁《わら》人形を作って、村境まで鉦《かね》や太鼓を鳴らしつつ踊りながら送って行く。ところによっては、藁人形のなかに食べ物を入れたり、行列で松明《たいまつ》を灯《とも》して声をあげたりしながら、害虫を村の外へと送る。山口県あたりでは虫の神をサバエと称して、虫送りをサバエ送りとよんでいたが、享保十七年（一七三二）の西日本の大虫害のころから、平安時代後期の武士であった斎藤実盛《さねもり》が、サバエや田の神をまつるサノボリ・サナブリなどの言葉と結びついて、その藁人形は実盛人形とよばれるようになり、村境で焼かれたりした。

虫送りは農薬によって虫害がなくなったため、いまでは昔語りになっているが、昭和三十年代後半に虫送り行事について調査したおり、私が実感したのは、となりの村へ害虫が追いだされて入って行くことが、まったく考えられていない地域エゴイズムであった。

延喜五年（九〇五）から編纂《さん》がはじまって、延長五年（九二七）に完成した古代の法令集『延喜式《えんぎしき》』の巻十六には、朝廷で執行された疫病のもとになる鬼を追放する、儺《な》のまつりの祝詞《のりと》が収録されている。

その祝詞では「東の方は陸奥《みちのく》（東北）、西の方は遠《とお》つ値嘉《ちか》（長崎県五島）、南の方は土佐（高知県）、北の方は佐渡（新潟県）」の遠方を「疫の鬼の住処《すみか》と定めおもむけたまひて」と祈禱《きとう》されている。十世紀初めまでのころの統治の実相を示唆する東西南北で、それなりの意味があるけれども、ここでもやはりその範囲の外に鬼が追放されて、それらの地域の人びとが疫病に苦しむことはなんら考慮されていない。自分の村さえ幸いであり、朝廷が実質的に支配する地域が完全であればよいとする。われよしの思想が露骨に反映されている。

昭和二十一年（一九四六）一月、沖縄の人びとの意志をふみにじって強制的に行政分離が執行されたおりに、すぐれた国文学者・民俗学者であり、作家・歌人でもあった折口信夫は、「沖縄に憶《おも》ふ」という一文を公にして、「此《これ》ほど、間違ったことはない」と痛憤した。

折口は大正十年（一九二一）・大正十二年、そして昭和十年（一九三五）と三度におよぶ沖縄調査をしたが、折口の古代学にとって、沖縄は古代民俗の宝庫であった。異郷から来訪する神（まれびと）の意義と信仰の深さと重さを確認したのも、沖縄の調査にもとづく。

私は昭和四十六年（一九七一）八月から沖縄本島および先島の調査を八回重ねてきたが、長期におよぶ米軍の軍政下にあって、七二年五月十五日、ようやく本土へ復帰したとはいえ、在日米軍基地の大部分が今もなお沖縄にある。沖縄県民の痛苦が胸に痛む。

かつての虫送りのように、わが村・わが町・わが市さえよければよいという、われよしの思想を克服すべきではないか。

（二〇一四・八・三）

モンゴル紀行

モンゴルの夏をいろどるのは、首都ウランバートルで毎年七月に行われる国のナーダム（祭典）である。競馬・相撲・弓射がその中心行事で、「エリーン・ゴルバン・ナーダム」（男の三つの祭典）といわれる。

いつの日か機会があれば訪れたいと願っていたモンゴルにさきごろおもむくことができた。ウランバートルから北へ約百キロのドガナハド高原でも、ナーダムの競馬に出場する少年たちが、疾走の訓練を繰返していた。

京都府南桑田郡曽我部村穴太《あなお》（現亀岡市）の出身である巨人出口王仁三郎師が、モンゴル入りをしたのは、大正十三年（一九二四）の二月から七月にかけてであった。大正十年の第一次大本事件で保釈中の身であったにもかかわらず、合気道の創始者植芝盛平ほか三名と共に入蒙《もう》したそのおりから数えて、本年（二〇〇四）は八十周年にあたる。

いわゆる「王仁入蒙」がアジアの宗教連帯と人類の平和をめざしていたことは、前年六月のエスペラント研究会や十月のローマ字会の設立、入蒙翌年五月の北京での宗教連合会の結成や六月の人類愛善会の創立という流れのなかにうかがうことができる。

その八十周年を記念して人類愛善会と、十二年前に発足した亀岡市民を中心とする出口王仁三郎翁顕彰会とが、モンゴルを訪問することになった。

昨年の秋、ウランバートルで日本モンゴル関係史の講演をしてほしいとの要請があった。本年の一月の腹部大動脈瘤《りゅう》の肥大にともなう手術のあとで、四月・五月の海外からの出講依頼は辞退していたが、草原の大地・満天の星への少年のころからのあこがれもあって、モンゴル訪問団に参加することにした。

モンゴルといえばチンギス・ハン（成吉思汗）によるモンゴル帝国の建設を想起するが、その前史には匈奴《きょうど》・突厥《とっけつ》・ウイグル国・契丹《きったん》などの文化があった。日本との関係では文永十一年（一二七四）・弘安四年（一二八一）の元寇《こう》のみがクローズアップされがちだが、一二六三年にカラコルム（ハラホリン）から大都（北京）に都を遷《うつ》し、一二七一年に国号を元とした第五代フビライ（世祖）に仕えていたマルコ・ポーロが、ベネチアに帰国したのは一二九五年のころであった。

ポーロは元寇挫折の情報をえていた。その口述になる『世界の記述』（『東方見聞録』）に黄金島ジパングが登場する背景もみのがせない。日本から元へ留学した僧は多く、十四世紀前半の日元貿易の影響も大きい。騎馬や相撲のルーツもさかのぼればモンゴルにつながる。ウランバートル文化宮殿での文化講演とコンサートは約千二百名の盛況であった。人類愛善会とモンゴル仏教との世界平和祈願・万国万霊合同慰霊祭も、モンゴル宗教史上の画期的なこころみとなったが、天地に感謝し、自然と共生する遊牧民の民俗と古老の語りがわが胸にこだました。

（二〇〇四・八・一）

越の国と渡来の文化

『日本書紀』によれば、応神天皇五世の孫、彦主人王《ぐじうし》の子と伝える男大迹王《おほど》（継体天皇）が、母振媛《ふるひめ》の出身地越前の三国（坂井市）で迎えられて、武烈天皇のあとをうけて即位したのは、西暦五〇七年であった。したがって、その即位の宮であった河内の樟葉宮《くすは》の所在地である枚方市と、継体天皇の母の出身地であり、謡曲『花筐《はながたみ》』に味真野《あじまの》（越前市）を舞台としてくりひろげられる男大迹皇子と照日の前《まえ》との恋物語をはじめとする継体天皇ゆかりの伝承が多い越前（福井県）では、二〇〇七年をその千五百年とする記念事業が展開された。

越前市を中心にした地域では、「こしの都千五百年物語プロジェクト」が、その後も着実に展開されている。とりわけ武生《たけふ》盆地が天然の防御の地で、豊かな耕地を有し、水陸交通の要地であったばかりでなく、早くから朝鮮半島からの文化を受け入れた地域であったことをみきわめて、和紙・漆器・刃物・織物・焼きもの・木工などの伝統産業とのかかわりを明らかにする作業を、地元商工会議所を中心に、着実に構築しているのは注目にあたいする。

さきごろ要請があって、越前市・越前町の関係史跡の実地調査におもむいたが、千五百年物語プロジェクト実行委員会が、あえて「こしの都」を名乗っているそのいわれを実感した。枚方市の記念シンポジウムでは基調講演をつとめたが、この種のイベントはややもすれば一過性になりやすい。しかし越前市を中心とする地域では、越前の伝統産業と渡来文化のつながり、わけても百済文化との関係を重視する方向をみさだめての諸事業を継承している。

北陸から山陰の地は、先に言及したとおり明治二十八年（一八九五）のころから「裏日本」と称されるようになる。明治三十三年のころからは、日本文化の後進地とみなされるようになる。だがこのような見方や考え方は明らかに史実と反する。たとえば『日本書紀』の垂仁天皇二年是歳の条には、大加羅国（任那）の王子都怒我阿羅斯等《つぬがあらしと》が、崇神天皇の代に北ツ海（日本海）を廻って、越の国の笥飯《けひ》（敦賀市気比）の浦に渡来した伝承を明記する。都怒我は金官加羅の最高位の角干で、阿羅斯等は『日本書紀』の継体天皇二十三年・敏達天皇十二年にもみえるとおり、人名に付けた古代朝鮮の尊称であった。実際に新しい技術をもった今来《いまき》の才《て》伎《ひと》たちが、高志《こし》（越）の国にも渡来していた。

越前市今立町の朽飯《くだし》八幡宮の祭神に織物にたずさわった服部連《はとりのむらじ》の祖神がまつられ、越前町の劔神社の神護景雲四年（七七〇）の国宝梵鐘にみえる「劔御子寺」（神宮寺）の創建が、最近の調査で七世紀末から八世紀はじめであったことがたしかめられている。霊亀元年（七一五）の夢告による気比神宮寺の造営とあわせ、日本最古の神宮寺伝承として貴重である。越の国は渡来の文化とも脈絡をもった文化の先進地域であった。

（二〇〇八・一一・二二）

民際のみのりを積み重ねて

「天の原ふりさけみれば春日なるみかさの山に出でし月かも」。この歌は七一七年（養老元）の第八回遣唐使のメンバーとして入唐し、天平勝宝五年（七五三）に帰国の途中で遭難して、唐の玄宗皇帝に仕えた阿倍仲麻呂（六九八〜七七〇年）の有名な望郷の歌で『古今和歌集』に載っている。

仲麻呂は唐の高級官僚となり、没後潞州《ろしゅう》大都督・正二品が追贈されている。私はかねがねなぜ三笠（御蓋）の山の月が詠まれたのか、その理由を考えてきた。六国史二番目の『続日本紀』にその謎をとく鍵がある。阿倍仲麻呂らの遣唐使は、「神祇を御蓋山の南に祀《まつ》る」と明記しているように、航海の安全を「御蓋山の南」で祈っているからである。

遣唐使の派遣と三笠山そして春日山とが深いつながりをもっていたことは、宝庫八年（七七七）の第十四回遣唐使が二度にわたって「天神地祇を春日山の下に拝す」と『続日本紀』に書いているのをみてもわかる。

宝亀六年（七七五）六月、遣唐大使に任命された佐伯今毛人《いまえみし》は、適当な季節風が吹かなかったとして出発も見合わせ、さらに病気と称して、遣唐大使を辞退した。そこで遣唐副使であった小野石根《いわね》が大使として派遣されることになり、「春日山の下」で「重ねて」祭祀をすることになったのである。三笠山の南・春日山の南の神といえば、春日大社の鎮座地であり、春日大社と遣唐使とのつながりは深い。

私がはじめて中国を訪れたのは、昭和四十九年（一九七四）五月であった。京都市と中国の西安市（長安）とが友好都市を締結することとなり、当時の舩橋求己市長の要請にもとづいて、代表団のメンバーとなったからである。

前にも述べたようにまだ北京への直行便はなく、香港から深圳《しんせん》、深圳から広州へと列車で乗りつぎ、西安はもとよりのこと、行く先々で熱烈な歓迎をうけた。そのおりに実感したのは、自治体の外交や民衆と民衆との交わりが重要な役割をになうという事実であった。その時期から民際という用語を使い、これまで計十五回の訪中を続けてきた。そしておりあるごとに、阿倍仲麻呂こそ日本と中国の友好のシンボルであることを強調してきた。

一九七二年九月に日中国交が回復し、七八年八月には日中平和友好条約が締結された。そして七九年七月には西安市の興慶公園に阿倍仲麻呂の記念碑の建立が実現した。

仲麻呂の文才は唐でも高く評価され、唐の官僚で詩人の王維、唐の高名な詩人李白たちとも交流した。仲麻呂の記念碑には、望郷の歌と李白の仲麻呂をたたえた歌が刻まれている。

ところが現代の日中関係は、国交回復後、最悪の状況になっている。対馬の藩儒、雨森芳洲《あめのもりほうしゅう》（一六六八～一七五五年）が力説したように、「互いに欺かず争わず真実を以て交わる」民際を活かすことが必要である。

（二〇一四・一〇・五）

あとがき

『京都新聞』のコラム「天眼」の執筆メンバーとなったのは、一九八八年（昭和六十三）の四月からである。毎月一回（千二百字）が掲載された。その第一回に執筆したのが「アジアの声」であった。そして会を重ねて第百回の「戦後五十年目の追悼集会」となった。小学館から出版した『歴史家の眼』には、その百回分が収録されている。

このたびは明石書店の石井昭男会長のご厚意によって、一九九五年（平成七）の三月三日に執筆した「内なる民際化」から、二〇一四（平成二十六）年の十二月二十一日の「京都の歴史と人権問題」までの分によって本書が構成されている。

たんなる随想ではなく、時代の推移と変化にそくした時宜をえたエッセイを書くのには、それなりの工夫と苦心がいる。他の執筆者の書いたテーマと重複するわけにはいかないし、おのれの専門分野のみに拘泥していたのでは、読者の方々に新鮮さがとどくはずはない。

このたびは第一章「人権文化」、第二章「日本の史脈と関西」、第三章「京都の歴史と文化」、第四章「出雲と地域の文化」、第五章「東アジアのなかの日本」に分けて、私なりに考えみつめてきたことを書きとどめたつもりである。若干重複している部分もあるが、人生をいかに考えて生きるか、それぞれにうけとめていただければ幸いである。

なお市町村名は、おおむね執筆当時のままとし、日本の場合は年号（西暦）、外国および外国と関係する場合は西暦で表記することを原則としたことを付記する。

二〇一五年一月吉日

上田正昭

本書は『京都新聞』の連載コラム「天眼」より、著者の執筆によるもの（一九九五年三月三日〜二〇一四年十二月二十一日）をまとめ、編み直したものである。

著者紹介

上田正昭（うえだまさあき）
一九二七年、兵庫県生まれ。歴史学者。専門は古代史、神話学。京都大学文学部卒業。京都大学名誉教授、世界人権問題研究センター理事長、高麗美術館館長、島根県立古代出雲歴史博物館名誉館長。勲二等瑞宝章。著書に『日本神話』（岩波新書）、『古代伝承史の研究』（塙書房）、『上田正昭著作集』（全八巻、角川書店）、『私の日本古代史』（上・下、新潮選書）、『渡来の古代史　国のかたちをつくったのは誰か』（角川選書）、『古社巡拝―私のこころの神々―』（学生社）、『森と神と日本人』（藤原書店）、『「大和魂」の再発見　日本と東アジアの共生』（藤原書店）、『歴史のなかの人権』（明石書店）他、多数。

「とも生み」の思想――人権の世紀をめざして

2015年3月31日　初版第1刷発行

著　者――上田正昭
発行者――石井昭男
発行所――株式会社 明石書店
〒101-0021 東京都千代田区外神田6-9-5
電　話　03-5818-1171
FAX　03-5818-1174
振　替　00100-7-24505
http://www.akashi.co.jp
装　幀――上野かおる
印刷・製本―モリモト印刷株式会社

（定価はカバーに表示してあります）
ISBN978-4-7503-4163-7